公共图书馆知识产权信息服务体系建设

张李江 著

电子工业出版社
Publishing House of Electronics Industry
北京·BEIJING

内 容 简 介

知识产权信息服务是围绕知识产权信息资源宣传推广、深度开发和高效利用而开展的专业化信息服务。包括公共图书馆在内的各级各类图书馆，是落实国家知识产权信息公共服务体系建设的重要组成部分。本书专注于公共图书馆知识产权信息服务体系建设主题，在全面解读我国知识产权政策核心要求与发展导向基础上，广泛深入调研国内外知识产权信息服务工作，针对我国知识产权信息服务实际，从用户需求厘清、服务内容规划、服务界面设计、服务保障机制建立和服务管理制度完善等方面提出公共图书馆知识产权信息服务体系建设方案，并以国家图书馆为例，具体展示了如何在实际操作中推进本馆知识产权信息服务体系的建设工作，以兹为其他公共图书馆提供了可借鉴的范例，为其他类型图书馆开展知识产权信息服务体系建设提供参考。

未经许可，不得以任何方式复制或抄袭本书之部分或全部内容。
版权所有，侵权必究。

图书在版编目（CIP）数据

公共图书馆知识产权信息服务体系建设 / 张李江著.
北京 : 电子工业出版社, 2024. 12. -- ISBN 978-7-121-47801-7
Ⅰ. G258.2
中国国家版本馆CIP数据核字第2024U82G71号

责任编辑：冯　琦
印　　刷：天津嘉恒印务有限公司
装　　订：天津嘉恒印务有限公司
出版发行：电子工业出版社
　　　　　北京市海淀区万寿路173信箱　邮编：100036
开　　本：720×1 000　1/16　印张：15.75　字数：302千字
版　　次：2024年12月第1版
印　　次：2024年12月第1次印刷
定　　价：99.00元

凡所购买电子工业出版社图书有缺损问题，请向购买书店调换。若书店售缺，请与本社发行部联系，联系及邮购电话：(010) 88254888，88258888。
质量投诉请发邮件至zlts@phei.com.cn，盗版侵权举报请发邮件至dbqq@phei.com.cn。
本书咨询联系方式：fengq@phei.com.cn。

目 录

第一章 知识产权信息服务概述 001
 一、基本概念 002
  （一）知识产权 002
  （二）知识产权信息 004
  （三）知识产权服务 007
  （四）知识产权信息服务 007
  （五）知识产权信息服务体系 009
 二、国际主要经济体知识产权发展态势 011
  （一）专利态势 012
  （二）商标申请态势 013
 三、我国知识产权发展战略 015
  （一）全面推进知识产权强国战略 016
  （二）强化知识产权工作 017
  （三）全面布局知识产权信息服务 019
  （四）将图书情报机构纳入知识产权信息服务体系 022

第二章 国内外图书馆知识产权信息服务 026
 一、我国知识产权信息服务开展情况 027
  （一）我国知识产权信息服务业整体情况 027
  （二）国家知识产权公共服务网络 030
  （三）公共图书馆知识产权信息服务 031
  （四）高校图书馆知识产权信息服务 046
  （五）科技信息情报服务机构 061
  （六）其他知识产权信息服务机构 063
  （七）我国知识产权信息服务存在的不足 066
 二、国外公共图书馆知识产权信息服务情况 067
  （一）主要国家的公共图书馆知识产权信息服务情况 068
  （二）国外知识产权信息服务的特点 074

　　　　（三）国外知识产权信息服务的启示 ·· 076

第三章　公共图书馆知识产权信息服务设计 ·· 078

　　一、公共图书馆参与知识产权信息服务背景 ·· 079

　　　　（一）公共图书馆是我国知识产权信息服务网络的重要组成部分 ········ 079

　　　　（二）公共图书馆在国家知识产权信息服务体系中的定位 ················ 081

　　　　（三）开展知识产权信息服务对公共图书馆的意义 ·························· 082

　　二、公共图书馆知识产权信息服务体系建设原则 ································ 083

　　　　（一）以需求为导向，分层分步深化服务 ······································ 083

　　　　（二）加强整合资源，注重团队建设 ·· 084

　　　　（三）强化品牌宣传，增强品牌影响力 ··· 085

　　　　（四）推动行业发展，促进协作共建 ·· 085

　　三、服务需求 ·· 086

　　　　（一）决策机构需求 ·· 086

　　　　（二）知识产权管理部门需求 ·· 086

　　　　（三）以文化和旅游主管机关为代表的政府部门需求 ······················ 088

　　　　（四）各级各类工业园区管理与决策需求 ····································· 089

　　　　（五）创新创业群体需求 ··· 090

　　　　（六）知识产权代理机构需求 ·· 093

　　　　（七）图书馆界需求 ·· 095

　　　　（八）社会公众需求 ·· 097

　　四、服务内容 ·· 098

　　　　（一）知识产权信息公共服务 ·· 098

　　　　（二）知识产权信息增值服务 ·· 099

　　　　（三）延伸服务 ··· 102

　　五、服务界面 ·· 103

　　　　（一）线下服务界面 ·· 103

　　　　（二）线上服务界面 ·· 104

　　　　（三）综合性服务界面 ·· 107

第四章　公共图书馆知识产权信息服务保障与管理 ································ 108

　　一、服务保障 ·· 109

　　　　（一）顺应法律与国家政策规划要求，建立相关政策体系 ··············· 109

　　　　（二）健全制度 ··· 112

（三）服务能力建设·· 115
　　（四）以学术研究保障公共图书馆知识产权信息服务可持续发展········ 122
二、服务管理·· 124
　　（一）管理制度的建设与落实··· 124
　　（二）业务标准的拟定与遵循··· 126
　　（三）服务评价·· 126
　　（四）服务宣传与推广·· 136
三、业务规范·· 137
　　（一）服务标准规范是开展知识产权信息服务的重要基础·············· 138
　　（二）我国知识产权信息服务标准与规范出台情况····················· 140
四、公共图书馆知识产权信息服务体系结构······························· 142

第五章　国家图书馆知识产权信息服务·································· 144

一、国家图书馆知识产权信息服务现状···································· 145
　　（一）服务发展历程·· 145
　　（二）服务内容与形式·· 152
　　（三）国家图书馆开展知识产权信息服务的优势······················· 153
　　（四）国家图书馆知识产权信息服务的不足··························· 154
二、开展知识产权信息服务对国家图书馆的重要意义······················ 156
三、国内外知识产权信息服务实践对国家图书馆的启发···················· 158
　　（一）应充分发挥国家图书馆的作用·································· 159
　　（二）做好国家图书馆知识产权信息服务的顶层设计··················· 161

第六章　国家图书馆知识产权信息服务体系建设························· 164

一、国家图书馆知识产权信息服务体系目标······························· 165
二、国家图书馆知识产权信息服务体系建设举措··························· 165
　　（一）确定重点用户及其服务需求····································· 165
　　（二）充分挖掘、拓展系统化的服务界面······························ 167
　　（三）分段分层推出多样性的服务与产品······························ 167
　　（四）构建强有力的服务保障能力····································· 168
　　（五）打造全覆盖的服务界面··· 171
　　（六）服务管理·· 177
三、服务体系建设指导下的知识产权信息服务······························ 183
　　（一）促进知识产权文化传播··· 183

V

（二）开展多种形式的知识产权信息咨询服务 ················· 184
　　（三）推动公共图书馆知识产权信息服务能力提升 ············· 185
四、国家图书馆知识产权信息服务体系建设总结 ················· 186
　　（一）体系建设整体效果 ··································· 186
　　（二）知识产权信息服务体系建设中存在的问题 ··············· 187
　　（三）未来的建设与发展方向 ······························· 188

附录 A　知识产权信息公共服务主干网络节点 ····················· 190
附录 B　高校国家知识产权信息服务中心名单 ····················· 193
附录 C　2021—2023 年度国家知识产权信息公共服务网点备案单位名单 ·· 197
附录 D　在华技术与创新支持中心（TISC） ······················· 204
附录 E　知识产权中介机构调查问卷 ····························· 210
附录 F　国家图书馆读者服务规范——社会教育拓展 ··············· 214
附录 G　国家图书馆馆藏文献复制证明业务规范 ··················· 219
附录 H　国家图书馆商标或品牌信息查证业务规范 ················· 225
附录 I　国家图书馆知识产权信息服务管理办法（试行） ··········· 232
附录 J　国家图书馆举办会议、展览、培训、讲座相关活动规定 ····· 238
附录 K　国家图书馆举办会议、展览、培训、讲座相关活动备案表 ··· 242
附录 L　国家典籍博物馆展览暂行管理办法 ······················· 244

第一章
知识产权信息服务概述

习近平总书记指出，创新是引领发展的第一动力，保护知识产权就是保护创新。2008年以来，特别是党的十八大以来，国家出台了一系列知识产权保护与应用方面政策文件，国务院常务会议审议通过了《专利转化运用专项行动方案（2023—2025年）》和《中华人民共和国专利法实施细则（修正草案）》等重要文件和法规，对知识产权相关工作作出部署，体现了党和国家对知识产权工作的重视。

知识产权工作关系国家治理体系和治理能力现代化，关系高质量发展，关系人民生活幸福、关系国家对外开放大局，关系国家安全，因此，围绕知识产权创造、运用、保护、管理、服务提供系统全面的信息服务，成为所有知识产权从业人员关注的焦点之一。

一、基本概念

开展知识产权信息服务研究，首先需要梳理与该研究相关的概念，特别是这些概念的内涵与外延。知识产权领域概念非常多，本节主要针对与知识产权信息服务密切相关的概念进行梳理。

（一）知识产权

关于知识产权，目前国内外对这个概念有非常多的描述，但核心思想已经比较统一。《辞海》对知识产权的定义为："有关科技、文学、音乐、艺术等领域的发明或创作者，依法享有该创造性成果的专属权利，他人不得仿冒、复制及任意使用。"在中国台湾地区，知识产权也称为"智慧财产权"。《现代汉语词典》（第5版）对知识产权的定义为："在科学技术、文化艺术等领域中，发明者、创作者对自己的创造性劳动成果依法享有的专有权。包括工业产权和著作权。"

由于知识产权在不同的行业有不同的内涵和应用场景，因此在不同的学科专业词典中有不同的解释。如《图书馆·情报与文献学名词》（2019年）条目："知识产权，英文 intellectual property，intellectual property rights，IPR，指对受法律保护的著作权、商标权、专利权、工业设计权和商业秘密等权利的总称。"[1] 而在管理学领域，《管理科学技术名词》相关条目为："知识产权，又称智力成果权、无形财产权，英文 intellectual property，指法律赋予智力成果完成人对其特定的创造性智力成果在一定期限内享有的专有权利。"[2]

在法律层面，《中华人民共和国民法通则》（2017年10月1日起施行）第一百二十三条规定："民事主体依法享有知识产权。知识产权是权利人依法就下列客体享有的专有的权利：（一）作品；（二）发明、实用新型、外观设计；（三）商标；（四）地理标志；（五）商业秘密；（六）集成电路布图设计；（七）植物新品种；（八）法律规定的其他客体。"2021年1月1日正式生效的《中华人民共和国民法典》沿用了《中华人民共和国民法通则》对知识产权的定义。

在国际知识产权领域，《建立世界知识产权组织公约》（1967年7月14日在斯德哥尔摩签订，1979年10月2日修正）在第二条第八款（Ⅷ）规定，知识产权包括有关下列项目的权利：文学、艺术和科学作品，表演艺术家的表演及唱片和广播节目，人类一切活动领域内的发明，科学发现，工业品外观设计，商标、服务标记及商业名称和标志，制止不正当竞争，以及在工业、科学、文学或艺术领域内由于智力活动而产生的一切其他权利。《与贸易有关的知识产权协议》（TRIPS）明确指出："就本协定而言，'知识产权'一词指作为第二部分第一节至第七节主题的所有类别的知识产权。即版权、商标、地理标识、工业设计、专利、集成电路布图设计（拓扑图）、对未披露信息的保护。"

广义的知识产权包括一切人类智力创造成果上的权利，狭义的知识产权则分为工业产权和版权。工业产权包括专利权、商标权、与智力创造成果有关的

---

[1] 图书馆·情报与文献学名词.

[2] 管理科学技术名词.

反不正当竞争权等；版权（我国亦称"著作权"）包括作者权和传播者权（即"邻接权"或"有关权"）。作者权和传播者权中的表演者权既包括财产权利又包括精神权利。

2008年发布的《国家知识产权战略纲要》的专项任务中，列举的知识产权类型包括专利、商标、版权、商业秘密、植物新品种、特定领域知识产权（如地理标志、遗传资源、传统医药和传统工艺、民间文艺、集成电路布图设计专有权等）和国防知识产权。其中，专利、商标、商业秘密和国防知识产权在技术和商业层面凸显一国、一地、一家机构的实力和优势，版权、植物新品种和特定领域知识产权是凸显国家知识产权文化整体实力和落实文化自信的重要抓手。由于我国知识产权信息服务最重要的政策依据为《国家知识产权战略纲要》，因此，本书中知识产权的类型主要采用《国家知识产权战略纲要》中给出的类型。

（二）知识产权信息

1. 知识产权信息

付夏婕在其2015年完成的博士后报告《知识产权信息公共服务研究》中提出：结合我国现行的知识产权信息研究来看，可以将知识产权信息分为知识产权法制信息，知识产权权利信息，知识产权技术信息，知识产权保护信息以及知识产权运用信息等。[3]

李喜蕊在其2016年出版的《我国知识产权信息服务体系建设研究》一书中对知识产权信息进行了如下定义：知识产权信息就是知识产权制度推行过程中产生的关于知识产权的创造、运用、保护和管理的大量基础性、战略性的信息资源，它集文化、技术、法律及市场等多种信息于一体，几乎包含了各行各业、各个学科最广泛、最前沿的信息。同时，知识产权信息属于发展中的概念，根据人们的现有认识，可将其归纳为狭义和广义两个层次。狭义知识产权信息是表征知识产权权利属性的信息，这种属性既包括知识产权权利作为整体的属性，又包括知识产权内各种具体智力成果权的属性；同时，知识产权信息又是表征知识产权保护客体内含的信息，它包括专利信息、商标信息、版权信息、技术

---

[3] 付夏婕. 知识产权信息公共服务研究.

合同信息、涉及知识产权业务的竞争信息等。因而，狭义知识产权信息概念可以包含两层含义：其一是知识产权保护客体的内含信息。专利文献、商标文献、版权作品中所包含的信息，以及工业产权与版权开发、交流、传播中的信息，都是这种客体内含的信息。其二是有关知识产权权利的信息。这种信息主要是指知识产权权利的产生、发展、变更中所发生的信息。前一种信息的涉及面十分广泛，它不仅包括人类已有的技术开发活动、贸易活动、商业活动、科学技术与文化活动的信息，还涉及一切人类的智力活动成果。后一种信息涉及面相对较窄，它主要包括权利变化信息，即权利的发生、运动、变化各环节的信息，以及与权利信息有密切内在联系的各种权利主体信息、贸易信息、技术经济信息。从知识产权法律的派生关系看，我们可以将这种狭义知识产权信息界定为知识产权法律文献信息，即依据知识产权法律而派生的、表征知识产权权利的文献中记载的信息。广义知识产权信息则是表现知识产权存在状态的信息，除表征知识产权权利属性外，一切围绕知识产权发生、发展、变化的信息，如知识产权制度演化、知识产权法律法规运行状态、知识产权法律活动、知识产权数据、知识产权声明及知识产权利益主体等，都可以被看作是知识产权信息。[4]

同时，李喜蕊还在该书中提出了对知识产权信息的本质认识。知识产权信息是知识产权存在方式和存在状态的表征，它既是知识产权的重要属性之一，又是显示知识产权存在的一种属性，还是人们认识和利用知识产权的中介。知识产权信息除具有信息的一般特征外，还具有自身独特的属性：一是法律规定性，即知识产权信息是依据法律而存在的，法律规定着知识产权信息的种类、范围、数量和时效等。二是特殊时效性，知识产权信息具有特殊时效性，当知识产权失去法律效力后，知识产权信息便随之消亡。[4]

由于知识产权包含专利、商标、著作权、地理标志等多种类型，因此知识产权信息还包括专利信息、商标信息等相关概念。

2. 专利信息

胡佐超在论文（2001年）中提出专利信息的概念。一般来说，专利信息是指专利文献向公众提供的信息，它包括专利文献所公开的发明创造信息，即专利技术信息；与之相关的专利权限范围、地域、时间、权利人及有效性等法律

---

[4] 李喜蕊. 我国知识产权信息服务体系建设研究.

信息；有关专利申请人的市场意图、重点保护技术及其发展动态等商业信息。从专利信息管理的角度来讲，专利信息还应当包括同专利的再开发、实施、许可、转让、评估有关的信息，以及专利缴费、营销收入、专利奖酬、专利动态跟踪分析结果、新发明创造等各种相关信息。[5]

3. 商标信息

马海群在论文（1998年）中提出商标信息的概念。商标信息也有广义、狭义之分。狭义的商标信息包括商标的文字、图形或二者的组合所表达的信息。商标信息在大多数情况下，包含和传递着商品信息或服务信息，但是传递商品或服务信息并不是商标的内在属性，商标并非一定要表达和阐述其商品或服务。如果将范围稍作扩大，商标信息还可包括与商标权有关的信息，它们可能与构成商标的文字或图形无关，但却与商标有着密切的内在联系。这些信息可以包括商标申请注册人信息（名称、地址等）、核定使用的商品类别信息、使用该商标的商品名称、该商标权的许可使用信息、有关该商标的行政管理信息等。这时，商标信息又可分为两类：一是提供商品或服务信息的商标信息，二是不包含商品或服务信息的商标信息。广义的商标信息还包含商标法律法规、商标制度变化、商标统计数据、商标案例、商标许可合同、商标印制单位、商标研究、商标机构及商标软件开发等。[6]

4. 版权信息

马海群在其1999年发表的论文中提出：从文化发展及智力成果保护角度看，版权信息是版权社会现象及人类从事版权活动的一种表述和反映，同时也是人们了解和认识版权的一个重要中介，因而研究版权信息的内涵、价值与利用方式，实际上是对版权法律结构及内容体系的一种完善。版权信息的主要构成是表征版权权利属性的法律信息、作品内容及表现形式信息、版权贸易信息、版权利用信息、版权管理信息、版权活动主体信息等。[7]

知识产权信息是知识产权信息服务的重要数据来源，在服务过程中，除了提供具体的知识产权信息内容外，还可以对这些知识产权信息进行深入解析，

---

5 胡佐超. 专利管理.
6 马海群. 论商标信息的内涵与价值.
7 马海群. 论我国著作权信息的来源与获取.

借助知识图谱、语义关联、计量分析等信息处理方法对信息进行深入加工整合，使之更好满足用户的知识产权工作需求。

（三）知识产权服务

根据国家知识产权局等九部门联合制定的《关于加快培育和发展知识产权服务业的指导意见》，知识产权服务包括专利服务、商标服务、版权服务、商业秘密服务、植物新品种权服务和其他知识产权服务。这是从知识产权类型角度对知识产权服务的分类。从服务的性质和内容来看，知识产权服务包括知识产权代理服务、法律服务、信息服务、咨询服务、商用化服务、培训服务及其他服务。目前，大众对知识产权服务了解较多的是知识产权代理服务，对包括信息服务在内的其他服务关注相对较少。本书主要研究的是知识产权服务中的信息服务，在具体服务场景中也包括知识产权转移转化、知识产权培训、知识产权咨询等。

（四）知识产权信息服务

知识产权信息服务是知识产权服务的一种，也是高校图书馆、公共图书馆主要参与的知识产权服务。知识产权信息服务是围绕知识产权信息资源开发、信息传递与交流、信息加工与发布、信息提供与利用、信息用户获取与信息保障等环节开展的专门化信息服务，是一种基于知识产权信息收集、组织加工与检索而形成的面向用户的信息提供行为。[8]与知识产权信息服务相似的另外一个概念是知识产权信息公共服务。国家知识产权局公共服务司在其发布的报告中对知识产权信息公共服务做了如下界定：知识产权信息公共服务主要依托信息公共服务体系开展，以便民利民为宗旨，以提升知识产权信息传播利用效能为目标，以整合资源、拓展服务渠道为抓手，以高效运行机制为保障，以国家知识产权大数据中心和知识产权公共服务平台及地方公共服务平台为支撑，以省级地市级信息公共服务机构为节点，以社会化信息服务机构为网点，为社会公

---

8 马海群. 网络时代知识产权信息服务的创新与发展.

众和创新创业主体提供知识产权信息服务的授益性行为。[9]根据服务特点差异，可以将知识产权信息服务分为知识产权信息公共服务与知识产权信息增值服务。

图书馆知识产权信息服务是图书馆服务的一个特殊类型，涵盖图书馆阅览、培训、展览、参考咨询等多种服务内容。目前，还没有针对图书馆知识产权信息服务，特别是公共图书馆知识产权信息服务的统一概念或定义。在业务归属上，知识产权信息服务往往来源于图书馆参考咨询服务，它具有参考咨询服务的特征，可以参照参考咨询服务管理规范进行管理，因此，大部分图书馆将知识产权信息服务归属于参考咨询服务部门。图书馆参考咨询服务内涵也成为图书馆知识产权信息服务概念的重要基础。《公共图书馆服务规范》规定了公共图书馆基本服务、远程服务和个性化服务。其中基本服务是指保障和满足公众基本文化需求的服务，包括为读者提供免费的多语种、多种载体的文献的借阅服务和一般性的咨询服务，组织各类读者活动及其他公益性服务。远程服务是指公共图书馆应利用互联网、手机等技术手段和载体，开展不受时空限制的网上书目检索、参考咨询、文献提供等远程网络信息服务。个性化服务是指公共图书馆可为个人、企事业机构和政府部门提供多样化的、灵活的、有针对性的服务。[10]

参考咨询服务，也称参考工作或参考服务，国内外学者对其相关标准提出了诸多定义。1876年，美国马萨诸塞州伍斯特公共图书馆馆长塞缪尔·格林（Samuel Green）提出参考咨询服务的最早倡议，参考咨询服务包括指导读者利用图书馆、帮助读者解决他们的需求、辅助读者选择好书、在社区中推广图书馆。《大英百科全书》（2002年版）对参考咨询服务工作的定义是：参考服务是图书馆馆员为使读者最充分地利用馆藏并满足他们的信息需求而为读者提供的个人帮助。[11]《中国大百科全书》（1993年版）提出，参考咨询服务是图书馆馆员对读者在利用文献和寻求知识、情报时提供帮助的活动。它以协助检索、解答咨询和专题文献报道等方式向读者提供事实、数据和文献线索。有些国家的图书馆参考咨询服务甚至还包括解答读者生活问题的咨询。[12]赛缪尔·罗斯坦

---

9 国家知识产权局公共服务司.中国知识产权公共服务发展报告（2021）.
10 公共图书馆服务规范（GB/T 28220—2011）.
11 大英百科全书（2002年版）.
12 中国大百科全书：图书馆学、情报学、档案学.

（Samuel Rothstein）在其 1960 年出版的图书中对参考咨询服务工作进行了定义：参考咨询服务工作是图书馆馆员给予寻求情报的各个读者的个人帮助；它还包含着图书馆对于这项工作承担责任的明确的认识，以及为了这个目的而建立的专门机构。[13]

文化和旅游部发布的行业标准《图书馆参考咨询服务规范》规定了参考咨询服务是指针对用户需求，以各类型权威信息资源为依托，帮助和指导用户检索所需信息或提供相关数据、文献资料、文献线索、专题内容等多种形式的信息服务模式。[14]为了织好知识产权服务网，充分发挥知识产权信息公共服务节点、网点作用，不断提升知识产权信息公共服务规范化、便利化水平，国家知识产权局办公室于 2020 年 11 月 5 日印发实施《知识产权信息公共服务工作指引》，该文件指出：公共图书馆类服务网点应当发挥场地资源齐备、受众广泛等优势，结合参考咨询等职能工作，开展知识产权信息咨询服务，通过举办展览、讲座、论坛、沙龙、公开课、阅读推广等活动，增强公众知识产权意识，推动知识产权基础知识传播。[15]

基于上述信息，本书将公共图书馆知识产权信息服务界定如下：公共图书馆知识产权信息服务是图书馆读者服务的一种，该服务以客观社会需求为导向，发挥公共图书馆优势，通过举办展览、讲座、论坛、沙龙、公开课、阅读推广等活动，增强公众知识产权意识，推动知识产权基础知识传播。结合参考咨询等职能工作，通过各种方式为读者搜集、存储、检索、揭示、传递和利用知识产权信息，支撑读者知识产权决策管理，服务创新创业主体的知识产权创造、确权、运营、管理。

（五）知识产权信息服务体系

体系指若干有关事物或思想意识互相联系而构成的一个整体，如防御体系、工业体系、思想体系、服务体系等。[16]服务体系指对服务有效开展起到支撑保障

---

13 Rothstein Samuel. Reference Service:The New Dimension in Librarianship.
14 图书馆参考咨询服务规范.
15 知识产权信息公共服务工作指引.
16 现代汉语词典（第 5 版）.

及促进作用的资源、服务、设施、环境等的总和。[17]具体到公共图书馆知识产权信息服务体系,基于知识产权对国家科技创新的重要意义,绝大部分国家都将把知识产权纳入国家战略层面进行布局,形成由政府部门、公益机构和商业机构组成的分级分类服务体系。徐峰在系统梳理国外专利信息服务体系经验与特点的基础上,针对我国专利信息服务体系建设工作提出了"进一步从国家战略角度强化专利信息服务体系的建设、拓展公共专利信息的服务渠道和服务方式、鼓励商业化的专利信息服务、采取措施鼓励企业开发与利用专利信息"的建议,但并未形成具体的专利信息服务体系。[18]

李喜蕊在论文中提出,知识产权信息服务体系是由知识产权信息服务的各种要素依据一定原则而组成的一个统一的整体或系统。知识产权信息服务体系是以满足各阶层对知识产权信息需求为目标,由各类知识产权信息服务机构组成的,以知识产权信息的公布、整合、分析、检索、翻译、数据库建设、信息系统开发等为主要内容,并由相关政策法规制度保障其顺利开展的整体系统。[19]该定义明确了知识产权信息服务体系的3个组成部分,即主体部分、内容部分和保障部分,知识产权信息服务体系的主体是各类知识产权信息服务机构,知识产权信息服务体系的主要服务内容是知识产权信息的公布、整合、分析、检索、翻译,以及数据库建设、信息系统开发等信息服务活动,知识产权信息服务体系的有效运转需要相关政策法规制度的保障。

知识产权信息同时具有公益和私益属性,因此还可以将知识产权信息服务体系分为公益性知识产权信息服务体系和市场化知识产权信息服务体系。公益性知识产权信息服务作为加强国家知识产权管理的重要措施,以促进知识产权信息的资源整合和信息共享为己任;市场化知识产权信息服务鼓励企业参与增值性知识产权信息开发利用,以满足不同层次的知识产权信息需求为主要追求。在发达国家,知识产权信息的市场服务受到了充分重视并形成了3个层次的服务体系:以各类技术成果转移机构为主体的知识产权信息市场化转移推动机构;以商业信息服务机构为主体的知识产权信息咨询、检索、分析、预警服务机构;以各类企业为主体的知识产权信息开发与利用机构。[19]

---

17 陆应球. 公共图书馆服务体系建设问题研究.
18 徐峰. 国外专利信息服务体系建设经验与启示.
19 李喜蕊. 我国市场化知识产权信息服务体系的构建与完善.

冯君基于系统化设计方法，提出高校知识产权管理的信息服务体系的概念，该体系应包含服务支撑层、系统层和服务层。服务支撑层是知识产权信息服务的基础，由开展知识产权信息服务所需的信息资源、分析工具和人才团队构成，其中优质信息资源及其与分析工具的有效结合是保障整个信息服务质量和深度的基础，而专业结构合理的人才团队是支撑服务高效运行的保障。系统层的设计和构建是整个知识产权信息服务体系的核心，主要是围绕知识产权管理各个阶段的信息需求，利用信息挖掘和分析技术，对来自不同数据库的知识产权信息资源进行抽取、整理和重组，形成针对知识产权管理不同阶段的信息系统。服务层是为了使系统层的各子系统能更好地服务于特定的对象，在系统层的基础上设计实现的，目的是通过馆员个性化的服务和互动与服务对象建立紧密的联系和合作，及时发现信息需求变化，充分发挥服务支撑作用。[20]

与知识产权信息服务体系相关的另外一个概念是知识产权信息公共服务体系。根据国家知识产权局公共服务司发布的报告显示，知识产权信息公共服务体系以国家知识产权大数据中心和知识产权公共服务平台为支撑、区域或专业性信息公共服务节点为主干、社会化信息服务机构为网点，向社会公众和创新创业主体提供知识产权查询检索、分析利用、数据公开、公益培训等基础信息服务。

二、国际主要经济体知识产权发展态势

知识产权在一定程度上凸显的是一个国家或地区创新的能力和潜力，因此，基于知识产权的竞争也成了国与国竞争的重要形式。2022年9月20日，世界知识产权组织（World Intellectual Property Organization，WIPO）在其网站上发布了2022年全球创新指数（Global Innovation Index，GII）。[21]在最新的GII排名中，中国以55.3分的成绩排在瑞士、美国、瑞典、英国、荷兰、韩国、新加坡、德国、芬兰、丹麦之后，超过法国，上升到第11位，排名比2021年上升1位。目前，中国仍然是GII前30名中唯一的中等收入经济体。在东南亚、东

---

20 冯君. 基于"高校知识产权管理规范"的图书馆知识产权信息服务体系构建.
21 WIPO. 2022年全球创新指数报告.

亚和大洋洲区域排在韩国、新加坡之后。此外，2022年中国拥有与美国相同数量的全球顶级科技集群。

根据WIPO出版的《2021年产权组织事实与数据》，2020年，全球专利申请量出现反弹，增幅为1.6%，受理专利申请量排名前5位的主管局占2020年全球专利申请总量中的85.1%，相比2010年提高了7.7个百分点。这主要是由于来自中国的申请量的强劲增长，中国主管局受理的专利申请数量在全球总量中的占比从2010年的19.6%增加到2020年的45.7%，增长了一倍多。2020年受理专利申请量排名前5位的主管局在专利申请总量中的占比情况如图1-1所示。与此同时，商标和工业品外观设计申请活动分别增长了13.7%和2%。从数量上看，全球专利申请量达到330万件，商标申请量达到1720万件，工业品外观设计申请量达到140万件。实用新型（一种特殊形式的专利权）申请量增长了28.1%，达到300万件。[22] 2020年，全球有效专利数量同比增长5.9%，达到约1590万件，其中美国的有效专利数量最多，约有330万件，中国有310万件，日本有200万件。2020年，全球约有6440万件有效商标，同比增长11.2%，其中仅中国就有3020万件，其次是美国，有260万件，印度有240万件。2020年，全球有效工业品外观设计注册数量同比增长11%，达到约480万件，其中有效注册数量最多的是中国（220万件），其次是美国（371870件）和韩国（369526件）。

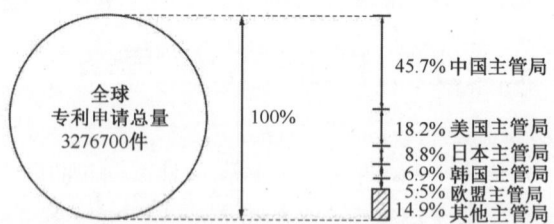

图1-1 2020年受理专利申请量排名前5位的主管局在专利申请总量中的占比情况

（一）专利态势

2020年，中国主管局的专利申请重回增长态势，当年受理了约150万件专

---

22 WIPO. 2021年产权组织事实与数据.

利申请，是排名第 2 的美国（597172 件）主管局受理数量的 2.5 倍。排在美国主管局之后的是日本主管局（288472 件）、韩国主管局（226759 件）和欧盟主管局（180346 件）。在前 10 位的主管局中，只有 3 个主管局，即中国主管局（+6.9%）、印度主管局（+5.9%）和韩国主管局（+3.6%）受理的专利申请量在 2020 年出现增长。根据另外一个更能反映专利申请质量，并常用于衡量创新活动，最广泛使用的指标，国际专利合作条约（Patent Cooperation Treaty，PCT）申请数据显示，2020 年，中国主管局作为 PCT 体系的最大用户扩大了其领先优势，当年通过 PCT 体系提交的专利国际申请量达到 275900 件，相比 2019 年增长了 4%。中国主管局（68720 件）作为 PCT 体系的最大用户在 2020 年扩大了其领先优势，位居其后的是美国主管局（59230 件）、日本主管局（50520 件）、韩国主管局（20060 件）和德国主管局（18643 件）。2020 年，中国电信巨头——华为技术有限公司以 5464 件已公布 PCT 申请量连续第 4 年成为最大的申请人，位居其后的是韩国三星电子（3093 件）、日本三菱电机株式会社（2810 件）、韩国 LG 电子（2759 件）和美国高通公司（2173 件）。

（二）商标申请态势

2020 年，受理商标申请量排名前 5 位的主管局约占全球商标申请活动量的 68%（按类数计算）。中国主管局（54.3%）占全球商标申请活动总量的半数以上，并且申请主要来自中国居民。前 5 位的其余 4 家，美国主管局、伊朗主管局、欧盟主管局和印度主管局分别占 5.1%、3.2%、2.5% 和 2.5%，与中国主管局申请量差距明显，2020 年商标申请量排名前 5 位的主管局占比情况如图 1-2 所示。

2020 年，商标申请活动量排名前 10 位的主管局中有 8 家主管局的商标申请活动量远高于 2019 年。有 4 家主管局同比增长率超过了 20%，即巴西主管局（+21%）、俄罗斯主管局（+29.7%）、土耳其主管局（+28.8%）和美国主管局（+29.4%）。中国主管局的申请类数达 930 万类，其次是美国主管局，数量为 870306 类。自 21 世纪初以来，上述两局一直是排名前 2 位的主管局，不过，在居民申请活动的推动下，中国的申请类数已从 2006 年是美国的约 2 倍，增长至 2020 年的几乎 11 倍之多。排名在这前 2 位之后的是伊朗主管局（541750 类）、欧盟主管局（438511 类）和印度主管局（424583 类），印度主管局在 2020

年超过了日本主管局，排名第 5 位。

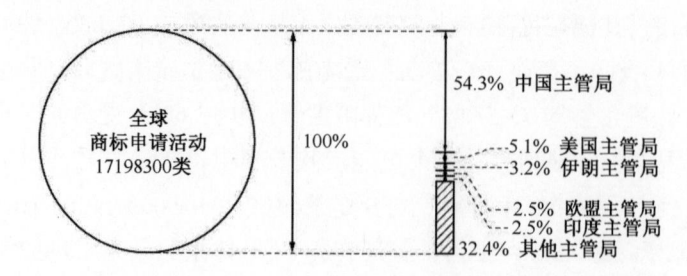

图 1-2　2020 年商标申请活动量排名前 5 位的主管局的占比情况

根据《尼斯分类》，商标申请可以归类为 10 个行业部门。图 1-3 显示了 2020 年商标申请活动量最多的前 5 位原属地各自申请活动量最多的 3 个行业部门。在德国、日本和美国，研究和技术、休闲和教育位列商标申请活动量最多的行业部门前 3 名。商业服务是德国、中国和伊朗申请人所在的三大行业部门之一。卫生是中国、日本和美国申请人申请活动量最多的行业部门。农业是中国和伊朗申请活动量最多的 3 个行业部门之一。而运输业是伊朗申请活动量最多的行业部门。

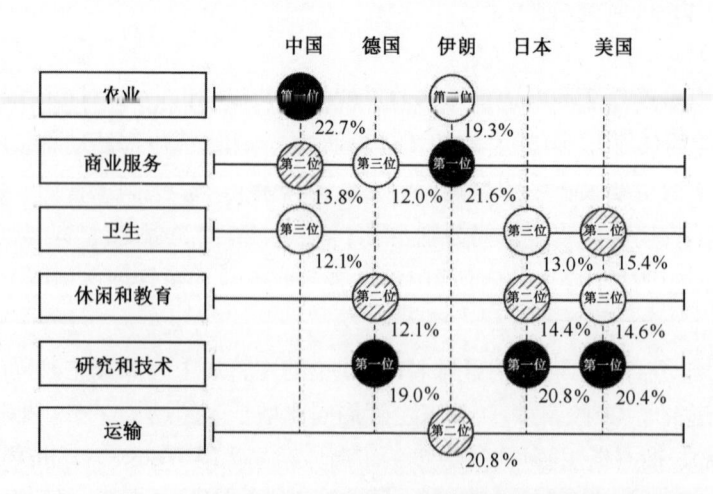

图 1-3　2020 年排名前 5 位原属地各自申请数量最多的 3 个行业部门

总体而言，以专利、商标为代表的知识产权成为衡量各国科技创新的重要指标。中国经过 40 多年的改革开放与科技创新，在专利和商标的申请量上取得了非常大的成绩，年度申请总量已经跃居世界第一，成为名副其实的知识产权大国。同时，我们也要清醒地看到，中国知识产权局受理的专利申请数量多，既有机构和个人科技创新和产业发展的原因，也有中国庞大的市场和完整的工业体系吸引了大量国外企业在中国申请专利保护，实现其研究技术在中国区域的保护的原因。根据 2022 年 6 月国家知识产权局公布的《2021 年中国专利调查报告》显示，2021 年我国发明专利申请量为 158.6 万件，同比增长 5.9%。其中，国内发明专利申请 142.8 万件，占总量的 90.0%，同比增长 6.2%；国外在华发明专利申请 15.8 万件，占总量的 10.0%，同比增长 3.6%。此外，受中国科研评价政策导向及地方政府政绩导向的影响，很多申请的专利是出于考核评比需要，实质技术创新及转化潜力并不高。根据《2021 年中国专利调查报告》显示，2021 年我国发明专利产业化率为 35.4%，较上年提高 0.7 个百分点。2017—2021 年，我国发明专利产业化率均保持在三成以上，近 3 年呈稳步上升态势。2021 年，我国企业发明专利产业化率整体上升达到 46.8%，其中大、中、小型企业发明专利产业化率分别达到 47.1%、54.6%和 47.7%，微型企业或受新冠肺炎疫情等外部冲击影响，其发明专利产业化率为 26.6%，较上年降低 5.8 个百分点。同时，作为我国专利申请重要群体，科研单位与高校的发明专利转化率分别为 15.6%和 3.0%。在高校判断自身专利转移转化率低的原因时，超过五成的高校认为"专利不能满足市场化需要"或"专利申请本身不以转移转化为目的"。因此，当下的中国目前虽然已经是排名世界前列的知识产权大国，但还不能称为知识产权强国。

三、我国知识产权发展战略

改革开放以来，我国经济社会持续快速发展，科学技术和文化创作取得长足进步，创新能力不断提升，知识在经济社会发展中的作用越来越突出。知识产权制度是开发和利用知识资源的基本制度。知识产权制度通过合理确定人们对于知识及其他信息的权利，调整人们在创造、运用知识和信息过程中产生的利益关系，激励创新，推动经济发展和社会进步。

当今世界，随着知识经济和经济全球化深入发展，知识产权日益成为国家发展的战略性资源和国际竞争力的核心要素，成为建设创新型国家的重要支撑和掌握发展主动权的关键。国际社会更加重视知识产权,更加重视并鼓励创新。发达国家以创新为主要动力推动经济发展,充分利用知识产权制度维护其竞争优势;发展中国家积极采取适应国情的知识产权政策措施,促进自身发展。站在新的历史起点上,我国需要进一步大力开发和利用知识资源,转变经济发展方式,缓解资源环境约束,提升国家核心竞争力,满足人民群众日益增长的物质文化生活需要。

(一)全面推进知识产权强国战略

2008年6月5日,在数年研究、起草、论证的基础上,国务院正式颁布《国家知识产权战略纲要》,决定实施国家知识产权战略,这一决策将知识产权工作上升到国家战略层面进行统筹部署和整体推进,为知识产权事业发展指明了方向。《国家知识产权战略纲要》的制定、颁布和实施,使全社会各层面对知识产权工作高度重视,大大加快了我国知识产权事业发展进程。十多年来,在党中央、国务院的坚强领导下,国家有关部门、各个地方和社会各界,紧紧围绕"到2020年,把我国建设成为知识产权创造、运用、保护和管理水平较高的国家"这一宏伟目标,扎实工作,奋发进取,推动我国知识产权事业取得了历史性成就,为国家创新驱动发展和改革开放提供了有力支撑。

自2008年实施国家知识产权战略以来,我国专利申请量和商标申请活动量均保持在世界领先地位,已成为知识产权大国。但大而不强、多而不优特征明显,保护不够严格、侵权易发多发等问题仍然突出,企业海外知识产权风险越来越高。为促进我国知识产权服务体系建设,2009年,国家知识产权局发布了《全国专利信息公共服务体系建设规划》,确立了由1个国家专利数据中心、5个区域专利信息服务中心和47个地方专利信息服务中心组成的三级服务体系框架。目前,已经正式设立了广州、南京、上海、济南和重庆5个区域专利信息服务中心和44个地方专利信息服务中心,全国专利信息公共服务体系已经基本建成。

在国家知识产权战略实施过程中,特别是党的十八大以来,党中央、国务院针对知识产权战略实施和知识产权事业发展,又作出了一系列重大部署。习近平总书记主持召开中央全面深化改革领导小组会议(中央全面深化改革领导小组于 2018 年 3 月改为中央全面深化改革委员会），审议通过《知识产权综合管理改革试点总体方案》《知识产权对外转让有关工作办法（试行）》和《关于加强知识产权审判领域改革创新若干问题的意见》等重要文件。国务院印发了《关于新形势下加快知识产权强国建设的若干意见》《"十三五"国家知识产权保护和运用规划》《知识产权强国建设纲要（2021—2035 年）》《"十四五"国家知识产权保护和运用规划》。"加快建设知识产权强国"还正式写入中共中央、国务院印发的《国家创新驱动发展战略纲要》《国民经济和社会发展第十三个五年规划纲要》，知识产权强国战略明确写入了《中华人民共和国国民经济和社会发展第十四个五年规划和 2035 年远景目标纲要》。

（二）强化知识产权工作

知识产权制度致力于保护权利人在科技和文化领域的智力成果，有利于调动人们从事科技研究和文艺创作的积极性，为企业带来巨大的经济效益，促进社会资源的优化配置，助力国家科技创新、激发经济活力。我国政府非常重视知识产权领域政策的制定和实施，颁布了大量法规、规章、规范性文件以及中长期发展规划等政策文件，形成了较为完备的知识产权保护与运用政策体系，以规范和指导国家知识产权工作。

近十几年来，我国先后出台了《国务院关于印发国家知识产权战略纲要的通知》（2008 年）、《深入实施国家知识产权战略行动计划（2014—2020 年）》（2014 年）、《国务院关于新形势下加快知识产权强国建设的若干意见》（2015 年）、《关于新形势下加快建设知识产权信息公共服务体系的若干意见》（2019 年）、《知识产权信息公共服务工作指引》（2020 年）、《国家知识产权信息公共服务网点备案实施办法》（2020 年）、《知识产权强国建设纲要（2021—2035 年）》（2021 年）、《"十四五"国家知识产权保护和运用规划》（2021 年）、《知识产权公共服务"十四五"规划》（2021 年）、《知识产权人才"十四五"规划》（2021 年）、《高校知识产权信息服务中心建设实施办法（修订）》（2021 年）等一系列文件，逐步加大国家知识产权保护力度，围绕知识产权的创造、运用、保护、管理及服务进行了顶层设计，为我国知识产权强国战略提供了坚实的政策保障。

上述文件重点包括以下几个方面的要求。

首先是全面加强知识产权保护，推动知识产权保护法治化水平不断提高。《"十四五"国家知识产权保护和运用规划》要求"加强知识产权全链条保护，统筹推进知识产权审查授权、行政执法、司法保护、仲裁调解、行业自律、公民诚信等工作，构建严保护、大保护、快保护、同保护的工作格局，全面提升保护能力"。《知识产权强国建设纲要（2021—2035年）》指出要构建"门类齐全、结构严密、内外协调的法律体系""职责统一、科学规范、服务优良的管理体制""公正合理、评估科学的政策体系""响应及时、保护合理的新兴领域和特定领域知识产权规则体系"。

其次是建设激励创新发展的知识产权市场运行机制，支撑经济创新发展。《知识产权强国建设纲要（2021—2035年）》指出要"完善以企业为主体、市场为导向的高质量创造机制""健全运行高效顺畅、价值充分实现的运用机制""建立规范有序、充满活力的市场化运营机制"。《"十四五"国家知识产权保护和运用规划》要求："完善知识产权转移转化体制机制""强化国家战略科技力量，深化科技成果使用权、处置权、收益权改革""提升知识产权转移转化效益""提升创新主体知识产权管理效能""推动知识产权融入产业创新发展"。

再次是建设便民利民的知识产权公共服务体系，强化丰富多元的知识产权公共服务供给。《知识产权强国建设纲要（2021—2035年）》指出："加强公共服务标准化、规范化、网络化建设""明晰知识产权公共服务事项和范围""大力发展高水平的专门化服务机构""建立数据标准、资源整合、利用高效的信息服务模式"。《"十四五"国家知识产权保护和运用规划》提出要"构建便民利民知识产权服务体系""完善知识产权公共服务体系。完善知识产权公共服务网络，健全公共服务支持创新工作机制。推动公共服务骨干节点分级分类建设，省级公共服务机构实现全覆盖，地市级公共服务机构覆盖率力争达到50%，鼓励有条件的县（市、区）设立综合性公共服务机构。支持开展跨行政区域知识产权公共服务合作"。同时鼓励高校、科研院所、公共图书馆、科技情报机构、各类科技与创新园区、各行业社团组织等社会化服务机构通过政府购买服务、政府和社会资本合作等方式参与知识产权公共服务供给，实现公共服务内容多样化、渠道多元化、效能最大化。

最后是塑造知识产权文化理念，构建知识产权文化传播矩阵。《知识产权强国建设纲要（2021—2035年）》指出要"塑造尊重知识、崇尚创新、诚信守法、公平竞争的知识产权文化理念""培养公民自觉尊重和保护知识产权的行为习惯""厚植公平竞争的文化氛围""推动知识产权文化与法治文化、创新文化和公民道德修养融合共生、相互促进"。《"十四五"国家知识产权保护和运用规划》指出要"开展贴近时代、贴近百姓、贴近生活的知识产权文化惠民活动。加强知识产权文化基础设施建设""开展知识产权文化建设理论和学术研究,以文化为媒,提升文化软实力"。

(三)全面布局知识产权信息服务

20 世纪 90 年代中期,在知识产权相关政策中开始出现"知识产权信息"的表述,1994 年出台的《国务院关于进一步加强知识产权保护工作的决定》指出,要利用知识产权信息制定正确的研究开发和生产经营战略。这一时期,由于国家知识产权战略还处于初步的摸索阶段,在政策制定层面,对于知识产权信息的作用认识还不清晰,定位也较为边缘。2005 年年初,国务院成立了国家知识产权战略制定工作领导小组,启动了知识产权战略的制定工作,2008 年,国务院印发《国家知识产权战略纲要》,知识产权战略成为我国经济社会发展的一项基本战略。

党的十八大以来,党和国家在推动知识产权建设、提升知识产权信息服务方面提出了一系列要求,并专门颁布了相关文件。《关于新形势下加快知识产权强国建设的若干意见》提出"增加知识产权信息服务网点,完善知识产权信息公共服务网络"。《"十三五"国家知识产权保护和运用规划》要求"增加知识产权信息服务网点,加强公共图书馆、高校图书馆、科技信息服务机构、行业组织等的知识产权信息服务能力建设"。这两个文件的出台标志着国家对知识产权信息的认识逐步清晰及细化,知识产权信息的作用也受到了重视,知识产权信息服务相应的政策路径进一步清晰,制度也逐步完善。此外,国务院办公厅印发《〈国务院关于新形势下加快知识产权强国建设的若干意见〉重点任务分工方案》,其中列举的 106 项工作有 2 项和图书馆直接相关,即"59.加强对非物质文化遗产、民间文艺、传统知识的开发利用,推进文化创意、设计服务与相关产业融合发展。(文化和旅游部、版权局、知识产权局按职责分别负责)""106.广泛开展知识产权普及型教育,加强知识产权公益宣传和咨询服务,提高全社会知识产权意识。(中央宣传部、知识产权局、教育部、文化部、工商总局、版权局、网信办负责)"由此可见，国家对图书馆开展知识产权信息服务提出了明确要求和具体界定。在此背景下，在国家知识产权相关政策中均有知识产权信息服务的举措，具体包括知识产权信息服务平台、知识产权信息检索、知识产权信息服务、知识产权信息开发利用、知识产权信息服务网点等方面的内容，以满足社会各界，不同层面的知识产权信息需求。

2019年，《关于新形势下加快建设知识产权信息公共服务体系的若干意见》发布，知识产权信息服务政策进入了新的阶段，一系列知识产权信息服务的专门政策相继出台，相关制度设计逐步形成体系。如《国家知识产权信息公共服务网点备案实施办法》《知识产权信息公共服务工作指引》等。

知识产权信息服务是围绕知识产权信息资源的开发、利用等环节而开展的专业化信息服务，是知识产权制度的重要组成部分，并于近年来逐步受到政策层面的关注和重视。

在知识产权信息服务政策领域，目前主要包括以下几个方面的重点举措。

首先是加强知识产权信息服务网点建设，完善知识产权信息公共服务体系，努力夯实服务知识产权全链条的基础。《关于新形势下加快建设知识产权信息公共服务体系的若干意见》要求"积极推动高校、科研院所、图书情报机构、国家中小企业政策信息互联网发布平台、火炬高新技术产业开发中心等纳入知识产权信息公共服务体系，作为知识产权信息公共服务的重要网点，向社会公众和创新创业主体提供高质量的知识产权信息公共服务。"《"十四五"国家知识产权保护和运用规划》明确规定："优化知识产权公共服务网点布局，提升高校、科研机构、科技社团、公共图书馆、科技情报机构、产业园区生产力促进机构等知识产权信息公共服务能力。"

其次是以社会公众的需求为导向，提供便利化、高质量、多元化的知识产权信息公共服务。《关于新形势下加快建设知识产权信息公共服务体系的若干意见》要求"积极推动知识产权信息公共服务的规范化、系统化、体系化，实现知识产权信息公共服务效能最大化""围绕知识产权的创造、运用、保护、管理、服务，增强知识产权信息服务功能，面向企业、高校、科研院所、服务机构等不同对象开展多层次的信息公共服务"。《知识产权公共服务"十四五"规划》指出"鼓励高校、科研院所、公共图书馆、科技情报机构、各类科技与创新园区、各行业社团组织等社会化服务机构通过政府购买服务、政府和社会资本合作等方式参与知识产权公共服务供给，实现公共服务内容多样化、渠道多元化、效能最大化"。

再次是加强知识产权信息资源建设，鼓励不同类型的网点单位发挥自身的信息资源优势，不断满足社会公众和创新创业主体日益多样化、差异化的知识产权信息需求，促进知识产权信息的共享开放和有效传播利用。《关于新形势下加快建设知识产权信息公共服务体系的若干意见》要求"加强知识产权信息资源统筹管理，逐步扩大知识产权信息开放范围，不断提升社会公众和创新创业主体获取知识产权信息的体验度和满意度。加快制订知识产权信息采集、数据加工标准，积极推进知识产权信息传播利用工作的规范化、标准化""鼓励支持高校、科研院所、图书情报机构等网点单位自有的专业文献、专业数据库等接入国家知识产权公共服务平台，实现资源共享"。

从次是加大知识产权信息公共服务人才培养力度，建立一支覆盖经济、科技、文化等领域的专业化、高层次知识产权信息公共服务人才队伍。《关于新形势下加快建设知识产权信息公共服务体系的若干意见》要求"加强知识产权信息公共服务能力培训，在全国范围内分级、分类培养人才，形成多层次、多渠道、宽覆盖的培训网络""支持高校图书情报学科培养知识产权信息分析专门人才；鼓励支持高端知识产权信息服务机构开展知识产权信息服务专业化培训"。《知识产权人才"十四五"规划》指出"提高人才知识产权信息管理、信息采集加工、信息检索与情报分析、信息传播利用等能力，不断壮大高校、科研机构、图书情报机构、行业组织等网点单位的知识产权信息服务人才力量"。

最后是加强知识产权信息服务的国际交流与标准化建设。《"十四五"国家知识产权保护和运用规划》提出要"积极参与国际知识产权数据标准制定，加强国际知识产权数据交换""加强知识产权公共服务规范化、标准化建设，明晰知识产权公共服务事项和范围，建立知识产权公共服务清单制度"。

《知识产权强国建设纲要（2021－2035年）》和《"十四五"国家知识产权保护和运用规划》对知识产权公共服务进行顶层设计，就建设便民利民的知识产权公共服务体系作出全面部署，各级知识产权管理部门大力推进两个文件的贯彻实施，截至2023年年底，我国知识产权公共服务机构在省级层面全覆盖；地市级综合性知识产权公共服务机构达到97家；与WIPO合作在华建设首批101家技术与创新支持中心（TISC），实现省级行政区全覆盖；国家知识产权局联合教育部遴选认定103家高校国家知识产权信息服务中心；国家知识产权信息公共服务网点备案机构 197 家。我国知识产权公共服务体系基本完善，知识产权信息传播利用成效日益明显，知识产权信息化智能化基础设施建设扎实推进。[23]

（四）将图书情报机构纳入知识产权信息服务体系

我国的图书情报机构在历史上为国家科技创新发挥了积极重要的作用。在推进知识产权强国战略的当下，图书情报机构必将继续在该领域发挥积极作用。

1. 图书情报机构是我国知识产权信息公共服务体系重要组成部分

在政策层面，强调建设多元参与，统筹布局知识产权信息公共服务体系。众多文件指出，高校、科研院所、公共图书馆、科技情报机构、行业组织、产业园区生产力促进机构及相关市场化服务机构等，是全国知识产权信息公共服务体系的重要组成部分，要引导，支持，积极推动上述组织参与承担知识产权信息公共服务工作，向社会公众和创新创业主体提供高质量的知识产权信息公共服务。

高校知识产权信息服务中心一般依托高校图书馆等现有机构，高校应整合校内文献信息服务、科学研究、技术成果转移转化、教育培训等方面力量，发挥各自优势，形成知识产权信息服务统筹协调机制，共同推动开展工作。在实践中，高校国家知识产权信息服务中心多依托本校的图书馆。同济大学图书馆、北京大学图书馆、清华大学图书馆、上海交通大学图书馆是高校知识产权信息服务中心建设的先行者和佼佼者。2018 年召开的"高校知识产权信息服务中心建设研讨会"，倡导成立了高校知识产权信息服务中心联盟。《知识产权信息公共服务工作指引》强调"公共图书馆类服务网点应当发挥场地资源齐备、受众广泛等优势，结合参考咨询等职能工作，开展知识产权信息咨询服务，通过举办展览、讲座、论坛、沙龙、公开课、阅读推广等活动，增强公众知识产权意识，推动知识产权基础知识传播"。

在 TISC 授牌及筹建机构名单中，也有多家图书情报机构，如国家图书馆、吉林省图书馆（吉林省少年儿童图书馆）、上海图书馆（上海科学技术情报研究所）、陕西省图书馆、上海交通大学图书馆、中国科学院文献情报中心、中国科

---

23 全国知识产权公共服务机构.

学院武汉文献情报中心、中国科学院成都文献情报中心、天津市科学技术信息研究所、河北省科学技术情报研究院、浙江省科技信息研究院、福建省科学技术信息研究所、云南省科学技术情报研究院、甘肃省科学技术情报研究所、江苏省科学技术情报研究所、安徽省科学技术情报研究所等。

为促进国家知识产权信息公共服务网点建设，《国家知识产权信息公共服务网点备案实施办法》针对申请备案的机构制定了系统详尽的准入条件。2021年，国家知识产权局公布首批国家知识产权信息公共服务网点名单，国家图书馆、苏州工业园区图书馆、广东省科技图书馆（广东省科学院信息研究所）、中国科学技术信息研究所、吉林省科学技术信息研究所和江苏省科学技术情报研究所等多家图书情报机构入选。此后，又先后有湖北省图书馆、湖北省科技信息研究院、湖南省图书馆、濮阳市科学技术情报研究所、重庆图书馆、辽宁省图书馆、天津图书馆等多家图书情报机构入选国家知识产权信息公共服务网点。

同时，各省市纷纷开展省区范围内的知识产权信息公共服务网点遴选。为加强对北京市知识产权信息公共服务网点的规范管理，不断提升北京市知识产权信息公共服务规范化、便利化水平，北京市知识产权局于2022年7月28日印发《北京市知识产权信息公共服务网点建设管理办法》[24]。江苏开展多批次省级知识产权信息公共服务网点认定工作，截至2022年年底已经认定省级知识产权信息公共服务网点63家，并计划到2025年认定100家省级知识产权信息公共服务网点，力争实现县域全覆盖，进一步促进知识产权信息的共享开放和有效传播利用，切实满足创新主体多元化的知识产权信息需求。[25]

2. 充分发挥图书情报机构专业化的服务优势

在政策层面，鼓励图书情报机构参与知识产权公共服务供给，扩大知识产权公共服务的有效供给，实现公共服务内容多样化、渠道多元化、效能最大化，积极引导图书情报机构等服务网点单位，强化中小企业知识产权信息公共服务，优化服务模式，开发适合中小企业需求的知识产权信息服务产品，免费或者低成本向中小企业提供专业化、个性化服务，助力中小企业技术创新。

---

[24] 北京市知识产权局关于印发《北京市知识产权信息公共服务网点建设管理办法》的通知.
[25] 江苏新认定一批省级知识产权信息公共服务网点.

中国科学院文献情报中心 TISC 受中国科学院近代物理研究所委托，为其提供知识产权环境分析、侵权风险预警分析、专利挖掘布局等知识产权信息服务。得益于知识产权信息服务，科研团队加强知识产权保护意识，有效支撑了重大成果的转化实施。近两年，中国科学院近代物理研究所相关产业化控股公司新签订 4 台医用重离子治疗装置建设合同，合同金额合计 24 亿元。中国科学院文献情报中心 TISC 通过系统分析技术发展态势和国内外竞争格局，提出专利组合布局与挖掘申请方案，指导和帮助科研团队实现一系列技术创新、申请一批专利，为相关成果的产业化做好专利储备。这种专利情报分析方法可为我国重大项目全流程知识产权信息服务提供借鉴和参考。

3. 充分发挥图书情报机构丰富的文献信息资源优势

在政策层面，鼓励图书情报机构等网点单位将自有的专业文献、专业数据库等接入国家知识产权公共服务平台，实现资源共享。吉林省图书馆 TISC 推出"吉林省图书馆专利信息服务平台"，该平台支持全文检索，可实现多维度分析，具备生成多种图形的可视化功能，号码类字段批量检索功能强大，单次最多可以检索 6000 条。[26]吉林省图书馆依托丰富的馆藏资源及专业人员，探索公共图书馆 TISC 体系下的高级知识产权信息服务，为全国图书馆体系开展知识产权高级服务、助力企业创新发展提供了参考。吉林省图书馆 TISC 为吉林省汽车检测领域小微高新企业创新发展把脉，对汽车悬架检测设备领域的相关专利数据进行分析和研究，形成汽车悬架检测设备专利分析报告，探究汽车检测设备产业发展方向，指导小微企业创新升级和补足产业链上的空白点。这一系列举措有效缩短了小微企业的新产品研发周期，同时也降低了研发成本。此外，吉林省图书馆 TISC 积极发挥资源优势，为小微企业提供专题专利数据库和分析报告服务。

中国科学院文献情报中心 TISC 推行的院所两级文献情报机构，面向研究所科研一线提供文献情报与知识服务的"中国科学院知识服务平台"也接入了知识产权公共服务网。

---

26 国家知识产权公共服务网.

4. 充分发挥图书情报机构专业化的人才优势

在政策层面，强调不断壮大图书情报机构服务网点的知识产权公共服务人才队伍，健全线上线下相结合的常态化知识产权公共服务人才培训机制。加大知识产权信息服务人才培养力度，提高人才知识产权信息管理、信息采集加工、信息检索与情报分析、信息传播利用等能力。

第二章

国内外图书馆知识产权信息服务

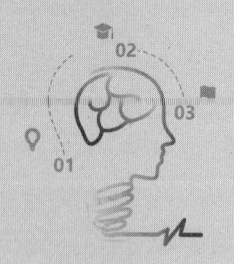

一、我国知识产权信息服务开展情况

（一）我国知识产权信息服务业整体情况

知识产权信息服务包括信息资源服务、知识产权信息检索服务、知识产权信息分析服务、知识产权数据库或知识产权信息系统建设服务及其他相关的知识产权信息服务。

根据国家统计局批准执行的《知识产权服务业统计调查制度》，国家知识产权局知识产权运用促进司组织实施全国知识产权服务业统计调查，调查对象范围涵盖截至 2022 年年底从事知识产权服务的各类机构，并形成《2023 年全国知识产权服务业统计调查报告》。报告内容显示，随着国务院"放管服"改革的深入推进、营商环境的不断优化，我国知识产权服务机构数量持续增长。截至 2022 年年底，我国从事知识产权服务的机构数量共计约 8.7 万家，与 2021 年相比增长 3.9%。2018—2022 年我国知识产权服务机构数量变化情况及 2022 年机构细分情况如图 2-1 所示。截至 2022 年，在我国 8.7 万家知识产权服务机构中，专利代理机构有 4520 家，商标代理机构有 7.1 万家；从事知识产权法律服务的律师事务所超过 1.4 万家；从事知识产权运营服务的机构超过 0.9 万家；从事知识产权信息服务的机构超过 1.5 万家；从事知识产权咨询服务的机构超过 2.2 万家。

其中从事知识产权信息服务机构地区分布情况：位于东部地区（66.3%）占比最高，其他地区依次为西部地区（15.7%）、中部地区（15.0%）、东北地区（3.0%）。调查显示，专利、商标是从事知识产权信息服务的机构的主要业务类型。

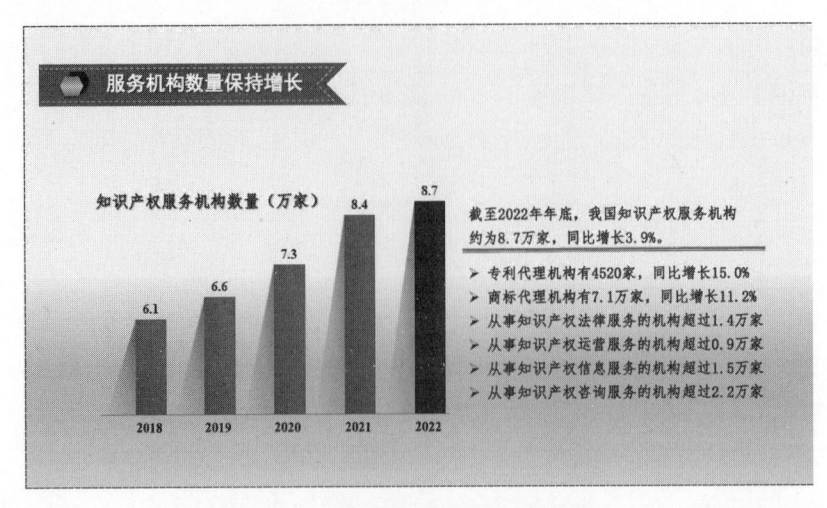

图 2-1 2018—2022 年我国知识产权服务机构数量变化情况及 2022 年机构细分情况

2022 年，全国从事知识产权服务的机构共创造营业收入超过 2700 亿元，同比增长 3.8%，从事知识产权法律服务、运营服务、信息服务和咨询服务的机构中，近五成机构服务利润较上年有所增加或保持不变。我国知识产权服务业从业人员约 96.9 万人，较 2021 年年底增长 4.4%，吸纳就业作用效果显著。

图 2-2 是知识产权信息服务机构主要开展的知识产权信息服务具体业务内容占比。从图 2-2 可以看出，2022 年，从事知识产权信息服务的机构中，有 93.4% 开展了知识产权信息检索服务；40.2% 开展了专利预警、专利侵权风险分析服务；36.1% 开展了知识产权导航服务；21.4% 开展了知识产权相关数据加工、数据库建设服务；18.7% 开展了知识产权文献翻译服务；10.6% 开展了知识产权软件开发、系统集成服务。

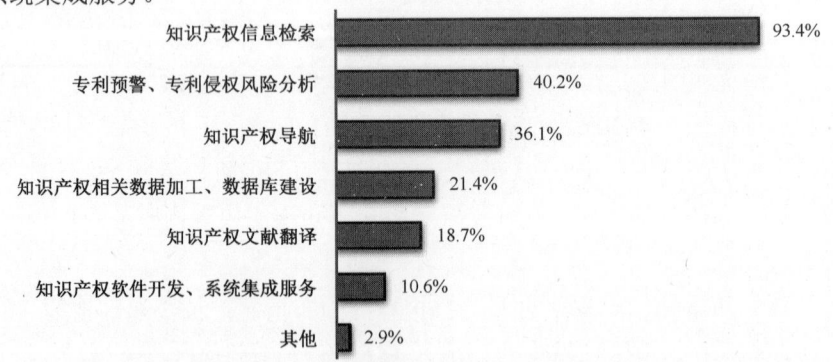

注：有效样本为 1493，调查问卷为多选题，百分比之和大于 100%，因小数取舍而产生的误差未作配平处理。

图 2-2 知识产权信息服务机构主要开展的知识产权信息服务具体业务内容占比

2022年，从事知识产权咨询服务的机构中，有76.4%开展了企业知识产权管理与实务咨询服务；52.2%开展了企业知识产权战略咨询；22.2%开展了行业标准等专业指引服务。此外，有46.6%的知识产权咨询服务机构开展了知识产权公益性咨询服务。

当前知识产权服务业发展面临的问题主要包括市场恶性竞争、市场需求不足、高端人才稀少、人员流动性过高、经营税费负担重、公共服务供给不足和缺乏服务标准规范。知识产权服务机构发展中遇到的主要问题各因素占比情况如图2-3所示。[27]

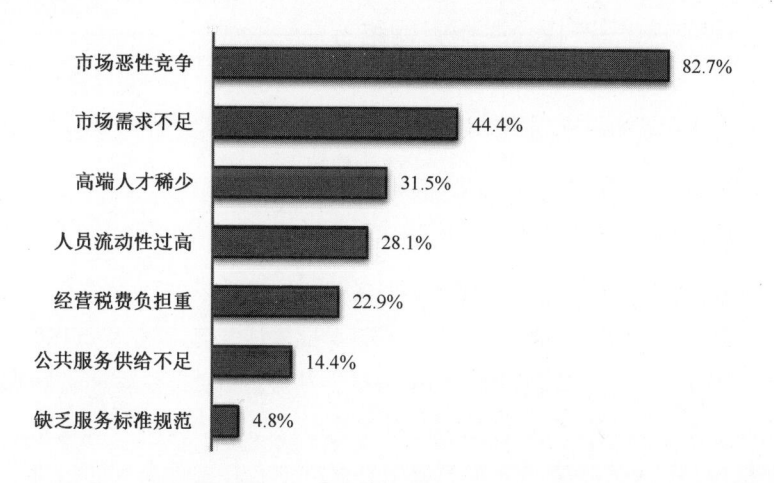

市场恶性竞争	82.7%
市场需求不足	44.4%
高端人才稀少	31.5%
人员流动性过高	28.1%
经营税费负担重	22.9%
公共服务供给不足	14.4%
缺乏服务标准规范	4.8%

注：有效样本为4624个，调查问卷为多选题，百分比之和大于100%，因小数取舍而产生的误差未作配平处理。

图2-3　知识产权服务机构发展中遇到的主要问题各因素占比

在知识产权服务效果方面，根据《2020年全国知识产权服务业统计调查报告》显示，在不同创新主体购买的各类知识产权服务中，知识产权代理服务的比例最高，总体均值为90.8%，购买知识产权信息服务整体均值为18.6%，知识产权咨询服务为45.6%，知识产权培训服务为17.2%。高校购买知识产权信息服务和培训服务的比例明显高于其他类型创新主体，分别为54.2%和26.6%。不同创新主体购买知识产权服务情况如表2-1所示。创新主体对各类形态的知识产权服务质量评价中，对知识产权代理服务和知识产权信息服务评价为"高"和"非常高"的比例分别为67.1%和66.2%，高于其他知识产权服务形态。

---

[27] 知识产权服务业统计调查报告编写组.2023年全国知识产权服务业统计调查报告.

表 2-1 不同创新主体购买知识产权服务情况（单位：%）

服务类型	企业	高校	科研院所	总体
知识产权代理服务	90.9	81.2	87.7	90.8
知识产权法律服务	15.8	15.5	11.8	15.7
知识产权信息服务	18.2	54.2	22.9	18.6
知识产权商用化服务	5.9	10.4	4.9	5.9
知识产权咨询服务	45.6	38.9	46.5	45.6
知识产权培训服务	17.0	26.6	22.1	17.2

（二）国家知识产权公共服务网络

近年来，随着相关政策逐步推行，国家知识产权公共服务供给不断加大，知识产权公共服务便利化水平明显提高，促进创新成果更好惠及人民。

1. 知识产权公共服务供给不断加大

截至 2022 年年底，知识产权公共服务机构实现省级层面全覆盖，地市级综合性公共服务机构覆盖率超过 40%。[28] 分 4 批建成 101 家在华 TISC，2021—2023 年先后认定 197 家国家知识产权信息公共服务网点，这些服务网点机构涵盖知识产权系统、高校系统、公共图书馆系统、科技情报所系统及企业等不同性质的机构。充分发挥高校知识产权信息服务中心在发挥高校的信息资源和人才资源优势，为知识产权的创造、运用、保护、管理提供全流程服务，不断完善知识产权信息公共服务体系，丰富知识产权信息服务内容，促进高校协同创新和科技成果转移转化，支撑国家创新驱动发展战略和知识产权强国建设，先后认定 103 家高校国家知识产权信息服务中心。

2. 知识产权公共服务水平不断提高

目前，我国基本建成以国家知识产权公共服务网为枢纽，专利检索及分析系统、外观设计专利检索公共服务系统、重点产业专利信息服务平台、知识产权数据资源公共服务系统、专利业务办理系统、欧盟商标查询系统和商标网上服务系统等为主要载体的"1+N"模式信息公共服务产品。

---

[28] 知识产权强国建设发展报告（2023 年）．

国家知识产权公共服务网是由国家知识产权局公共服务司主办的面向社会公众和创新创业主体提供一站式服务的公共服务平台，初步实现了知识产权业务"一网通办"，有力提升了知识产权公共服务水平。作为知识产权公共服务平台的探索版与实验平台，国家知识产权公共服务网初步实现了商标、专利、地理标志、集成电路布图设计的申请、缴费、信息查询、检索及数据下载等一站式服务，实现了国家知识产权公共服务网骨干节点及服务网点一体化可视化展示。依托国家知识产权公共服务网，国家知识产权局对新一代地方专利检索及分析系统进行升级改造，著录项目下载项由 7 项增至 29 项，高级用户能够获取更多专利著录项目信息；新增国民经济分类检索，方便用户从实际业务场景出发进行检索查询；升级自建库及分享功能，支持用户自建、共享多层级多分支专属技术领域的专利数据库；地方端部署范围扩大至全国 27 个省市。该平台于 2020 年 1 月 16 日上线试运行，截至 2022 年年底，国家知识产权公共服务网累计访问量达 1110 万次。2022 年，国家知识产权公共服务网新增开放 11 种知识产权基础数据，累计开放 55 种，基本实现专利、商标、集成电路布图设计基础数据"应开放、尽开放"。向地方服务网点单位配置标准化数据种类增至 53 种。全国著作权质权登记信息实现统一查询。[29]

国家知识产权公共服务网上线后，国家知识产权局持续整合局内现有平台资源，增设公共服务聚焦、常见问题等栏目，优化完善后台管理功能及新一代系统数据下载模式，不断补充公益课程，更新网点信息，调整模块功能及优化页面体验，不断完善国家知识产权公共服务网功能，提高用户体验度。尤其是新冠肺炎疫情期间，国家知识产权公共服务网上线新冠肺炎防疫专题数据库，增加新冠肺炎防护医用口罩专利情报等链接入口，助力企业复工复产和科研攻关，在疫情防控和推动经济高质量发展中发挥了积极作用。[30]

（三）公共图书馆知识产权信息服务

公共图书馆知识产权服务起步较早，服务内容和形式也很广泛。国外公共图书馆，如大英图书馆构建商业与知识产权中心，开展面向中小企业的情报和

---

29 中国知识产权公共服务发展报告（2022）.

30 中国知识产权报. 国家知识产权公共服务网运行一年显成效.

专利信息服务，指导开展企业专利、商标、注册外观设计及版权保护等业务，推动和促进企业专利信息传播和利用。国内公共图书馆也纷纷开展多种形式的知识产权信息服务，服务内容涵盖全文调阅、外观专利检索、同族专利、国内外专题检索（专利、商标、传统技艺、植物新品种等）、专利法律状态检索、可专利性检索、专利无效检索、知识产权分析评议、专利研究分析报告（宏观区域性分析、中观层面产业和机构专利分析、微观具体发明技术分析）、商标影响力检索，以及二次开发检索。然而，受人力资源、文献信息资源、工具和服务经验等条件的限制，公共图书馆知识产权信息服务发展极度不均衡。

1. 公共图书馆知识产权信息服务研究

文献检索结果显示，目前国内针对高校图书馆开展知识产权信息服务有较多的研究，这主要和教育部推出的《高校知识产权信息服务中心建设实施办法》及后续工作推进直接相关。王会丽利用 Cite Space 工具对 CNKI 数据库中收录的 1980—2017 年图书馆知识产权信息服务研究的期刊文献进行分析，发现图书馆知识产权信息服务的研究热点主要在 3 个方面：①科技创新、大数据、协同创新等背景下的高校图书馆（图书馆）知识产权信息服务研究；②知识产权文献的检索和开发利用研究；③知识产权信息的检索利用研究。[31]分析结果显示，公共图书馆知识产权信息服务领域的研究前沿以 2010 年为界，正在从以知识产权文献信息资源的介绍、检索、培训、咨询为主的传统知识产权信息服务研究向科技创新、大数据、协同创新等新的时代背景下的新型知识产权信息服务研究转型。

现有文献中就公共图书馆开展知识产权信息服务进行研究的学术成果较少，相关研究主要集中在国外知识产权信息服务案例分析与启示、公共图书馆开展知识产权信息服务的必要性和可行性分析，以及公共图书馆知识产权信息服务探索与实践等 3 个研究方向。李小玉[32]发文对区域性公共图书馆知识产权信息服务进行探讨，在认真分析广西桂林地区用户需求的基础上，就区域性图书馆如何开展知识产权信息服务提出 7 项具体举措。周黎[33]通过网站调查、论文检

---

31 王会丽. 图书馆专利信息服务研究现状和发展趋势的可视化分析.
32 李小玉. 区域性公共图书馆提供专利信息服务的探讨.
33 周黎. 公共图书馆专利信息服务现状及对策探究.

索等方式对我国公共图书馆开展知识产权信息服务的整体情况进行了调研，认为我国公共图书馆所提供的知识产权信息服务在信息资源、服务内容、开展模式、质量水平等方面参差不齐，难以满足公众需求。姚荔[34]介绍了国内外公共图书馆开展知识产权信息服务的现状，分析了国内公共图书馆该项服务存在的问题，建议公共图书馆应在立足本馆实际、明确服务定位的前提下，通过建设知识产权科普中心、创建一站式知识产权信息检索平台、构建多元化合作机制的梯级化模式，开展知识产权信息服务。鲁玥[35]介绍了国家图书馆在地理标志信息服务方面的研究与实践。张秀丽、陈喆[36, 37]提出国家图书馆知识产权信息服务体系的建设原则、体系框架和建设内容，并探讨公共图书馆开展知识产权信息服务的必要性与服务优势，分析我国公共图书馆知识产权信息服务的发展现状，剖析现阶段存在的不足，并从服务定位、资源保障、标准规范、品牌宣传、建设原则等方面提出公共图书馆知识产权信息服务优化策略。李亚冰通过文献调研、网络调研与分析等方法，对截至 2023 年 8 月 31 日，国家图书馆和 31 家省级公共图书馆知识产权信息服务现状进行了调研，调研内容包括服务内容、服务团队、服务资源、服务渠道等。基于调研分析结果，其提出我国公共图书馆知识产权信息服务整体发展水平尚不理想，受主客观因素所限，与成熟的服务体系还有较大差距，最后结合政策对知识产权信息公共服务网点的规划要求，认为公共图书馆应从行业属性和业务特色出发，厘清发展脉络，优化发展策略，确保知识产权信息服务的扎实推进和高质量发展。[38]

2. 公共图书馆知识产权信息服务实践

2.1 整体情况

吉林省图书馆 2019 年 7 月对全国省级公共图书馆知识产权服务工作开展调研，结果显示，提供专利检索服务的省级公共图书馆有 25 家，多数是专利检索及专利全文提供服务。[39]我国公共图书馆目前开展的知识产权信息服务，多以

---

34 姚荔，边晓红. 我国公共图书馆知识产权信息服务模式探讨.

35 鲁玥，曹菲. 国家图书馆地理标志信息服务研究与实践.

36 张秀丽，陈喆，张李江. 国家图书馆知识产权信息服务定位和体系建设.

37 陈喆，杨东波. 我国公共图书馆知识产权信息服务现状与思考.

38 李亚冰. 公共图书馆知识产权信息服务优化策略.

39 张勇，郭山. 公共图书馆专利信息服务实践与平台构建的思考——以吉林省图书馆为例.

参考咨询服务为基础，服务内容以知识产权信息服务为主，国家图书馆和成都图书馆开展了商标信息服务探索，重庆图书馆在知识产权法律信息服务方面积累了丰富的经验。公共图书馆知识产权信息服务开展情况如表2-2所示（标"√"的是目前已开展的服务内容，空白的说明该项服务内容暂未开展）。

表2-2 公共图书馆知识产权信息服务开展情况

			国家图书馆	上海图书馆	重庆图书馆	天津图书馆	吉林省图书馆	南京图书馆	桂林图书馆	成都图书馆	苏州工业园区图书馆	深圳市科技图书馆	湖南图书馆	湖北省图书馆
公益性服务	专利检索		√	√	√	√	√	√	√	√	√	√	√	
	文献传递		√	√	√		√		√	√	√	√	√	
	知识普及	用户	√	√	√		√			√	√	√	√	√
		业界	√	√									√	√
专业性服务	专题检索汇编		√											
	信息导航		√	√			√							
	无效检索		√	√							√			
	专利分析		√				√				√			
	专利查新			√							√			
	商标信息检索		√							√				
	知识产权分析评议			√							√			
	版权登记服务									√				
	法律服务				√									

2.2 国家图书馆知识产权信息服务

国家图书馆于2022年4月26日正式揭牌成立知识产权信息服务专职研究与服务机构——国家图书馆知识产权信息服务中心。[40]该中心的成立是国家图书馆全面落实知识产权强国战略的重要举措，将与公共图书馆界共同推进知识

---

40 国家图书馆研究院. 国家图书馆知识产权信息服务中心正式揭牌.

产权信息服务体系建设，做好知识产权高质量发展和科技创新的底层支撑，深耕文化和旅游领域知识产权研究与服务，培养公众知识产权意识，营造浓厚的知识产权文化氛围，推动知识产权强国建设。国家图书馆知识产权信息服务中心是公共图书馆界知识产权信息服务的主要阵地和人才培养基地、文化和旅游行业知识产权信息服务研究机构、公众知识产权信息素养宣传与教育机构。国家图书馆致力于建设成为我国知识产权信息公共服务体系的重要网点及公共图书馆系统的节点，知识产权知识和文化普及传播、知识产权信息服务能力建设和人才培养的重要基地，支持我国文化和旅游产业知识产权保护、促进文化和旅游产业创新发展的知识产权信息服务重要阵地，我国公共图书馆界开展知识产权信息服务的核心力量和国际公共图书馆界开展知识产权信息服务的重要力量。

国家图书馆在知识产权信息服务方面承担对内服务和对外服务双重任务。对内服务主要满足文化和旅游行业、图书馆界及本馆的知识产权信息需求；对外服务是国家图书馆作为公益性文化事业单位的职责，对外服务的对象包括除文化和旅游部外的中央国家机关、自身知识产权信息服务能力相对不足的高校、科研院所和企业等创新创业主体、社会公众等，相关用户的需求零散地、非连贯地分散于知识产权的创造、运用、保护、管理和服务的各个环节中，以往用户需求多通过传统的参考咨询业务和社会教育工作满足。

具体服务方面，国家图书馆在专利信息方面陆续开展了专利检索与全文获取、专利专题文献检索汇编、专利无效检索、专题文献资源导航等服务，以及针对机构、学科方向及特定技术主题的专利分析服务；在商标和地理标志信息方面，推出了针对商标影响力评价和诉讼证据的商标检索服务，近年来还拓展了地理标志申请信息溯源检索服务；在知识产权信息和文化传播方面，为读者提供免费的专利数据库和检索分析工具，通过线上、线下渠道提供知识产权知识普及和知识产权信息素养培训，为现场读者免费提供知识产权信息检索、获取、分析与利用方法指导。并通过全国图书馆参考咨询协作网，为公共图书馆推广知识产权信息服务经验，推动提高业界知识产权信息服务水平。国家图书馆近年来在知识产权信息服务领域积累了一定的经验，但是在服务内容上还较为分散，不同服务内容比例不均衡，缺乏统一的顶层服务规划和设计，导致服务的规范性和整体性有待加强，无法在业界进行有效的分享。根据国家知识产权战略整体要求，国家图书馆落实公共图书馆职责开展行业服务体系建设的研究，全面规划设计公共图书馆知识产权服务。同时，随着2018年《中华人民共和国公共图书馆法》颁布实施，国家图书馆承担为其他图书馆提供业务指导和技术支持等职能。

2022年，国家图书馆"依托优势资源 提升基层能力"服务案例入选国家知识产权局2022年首批知识产权信息服务优秀案例。案例点评语："本案例探索了国家知识产权信息公共服务网点国家图书馆对基层服务机构的支撑、扶持和协作模式，在提升基层服务能力的同时，扩大服务的辐射面，充分体现了公共图书馆覆盖面广、服务便捷的优势。国家图书馆通过不断优化、探索、实践，实现模式创新，助力知识产权强国建设。"[41]

2.3 获批TISC或国家知识产权信息公共服务网点的公共图书馆

在公共图书馆系统，部分图书馆由于其自身在知识产权信息服务领域的优异表现，获批TISC或国家知识产权信息公共服务网点。

（1）上海图书馆（上海科学技术情报所）。

上海科学技术情报研究所成立于1958年，是国内最早收藏全球科技专利文献并开展相关服务的机构之一，1990年被科技部认定为首批国家一级查新咨询机构（上海市唯一），1995年与上海图书馆合并成为国内规模最大的研究型公共图书馆和综合性情报研究中心之一，现已发展成为全国专利文献服务网点、全国知识产权分析评议服务示范机构TISC、上海市软科学研究基地"前沿技术发展研究中心"及首批上海市重点智库。

近年来，上海图书馆（上海科学技术情报研究所），积极开展各类专利导航及相关服务，包括开展区域规划类专利导航支撑上海科创中心建设；开展产业规划类专利导航助力区域发展转型升级；开展企业经营类和研发活动类专利导航支撑国家重大工程、重点机构关键核心技术攻关和知识产权保护；面向全国举办"专利导航与产业规划运营分析报告撰写高级研修班"等。2022年11月，上海图书馆（上海科学技术情报研究所）入选首批国家级专利导航工程支撑服务机构建设名单[42]。

作为图情一体的省级公共图书馆和科技情报公共服务机构，上海图书馆

---

41 国家知识产权局发布2022年首批知识产权信息服务优秀案例.

42 叶旻. 上海图书馆（上海科学技术情报研究所）入选首批国家级专利导航工程支撑服务机构建设名单.

（上海科学技术情报所）建立了完善的专利情报理论体系和多层次的专利咨询业务体系，馆所递交的"打造'资源、专家、工具、场地'四位一体的创业公益服务模式"案例被国家知识产权局评选为2020年全国知识产权信息服务"十大优秀案例"，并且还将作为中国知识产权信息服务的两个优秀典型案例之一推荐给世界知识产权组织。[43]此外，上海图书馆（上海科学技术情报所）培养了一支专业的专利人才队伍，为政府机构、高校、科技企业提供专利战略研究、知识产权评议、专利分析、技术竞争情报等咨询服务，并出版多部专利信息服务专著和教材，与地方知识产权局合作开展专利信息服务研究与规范化研究，独立或联合上海市科学技术情报学会，面向企业和图书情报业界定期举办专利查新、专利分析、专利地图等培训班与研讨会。

在知识产权信息服务标准规范制定方面，上海市知识产权局会同上海科学技术情报研究所、中国科学院上海科技查新咨询中心、上海航天信息研究所、上海市知识产权服务行业协会等8家单位研究起草了《知识产权评议技术导则》。该标准明确了知识产权评议方案设计、评议对象解析、信息检索、数据整理、侵权风险诊断、创新启示分析、专利价值评估、对策建议及论述、报告编制、成果归档及提交等相关内容、方法及要求，通过防控侵权风险、获取创新启示、评估专利价值3种评议类别，对多种应用场景中的知识产权评议技术标准做了规范。该标准于2019年10月1日实施。

（2）吉林省图书馆（吉林省少年儿童图书馆）。

吉林省图书馆的知识产权信息服务始于20世纪80年代。2017年8月4日，吉林省科技厅确定吉林省图书馆等17家单位为吉林省省级专利文献服务网点。2018年3月12日，吉林省科学技术厅确定吉林省图书馆等8家单位为吉林省知识产权（专利）服务业品牌培育单位。吉林省图书馆作为吉林省省级专利文献服务网点和知识产权（专利）服务业品牌培育单位，2020年通过TISC遴选认定。吉林省图书馆已建立了以专利信息导航、专利分析服务、专题专利数据库建设和公益性知识产权讲座为主要服务内容的知识产权信息服务体系。

2022年，吉林省图书馆"用好知识资源 助力企业发展"案例入选国家知识产权局发布的2022年首批知识产权信息服务优秀案例，案例点评语：吉林省图书馆（吉林省少年儿童图书馆）TISC发挥资源优势，为小微企业提供专题专

---

43 上海图书馆（上海科学技术情报研究所）. 馆所获批成为世界知识产权组织技术与创新支持中心.

利数据库和分析报告服务。作为公共图书馆，该机构依托丰富的馆藏资源以及专业人员，探索公共图书馆 TISC 体系下的高级知识产权信息服务，为全国图书馆体系开展知识产权高级服务、助力企业创新发展提供了参考。[44]2023 年，吉林省图书馆"图书馆资源助推农业科研创新"案例入选 2023 年首批知识产权信息服务优秀案例，案例点评语：粮食安全是国家安全的重要基础。吉林省图书馆发挥公共图书馆资源优势、人才优势，积极服务于吉林省农业领域创新体系，以知识产权信息服务助力农业科研发展，为公共图书馆参与农业知识产权信息公共服务提供了良好示范。[45]

（3）重庆图书馆。

重庆图书馆知识产权信息服务最大的特色是知识产权法律分馆。在 2016 年 4 月 26 日，第 17 个世界知识产权日，重庆图书馆知识产权法律分馆开馆仪式在两江新区知识产权法庭举行，这是全国第一家由基层法院与公共图书馆跨界合作建立的知识产权法律专业分馆，功能定位为提供知识产权法律相关文献的借阅服务场所、知识产权相关法律知识的宣传教育平台和知识产权法律相关从业人员的调研基地。该馆可满足法官干警、诉讼参与人、企业员工和社会公众等群体不同的知识产权法律文献借阅需求。该馆面向法院开展专题文献动态支撑服务和书刊常态开放服务；面向公众开展普法服务、审判常识宣传和专门法律问题解答，面向辖区重点企业提供知识产权专题文献服务。[46]

重庆图书馆同时提供专利检索和知识产权信息公共服务。2017 年 7 月，该馆成为"全国专利文献服务网点"，通过购买万方专利数据库，整合各类免费资源，为开展基于专利的知识产权信息服务提供基础文献保障。该馆当前专利检索业务量较少，年均不到 10 件，主要服务于个人读者的专利前检索、相似专利检索等需求。该馆日常会开展知识产权日宣传活动、承办知识产权局活动、走进中小学等。2021 年起该馆依托本馆馆藏文献为政府机构、律师事务所等提供馆藏文献查账服务，年均服务数量为十几件。2023 年，重庆图书馆入选国家知识产权信息公共服务网点。

---

44 国家知识产权局发布 2022 年首批知识产权信息服务优秀案例.

45 2023 年首批知识产权信息服务优秀案例.

46 重庆图书馆. 重庆图书馆知识产权法律分馆开放.

(4) 苏州工业园区图书馆。

苏州工业园区图书馆为原苏州独墅湖图书馆，是国内开展知识产权信息服务较早的图书馆。苏州工业园区图书馆是一座集公共图书馆、高校图书馆、情报所职能于一体的图书馆，2021年入选首批国家知识产权信息公共服务网点。该馆设立知识产权培训基地，建立了由知识产权培训、研发管理培训、标准化培训和人才沙龙培训组成的立体培训体系。

该馆依托苏州工业园区知识产权服务联盟，代行政府职能开展企业服务，是国家知识产权中小微企业培训基地，在园区有300多个服务网点，覆盖企业、学校等。在落实国家知识产权信息公共服务网点工作方面，苏州工业园区图书馆主要发挥平台作用：整合知识产权局、法院、审协、保护中心等外部资源，建立以企业实务专家为主的专家库；推出线上课程；共享专利数据库；依托"L+众学空间"，举办专题培训、沙龙、义诊、云讲堂，提供专题检索空间；根据高校、知识产权出版社推荐书单推出专题书单，在网站、微信群等发布，共享电子版图书，举办读书分享会；制定江苏省标准知识产权咨询与分析评议服务规范；基于馆内共享的素材，举办18场流动展览，观众达11600人次。

在知识产权信息服务工作方面，苏州工业园区图书馆主要依托园区的知识产权服务联盟（科教公司），利用知识产权局项目拨款、国家、省培训项目经费搭建平台，实现政企对接、搭建专业服务平台、人才引进平台（中小微企业服务平台）；开展专业人才培训（部分授证、收费）和产业导向培训；举办沙龙与社群运营；进行人才研究工作，形成人才培训大纲和人才模型；开展招聘服务；运营新媒体平台，开展服务宣传工作。

针对政府部门、科技部门、生物医药产业全链条、企业不同职能部门的需求和企业所处的发展阶段，苏州工业园区图书馆设计相应的服务模式、精准配置信息资源和服务产品。该馆在服务政府的产业分析报告中把专利技术分析作为重要依据；在政府领军人才评审支撑中，把专利核查、核心专利及专利申请评估和无专利项目知识产权评议作为重要的支撑材料；针对不同阶段开展知识产权侵权风险分析、专利分析、专利动态监测和知识产权预警分析。该馆设立了知识产权培训基地，建立了由知识产权培训、研发管理培训、标准化培训和人才沙龙培训组成的立体培训体系。[47]

---

47 李春梅. 有为才有位——开发区图书馆面向企业信息服务服务实践.

（5）湖南图书馆。

湖南图书馆 2022 年入选国家知识产权信息公共服务网点。该馆知识产权信息服务职能主要由信息服务部承担。近年来，湖南图书馆高度重视知识产权工作，在岗位设置、平台建设、人才培养等方面开展了一系列卓有成效的工作。为更好地推进知识产权信息公共服务网点工作，该馆实现了专职服务人员数量的增加，一次性新增服务人员 6 名。

2023 年 4 月 26 日，湖南图书馆正式面向社会公众、创新主体等推出知识产权信息服务。此次面向社会推出知识产权信息服务，湖南图书馆结合自身的特点和优势，提供知识产权公共服务资源推广服务，商标、专利、地理标志等领域信息服务，文化和旅游行业知识产权研究服务，自建重点领域专题数据库等具有个性化、差异化的服务。[48]该馆提供的知识产权信息服务主要包括基于文献检索与文献复制证明的地理标志品牌建设服务，如 2021 年受某知识产权服务有限公司和地方政府的委托，提供"益阳松花皮蛋""桃江擂茶"相关历史资料的检索与文献服务证明服务，为"益阳松花皮蛋"提供自民国起至今的史实证明资料共 31 篇 190 页，助力上述项目参与地理标志的申报。此外，湖南图书馆为非物质文化遗产工作提供文献支撑，2021 年，该馆为湖南省自然资源厅在非物质文化遗产名录、政策和专家观点等方面收集相关文献资料，为其开展相关调研提供文献支撑。

下一步，湖南图书馆将在创建有全球竞争力的科技创新高地的框架下，充分发挥"国家知识产权信息公共服务网点"的阵地作用，依托丰富的馆藏信息资源、人才优势等，面向代表委员、创新创业主体和社会公众提供版权、专利、商标、地理标志等类型的知识产权信息检索、查询、分析等服务，不断探索知识产权信息服务工作的系统化、可持续性工作路径，多措并举打通知识产权信息公共服务"最后一公里"。[49]

（6）湖北省图书馆。

以往，湖北省知识产权信息公共服务网点主要集中在武汉、宜昌、襄阳等少数几个城市，地域辐射有限，受众群体较小。公共图书馆开展知识产权信息公共服务工作，扩充了服务体系和内容，发挥了受众广泛的优势，对强化社会

---

48 湖南图书馆推出知识产权信息服务.

49 宁莎鸥. 湖南图书馆"三个服务"助力湖南省"两会".

公众知识产权意识，推动知识产权文化传播将起到积极意义。[50]

近年来，在湖北省文化和旅游厅、湖北省知识产权局的大力支持和指导下，湖北省图书馆高度重视并积极开展知识产权信息公共服务工作。除了依托丰富的图书资源、国内外专利文献资源、数据库资源和信息分析工具等，面向创新创业主体和社会公众提供版权、专利、商标、地理标志等类型的知识产权信息检索、查询、分析等服务，湖北省图书馆还不断探索知识产权信息服务工作的系统化、可持续性工作思路。2022年，湖北省图书馆成为首批入选"国家知识产权信息公共服务网点"的省级公共图书馆之一。

湖北省图书馆知识产权信息服务主要有以下几个亮点。

一是积极争取将知识产权信息公共服务工作纳入地方法规。2022年12月1日修订施行的《湖北省公共图书馆条例》第三十二条明确规定，"公共图书馆应当发挥场地资源齐备、受众广泛等优势，开展版权、专利、商标、地理标志等知识产权信息公共服务，强化社会公众知识产权意识，推动知识产权文化传播"。湖北省在全国率先将知识产权信息公共服务写入地方法规，这标志着湖北省知识产权信息公共服务顶层设计进一步完善，也是打通知识产权公共服务面对社会公众"最后一公里"的一项具体创新举措。

二是主动开展跨界合作为知识产权信息公共服务工作培养人才。湖北省图书馆主动开展跨界合作，加入湖北省高校知识产权服务联盟，派员参与联盟开展的知识产权培训和国家级专利分析项目，为公共图书馆开展知识产权信息公共服务培养人才、锻炼队伍。湖北省高校知识产权服务联盟是以湖北省高校为核心，由省内外30多家高校、企事业单位组成的跨省、跨行业、跨层级的知识产权服务联盟，湖北省图书馆是该联盟中唯一的公共图书馆。

下一步，湖北省图书馆计划深入开展知识产权信息公共服务研究与服务，联合省内各级公共图书馆共同推进知识产权信息公共服务体系建设，结合参考咨询等职能工作，开展知识产权信息咨询服务，通过举办展览、讲座、论坛、沙龙、公开课、阅读推广等活动，增强公众知识产权意识，推动知识产权基础知识传播。[51]

目前，湖北省图书馆外文书刊与信息咨询部负责知识产权信息咨询工作，

---

50 省知识产权信息公共服务工作首次写入《湖北省公共图书馆条例》.
51 湖北省图书馆入选国家知识产权信息公共服务网点.

该部门共有 20 多名员工,提供参考咨询服务、外文书刊阅览服务和保存本阅览服务,其中负责参考咨询服务的员工有 8 名。

(7) 天津图书馆。

2023 年 12 月,天津图书馆成功获批入选 2023 年度国家知识产权信息公共服务网点。近年来,天津图书馆高度重视知识产权工作,依托图书馆专业的服务团队和丰富的文献资源,持续面向天津市政府部门、企事业单位、创新创业主体和社会公众提供围绕知识产权信息发布、利用与用户获取等方面的参考咨询服务,包括科技查新、用户教育、定题服务、专利查询、立法决策、政府信息公开、联合参考咨询、情报分析等服务内容,为天津市科研创新和科技创新提供全流程的知识产权信息服务。如通过专利检索服务,为地方企业提供新产品开发咨询和课题立项咨询,并提供商务信息搜集服务。下一步,天津图书馆将以获批国家知识产权信息公共服务网点为契机,深入贯彻落实习近平总书记关于加强知识产权保护工作重要指示精神,以促进知识产权公共服务高质量发展为主线,夯实知识产权信息服务基础,结合天津市重点产业链,强化产业专利导航等深层次信息服务,满足创新主体和社会公众知识产权服务需求,促进协同创新和科技成果转移转化,为助力天津经济高质量发展和产业转型升级作出积极贡献。[52,53,54]

(8) 辽宁省图书馆。

辽宁省图书馆具有数十年开展知识产权信息服务的历史沿革,拥有丰富的科技咨询、专利查新、情报调研与读者培训的经验,2021 年辽宁省图书馆知识产权服务中心挂牌成立。知识产权服务中心围绕创建"辽宁省图书馆知识产权信息服务"品牌的初心,依托辽宁省图书馆的场地、文献资源、人员及读者群体优势,以建设知识产权科普中心为短期目标,以构建专业化知识产权信息公共服务网点,服务辽宁经济社会发展为长远目标。2024 年,辽宁省图书馆入选国家知识产权信息公共服务网点。未来,辽宁省图书馆知识产权服务中心将结合本地区本领域实际,结合地方需求、区域优势和自身特点,科学有序发展,

---

52 天津图书馆获批国家知识产权信息公共服务网点.

53 天津市知识产权局一行到天津图书馆调研.

54 姜丽芙. 开发专利文献资源为中小企业服务.

为知识产权强国建设提供有力支撑，更好服务辽沈地区经济社会高质量发展。[55]

2.4　其他公共图书馆

除了获批 TISC 和国家知识产权信息公共服务网点的公共图书馆外，很多公共图书馆也纷纷开展多种形式的知识产权信息服务，部分公共图书馆入选省级知识产权信息公共服务网点名单。以下概要介绍其中部分公共图书馆知识产权信息服务开展情况。

（1）桂林图书馆。

桂林图书馆是国内较早开展科技查新服务的公共图书馆。该馆面向科研院所和企事业单位开展科技信息服务，包括专利全文检索服务。2018 年该馆提出公共图书馆应结合自身条件开展深层次专利信息服务工作的理念，并在深入科研生产单位开展培训方面进行了实践。

（2）南京图书馆。

南京图书馆是江苏省图书馆。南京图书馆依托 2017 年成立的南京图书馆科技查新中心开展面向个人读者、企事业单位、律师事务所、知识产权代理机构、市县级图书馆等多层次需求的知识产权服务。该馆提供知识产权保护服务，类似国家图书馆的馆藏文献证明服务；普通知识产权咨询服务，类似国家图书馆的专题文献检索服务；知识产权情报服务，针对企事业单位、律师事务所、知识产权代理机构等，提供专业且深入的知识产权情报服务。该馆对用户的知识产权需求进行分析，开展知识产权跟踪服务，定期收集、整理相关知识产权信息，举办知识产权培训班、知识产权相关的讲座、知识产权座谈会等，进行知识产权的宣传与培训。[56]

（3）成都图书馆。

成都图书馆除开展科技查新工作外，还开展了馆藏文献复制证明和商标、品牌信息查证专题检索证明服务，为用户解决知识产权保护、纠纷问题提供帮助。2015 年，成都图书馆成立了"阅创空间"，配置由图书馆资深学科馆员组成的服务团队，为创客们提供专利检索、科技查新、竞争性情报等专业

---

[55] 辽宁省图书馆入选国家知识产权信息公共服务网点名单.

[56] 穆晖. 公共图书馆面向多层次需求的知识产权服务研究——以南京图书馆科技查新中心为例.

信息检索服务。[57]

成都图书馆的知识产权信息服务最大的特色是版权信息服务、版权登记工作。经成都市版权局（新闻出版局）批准，成都图书馆2017年成立版权登记工作站。成都图书馆目前年均版权登记量300多件，有2名员工兼职负责该项工作。主要登记的版权类型包括美术作品、摄影作品、文字作品、音乐作品。该项工作最早是为了满足本馆的需要，后根据业务发展逐步拓展为面向用户的版权登记服务。为了确保该项工作的标准化推进，成都图书馆制定了一系列规章制度与工作规范，包括《成都图书馆版权服务工作站服务内容》《成都图书馆版权服务工作站工作制度》《成都图书馆版权服务工作站培训制度》《成都图书馆版权服务工作站宣传制度》《成都图书馆版权服务工作站服务标准》《成都图书馆版权服务工作站版权登记制度》等。

（4）深圳市科技图书馆。

深圳市科技图书馆（深圳大学城图书馆）是国内第一家兼具公共图书馆和高校图书馆双重职能的图书馆。为企业用户提供多层次、多形式的科技创新服务，如科技查新服务、专题检索和情报研究等。深圳市科技图书馆还专门设立了专利服务小组，由专人专职负责专利服务的管理与统筹工作，协调专利信息服务的发展。该馆以不定期举办研讨会的形式开展专利信息培训服务，如企业信息检索与分析研讨会、专利与标准检索分析研讨会等，通过邀请数据库专家、专利领域专家和图书馆员，为中小型企业用户提供专利方面的培训，分享与交流在企业活动中知识产权工具的利用方法；以定期的课堂、讲座、沙龙的形式普及专利知识，培养大众的知识产权意识。2014年，深圳市科技图书馆正式推出专利信息服务，在为深圳大学城三校机构提供专利服务的同时，也为中小型企业机构提供专利信息服务，如专利培训、专利检索、专利查新、专利分析及风险评估等，在不同的项目阶段采取不同的策略对企业进行专业的专利指导。在项目规划阶段，该馆协助用户做好专利信息收集分析工作，针对不同层次的人员，提供相应的培训服务；在立项阶段，为用户提供专利查新服务；在研发阶段，采取专利馆员为主、用户协助参与的方式，对具体专利技术进行分析，协商制定检索策略和分析框架，提供专利技术报告和行业报告。[58]

---

57 成都图书馆. 参考咨询.
58 曾斯. 面向中小型企业的公共图书馆专利信息服务实践与思考.

3. 公共图书馆知识产权信息服务评价

公共图书馆拥有良好的公益服务基础和经验，可提供免费或低成本的知识产权信息服务，利于知识产权知识和文化的普及传播。但目前我国开展知识产权信息服务的公共图书馆数量依然很少，服务内容和模式单一，主要是受以下因素的影响。

（1）对国家政策的认识不足，参与积极性不高。

公共图书馆参与国家知识产权公共服务网络建设已经作为国家政策要求和规划方向在诸多政策文件中得到明确。但是目前很多公共图书馆对知识产权信息服务存在较大的认知偏差。最具代表性的观点是知识产权信息服务是面向小众群体的、专业性极强的服务，属于知识产权局的业务范畴，与主要开展面向社会大众提供文献保障、阅读推广等公共文化服务的公共图书馆无关或关系不大。或者，将知识产权信息服务等同于专利查新服务，认为专利查新业务基础薄弱的公共图书馆没有能力开展此项服务等。同时，由于短期内无法得到具体的政策、财政和资源等方面明确支持，公共图书馆缺乏跨界发展的动力。

（2）定位不清，重点服务对象不突出。

服务定位和设计未体现出公共图书馆与其他类型机构在知识产权信息服务体系中的角色差异和互补作用。服务对象泛化，未确定适合公共图书馆和当地实际的重点服务对象。

（3）服务主体专业性服务能力不足。

大多数公共图书馆未建立馆藏数据与知识产权信息之间的关联，甚至未采购知识产权信息商业数据库。绝大部分公共图书馆尚未设置专职机构从事知识产权信息服务，服务主要依托参考咨询部门，很少建有专职知识产权信息服务团队，服务人员主要由参考咨询部门人员兼职，绝大多数服务人员未取得知识产权信息服务专业资质。由于公共图书馆参考咨询馆员或科技查新馆员还要兼顾本职工作，用于知识产权信息服务的精力有限。与此同时，绝大多数从事知识产权信息服务的人员知识产权知识储备欠缺，没有知识产权信息服务资质，应付基础咨询服务尚可，对提供深层次、专业化服务力不从心。例如，大部分服务人员对专利知识了解尚可，但是对商标、著作权、商业秘密等其他类型的知识产权知识了解非常有限，这也极大限制了公共图书馆知识产权信息服务能力的整体提升。

(4）实践探索欠缺，服务发展有待升级。

目前大部分公共图书馆不同程度地开展了知识产权信息服务，但普遍处于初期阶段。调查发现，每年4月的知识产权宣传周，是各地公共图书馆集中开展知识产权宣传活动的时段，其他时间则很少开展。一年一度的"例行活动"，难免内容分散、模式单一，服务效果一般。展览、讲座、培训等都是公共图书馆日常采用且擅长的宣传模式，但调研获取到的知识产权类的读者活动案例极为有限，且大多是关于国家图书馆、上海图书馆等发展案例的线索，说明公共图书馆的知识产权信息服务与既有服务模式融合不深，更没有形成多维内容与多元模式间的良性互动。[59]

（5）服务内容同质化，特色和重点不突出。

部分公共图书馆对外信息服务类型单一，集中在专利信息服务，对其他类型的知识产权信息的研究很少涉及。公共图书馆作为文化机构的社会教育职能的先天巨大优势尚未被开发；对内服务能力不足，对著作权的研究集中但尚未找到著作权与文化传播之间的合理平衡点；对文化和旅游行业内部的知识产权信息服务的需求缺乏调研和相应的服务设计。

（6）标准规范欠缺。

知识产权信息服务的人员从业资质、资源管理、服务内容、服务模式、服务流程和服务质量等方面尚未形成可操作性的标准和规范。

（7）服务零散，缺乏组织与协作。

各公共图书馆之间缺乏统一有效的组织、引领与合作，服务同质化严重，尚未形成具有辐射效果的服务网络。

（四）高校图书馆知识产权信息服务

1. 高校图书馆知识产权信息服务开展整体情况

《国家教育事业发展"十三五"规划》明确提出"支持高校图书馆建设知识产权信息服务中心，为促进高校创新提供服务"。国家知识产权局、教育部于2017年12月印发《高校知识产权信息服务中心建设实施办法》（以下简称《办

---

[59] 李亚冰. 公共图书馆知识产权信息服务优化策略.

法》），同济大学图书馆、北京大学图书馆、清华大学图书馆、上海交通大学图书馆于 2018 年 6 月在上海同济大学共同主办"高校知识产权信息服务中心建设研讨会"，共有 22 所高校参会并成立了高校知识产权信息服务中心联盟。教育部科技发展中心不断加大对《办法》的宣传、解读，推动有关高校按照《办法》的要求，开展高校知识产权信息服务中心建设，促进高校知识产权信息服务工作；根据《办法》的规定，加强对高校知识产权信息服务中心建设运行的指导，适时开展高校国家知识产权信息服务中心的遴选工作；开发高校知识产权信息课程体系，组织开展分层分类培训，提升高校知识产权信息服务能力。《国家知识产权局 2021 年度报告》显示，截至 2021 年，我国已实现了知识产权信息公共服务机构在省级和副省级城市全覆盖。国家知识产权局与教育部一同遴选了 80 家高校国家知识产权信息服务中心。[60]

高校知识产权信息服务中心与科研院所、科技情报机构、产业园区生产力促进机构、行业组织等机构在服务对象上具有相同的特征，即主要服务于本机构或行业内部，以对内服务为主。高校知识产权信息服务中心主要针对校内管理层、科研人员、校内知识产权转化部门、校属企业、学生提供面向学校和学科发展决策、面向科研全流程、面向知识产权转移转化支持、面向知识产权信息素养教育等的知识产权信息服务，可提供连续的知识产权的创造、运用、保护、管理和服务全流程服务。上海交通大学 TISC 积极对接学校医疗机器人研究院和产业园内企业信息需求，为其提供服务。[61]近些年，高校知识产权信息服务中心也积极拓展外部服务，重庆大学高校国家知识产权信息服务中心全程嵌入重庆三磨海达磨床有限公司技术研发、成果管理等环节，提供知识产权创造、保护、分析、管理全链条"多源信息融合服务"，助推企业创新发展。[61]

截至 2021 年年底，在获批的 80 家高校国家知识产权信息服务中心中，有 50 家为教育部科技查新工作站，拥有科技查新和学科服务经验及成熟的服务团队。在工作站所属学校类型方面，综合类 36 所、理工类 31 所、农林类 9 所、医药类 2 所、师范类 2 所，其中 60 所高校为"双一流"建设院校，占总数的 75%。在地域分布方面，华东地区 26 所、华北地区 19 所、华中地区 10 所、华南地区 9 所、西南地区 8 所、东北地区 6 所、西北地区 2 所，其中华东和华北

---

60 全国知识产权公共服务机构.
61 知识产权信息赋能中小企业创新发展十大案例.

地区高校最多，占总数的50%。总的来说，获批高校国家知识产权信息服务中心的高校类型覆盖面广，学科特色突出，办学层次较高，地域分布涉及全国27个省级行政区，辐射范围广，以华东、华北经济发达地区综合类和理工类"双一流"建设院校为主，能够较好地发挥引领和示范作用，但不同地域高校在团队建设、资源购置、服务开展等方面存在较大差距。[62]

2. 知识产权专业数据资源建设情况

目前，国内高校开展的知识产权信息服务以专利服务为主，由于专利文献资源的特殊性，开展基于深度分析的专利信息服务要求配置相应的检索分析型专业工具，国内高校，特别是建立了知识产权信息服务中心的高校，在配置专业专利检索分析工具方面情况较好。通过调研相关高校图书馆主页或高校知识产权信息服务中心网站，整理出高校国家知识产权信息服务中心主要商业数据库配置情况表，详见表2-3。"√"说明调查时该馆有订购该资源。

表2-3 高校国家知识产权信息服务中心主要商业数据库配置情况

机构名称	incoPat	PatSnap	壹专利	Innography	DII	DI
北京大学		√		√	√	
北京化工大学					√	
北京交通大学				√		
北京科技大学	√				√	
北京理工大学	√	√			√	
成都理工大学		√				
大连理工大学					√	
电子科技大学					√	
东北林业大学	√					
东北师范大学	√			√		
东北石油大学	√		√	√		
东南大学			√		√	
复旦大学				√		
贵州医科大学		√			√	

---

62 张雅宁. 高校图书馆知识产权信息服务现状研究.

续表

机构名称	incoPat	PatSnap	壹专利	Innography	DII	DI
桂林电子科技大学	√			√		
哈尔滨工业大学		√			√	
海南大学		√（试用）				
河北工业大学				√		
河海大学	√		√	√		
河南大学						√
湖南大学		√			√	
华北电力大学	√			√		
华南理工大学				√	√	
华南农业大学		√				
华中科技大学					√	
华中农业大学		√				
暨南大学	√					
江南大学	√			√		
南京大学	√		√		√	
南京工业大学			√			
南京航空航天大学	√		√		√	
南开大学		√			√	√
内蒙古农业大学		√	√			
青岛大学						
清华大学	√	√			√	√
山东大学	√			√		
山东科技大学		√				
山东师范大学	√			√		
山西大学					√	
上海交通大学	√				√	
深圳大学	√		√			√
石河子大学						
四川大学				√	√	
同济大学				√	√	√
武汉大学		√				
西安交通大学					√	
西南大学	√					
西南交通大学		√			√	

续表

机构名称	incoPat	PatSnap	壹专利	Innography	DII	DI
燕山大学					√	
扬州大学	√					
云南大学				√		
长沙理工大学		√	√			
浙江大学	√					
郑州大学			√			
中国海洋大学	√				√	
中国矿业大学			√			
中国石油大学（华东）	√		√			
中南大学		√				√
中山大学	√				√	

80所高校中，可访问资源的有59所，平均每个高校采购商业专利数据库的数量在2个以上。部分高校配置资源情况非常丰富，清华大学配置了incoPat、智慧芽（PatSnap）、Innography、Derwent Innovation Index（DII）、Derwent Innovation（DI）、Orbit.com、LexisNexis TotalPatent One共7个专利数据库。

上海交通大学、清华大学等23所高校购买了incoPat专利数据库。清华大学、北京大学、北京理工大学、哈尔滨工业大学、南开大学、武汉大学等18所高校购买了PatSnap专利数据库。南京大学、深圳大学、中国矿业大学等11所高校购买了壹专利数据库。清华大学、北京理工大学、东北石油大学3所高校购买了incopat和PatSnap中文数据库。

复旦大学、电子科技大学等26所高校购买了DII德温特专利索引。北京大学、北京交通大学、华南理工大学、山东大学、同济大学等17所高校购买了Innography专利检索和分析平台。

清华大学、河南大学、南开大学、深圳大学、同济大学、中南大学6所高校购买了DI专利数据库；北京大学、复旦大学、华南理工大学、四川大学、同济大学5所高校购买了Innography和DII专利数据库；南开大学、清华大学和同济大学3所高校购买了DII和DI专利数据库。

此外，还有一些高校购买了Orbit.com、LexisNexis TotalPatent One、DI Inspiro、Patentsight、ORBIS Intellectual Property、专利之星、大为Innojoy、Patentics等

专利数据库。

在特色资源建设方面，重庆大学等高校建立了本校专利成果数据库；太原理工大学结合学校和区域特色建立了专题专利库；中国石油大学（北京）建立了石油石化重点行业专利信息库；福州大学建立了专利数据库网罗福州大学历年来在国内外申请、授权的全部专利数据[63]；中南大学建立了知识产权特色数据库——《中国有色金属知识库》；四川大学建立了《四川大学专利成果库》；内蒙古农业大学建立了基于专利、商标、版权、地理标志的一站式检索平台。

多数高校国家知识产权信息服务中心对资源与工具进行了分类整理，一些中心建立了专业数据库。复旦大学将专利资源与工具按照馆藏资源和免费专利检索资源进行了分类整理；浙江大学建立了专利资源导航栏目，按照图书馆采购专利数据库、免费专利检索网站、主要国家知识产权局、国际专利分类表和专利法全文进行分类整理；太原理工大学对开放资源进行了整理，通过Innojoy建立了区域类专利库和领域专题数据库；南京大学将知识产权资源按照商业专利数据库、免费专利检索网站、商标检索系统和国际专利分类表进行分类整理；武汉大学将专利资源导航栏目按图书馆采购资源、免费资源、主要国家知识产权局、主要国际专利分类表进行了分类整理；电子科技大学将资源工具按照商业专利数据库、各国专利局检索平台和其他网络专利资源进行了分类整理。[64]

3. 知识产权信息服务内容

3.1 知识产权信息素养教育

高校知识产权信息服务中心的职责之一是培育知识产权专业人才，开展知识产权素养教育。现阶段，各中心开展的教育培训课程内容包括专利基础知识、专利检索与分析等，专利撰写、申请和审查等实务类课程较少。北京大学、重庆大学等16所高校建设了专门的知识产权教育培训模块并提供详细内容介绍。部分高校还上传了培训课件、录屏等供师生线上学习。四川大学、青岛大学等高校网站链接了国家知识产权局公益讲座、中国大学MOOC（Massive Open Online Course）名师课程等学习资料。中南大学、广西大学等22所高校设立了中国知识产权远程教育分站，为师生自主报名学习提供了便利，但部分分站点

---

[63] 福州大学专利数据库.

[64] 张燕，赵婉忻，董凯. 高校图书馆知识产权信息服务现状与提升路径研究.

存在更新缓慢、内容滞后、缺乏体系化设计等问题。除课程及培训外，各中心还积极创新教育形式，例如，广西大学、哈尔滨工业大学举办了专利服务月、专利展示周等科普宣传活动；电子科技大学、上海交通大学等高校制作了科普微视频；南京大学以知识产权热点案例为素材，制作了知识产权科普漫画；燕山大学、重庆大学等高校开展了专利检索大赛、知识竞赛等活动，借助赛前培训、实战演练，提升了师生的知识产权信息素养。

高校知识产权信息服务中心开展的知识产权素养教育形式主要包括举办专题讲座、开设相关课程、开展科普宣传活动等；培训内容主要包括知识产权基础知识、专利数据检索和分析技巧、专利实务分析等方面。

（1）举办专题讲座。

专题讲座是最主要的知识产权素养教育形式，如四川大学的知识产权信息服务中心同时也是国家知识产权（四川）培训基地，其长期开设知识产权专题讲座，每学期开设6场，包括知识产权与保护、专利的基本知识、专利情报的获取、专利申请和审批、专利情报分析、商标的概念、域名之争等专题。此外，高校图书馆还面向本校师生、校外企事业单位及政府部门开展定制培训服务[65]，如浙江大学知识产权信息服务中心的"专利有约"系列讲座。[66]

（2）开设相关课程。

中国农业大学面向本科生群体开设了"知识产权法"课程；面向研究生群体开设了"知识产权保护与利用"课程，电子科技大学知识产权信息服务中心与本校经济与管理学院合作，围绕知识产权创造、运用、保护和管理的全流程开展教学，现已开设5门线下课程，其中"知识产权管理"和"知识产权与信息检索"2门课程分别在中国大学MOOC和中国知识产权远程教育平台上线[67]。上海交通大学图书馆创建的"专利学堂""思源微课"等品牌。

（3）开展科普宣传活动

通过科普展览，借助"知识产权日"开展知识产权线上答题竞赛、检索大赛、主题创意大赛，以及利用科普微视频等多种形式进行宣传。如浙江大学的"专利微课堂"，山东大学的"科普微视频"，上海交通大学的"思源微课"，华

---

[65] 大川智库知识产权信息服务中心. 知识产权教育与培训——知识产权系列讲座.

[66] 浙江大学图书馆. 知识产权信息服务——知识产权讲座培训.

[67] 电子科技大学知识产权信息服务中心. 教育培训服务——课程.

南理工大学图书馆的"涨'知识'IP科普课堂",形成了各自的专利宣传品牌;哈尔滨工业大学的"专利服务月",广东图书馆学会、粤港澳大湾区图书馆科技文献协作联盟、华南理工大学知产中心共同主办的"知产创未来·普惠大湾区"知识产权科普图像创意设计大赛,以及"走进 IP,点亮创新"科普活动等。一系列形式多样的科普宣传活动使知识产权深入人心,广泛提高了用户的知识产权意识和知识产权信息素养。[68]

3.2 咨询服务

安徽大学管理学院的储节旺,根据需求深度的不同,将高校知识产权信息服务内容分为基础层次需求服务和深层次专项需求服务,我国高校知识产权信息服务内容结构如图 2-4 所示。[69]

目前,高校知识产权信息服务侧重于基础层次需求服务,如专利检索、专利查新、专利咨询、知识产权人才培养等,专利挖掘、专利代理、定制服务、专利分析、专利导航等深层次专项需求服务较少。

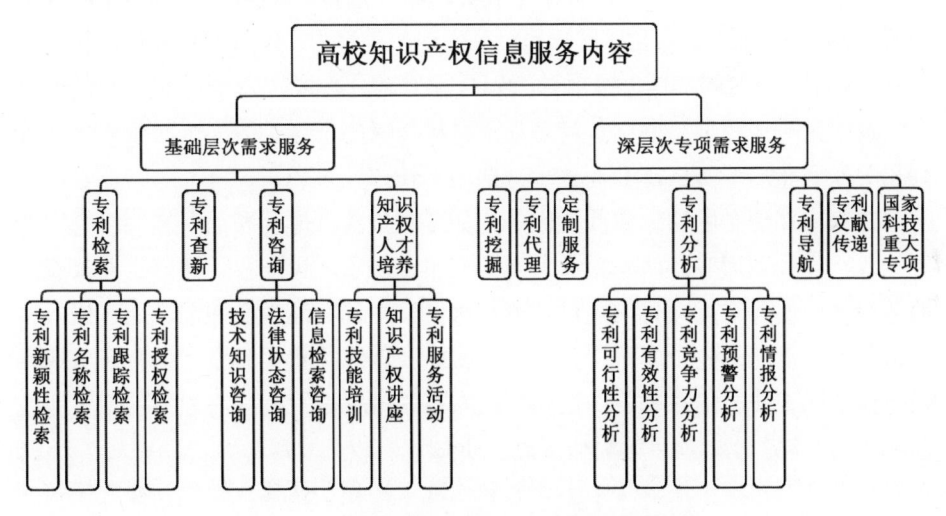

图 2-4 我国高校知识产权信息服务内容结构

---

68 杨世玲. 我国高校图书馆知识产权信息服务研究.

69 储节旺,吴若航. 我国高校知识产权信息服务发展现状调查研究——以 60 家高校国家知识产权信息服务中心为例.

3.2.1 专利信息服务

在专利信息服务方面，大部分知识产权信息服务中心依托科技查新工作站的团队建设及业务经验，开展了基础层次需求服务和深层次专项需求服务。具体包括以下几个方面。

（1）专利信息的基础层次需求服务，如专利检索、专利查新、专利咨询、知识产权人才培养等。

（2）专利信息的深层次专项需求服务，如专利挖掘、专利代理、专利可行性分析、专利有效性分析、专利竞争力分析等。通过开展专利竞争力分析，服务科研决策。多家高校知识产权信息服务中心均完成了针对本校专利竞争力的分析报告，并根据学校专业特色，选择对标高校进行对比分析，寻找优劣势，辅助科研决策。南京大学知识产权信息服务中心完成了《基于专利分析的高校优势学科竞争力评价》和《南京大学专利年报》。[64]浙江大学知识产权信息服务中心完成了《高铁技术专利分析报告》等。北京理工大学知识产权信息服务中心完成了《信息技术领域关键技术专利分析研究报告》《关键技术领域中国顶尖创新者》《新能源产业专利导航项目》等知识产权报告；南京大学知识产权信息服务中心完成了《图书馆无线射频识别技术专利分析报告》《科幻级材料的前世今生及未来——基于新型自修复高分子材料技术的全球态势分析》《扬声器线阵列相关专利布局报告》等专业技术方向的知识产权报告。

（3）专利信息的法律和商业服务，如专利预警、专利布局、专利运营、专利维权、专利代理等，西安交通大学图书馆开展了知识产权司法鉴定专项查新服务等[62]，嵌入重大项目，提供全流程服务。中国石油大学图书馆通过嵌入多个科研创新活跃的院士团队、长江学者团队及国家重点实验室，为科研一线人员提供了知识产权信息服务。例如，嵌入某教授课题组，为其主持的国家科技重大专项、863计划项目等科研课题提供知识产权信息服务，协助完成了近30项发明专利的申报工作，其中多项专利实现了授权、转移、转化；嵌入天然气水合物研究团队，提供了其团队在该领域的竞争力分析报告，帮助其厘清本课题组研究技术水平和主要的竞争对手情况，对下一步的专利布局雷区和避雷要点进行专利预警。[70]

（4）特色服务。各高校知识产权信息服务中心还根据学校特色及学科优

---

70 刘天琳, 张芹, 陆桃妹. 高校知识产权信息服务实践探索.

势，创新服务内容。华南农业大学知识产权信息服务中心开展涉农知识产权服务，为涉农企业、高校及个人提供新兽药、新农药注册前咨询、检索和查新服务。为帮助科研人员了解专利动态，清华大学、复旦大学等高校知识产权信息服务中心定期发布专利简报，电子科技大学知识产权信息服务中心每月发布热点研究方向的专利简报。此外，各高校知识产权信息服务中心还进一步梳理业务流程，通过建设平台提高服务效率，如扬州大学知识产权信息服务中心建设了专利服务平台，为用户通过平台委托专利申请、查询专利申请进度、缴费、查看专利证书等提供了便利。[62]浙江大学知识产权信息服务中心联合多方机构形成了"科研团队、知识产权信息服务中心、专利事务所、技术转移中心"协同合作机制，开展从技术保护到技术转化全流程知识产权服务。[70]复旦大学知识产权信息服务中心形成了一种校内多机构业务融合、信息服务平台化的模式。[71]中国农业大学知识产权信息服务中心基于目前知识产权信息服务的发展和角色定位，形成了图书馆主动挖掘与推送、与校内外机构项目合作、定制式服务3种模式。[72]西北农林科技大学某老师的知识产权被侵犯后，校内知识产权信息服务中心联系相关法律部门和知识产权咨询事务所，并进行专利信息检索，为专利侵权诉讼收集证据，最终解决了知识产权的纠纷。[69]华南农业大学、中国海洋大学和中国农业大学等高校的校科研管理部门与法学院、经济学院等院系联合参与知识产权信息服务中心的构建，共同建立健全服务工作体系，促进产学研一体化发展。[73]西安交通大学知识产权信息服务中心联合科研院、法学院申请了预算金额为300万元的西安市知识产权示范基地项目。

3.2.2 版权和商标信息服务

高校图书馆部分承担版权和商标信息服务，主要表现为针对数字资源版权保护问题发布版权公告或政策，如清华大学图书馆发布的《关于保护电子资源知识产权的公告》、中山大学图书馆制定的《合理使用引进电子资源的规定》等；一些大学图书馆也尝试开展版权素养教育和相关服务，如北京大学图书馆已在尝试探索开展版权和商标权的基本知识培训及一般性咨询服务，也有高校

---

71 张敏，应峻. 信息服务促进高校知识产权高质量发展——以复旦大学知识产权信息服务中心为例.

72 孙会军，秦晴，左文革. 高校知识产权信息服务探索与实践——以中国农业大学知识产权信息服务中心为例.

73 李乐儒，傅文奇. 多元主体协同的我国高校知识产权信息服务的调查与分析.

(太原理工大学、西安交通大学、成都大学等)图书馆借助版权服务工作站平台为中小企业提供版权教育、版权咨询、诉讼维权等专业化服务。[74]

4. 完善知识产权信息服务相关制度建设

大部分高校知识产权信息服务中心,在知识产权信息服务栏目下设有规章制度模块,围绕资源建设、人员培训、能力提升、管理规范等方面建立了相应的保障机制。但相关的规范和制度侧重点各有不同。

中山大学知识产权信息服务中心[75]制定了《中山大学专利工作管理办法》《中山大学科技成果转化规定》《中山大学科技成果转让、实施许可管理流程》;燕山大学知识产权信息服务中心[76]制定的管理制度包括《燕山大学知识产权管理办法》《燕山大学科技成果转移转化行动方案》《燕山大学科技成果转化管理办法(试行)》《燕山大学知识产权信息服务中心管理办法》《燕山大学知识产权信息服务中心人员培训制度》《燕山大学知识产权信息服务中心保密制度》。部分高校图书馆将知识产权各级政策、知识产权法律法规等文件加以整理,放入规章制度模块供用户查阅。如重庆大学图书馆的《企业知识产权管理规范》《高等学校知识产权管理规范》。

5. 积极推进知识产权信息服务专业人才队伍建设

湖南图书馆刘敏[77]对60家高校知识产权信息服务中心服务现状进行调研,整理出高校知识产权信息服务中心服务资源与服务团队情况表,如表2-4所示。调研结果显示绝大部分高校知识产权信息服务中心落实了团队人数及分工情况,并积极开展知识产权信息服务人才队伍建设,服务团队建设。

从表2-4可以看出高校知识产权信息服务中心服务人数数量差异较大,在其中明确列出服务团队人员数量的44家机构中,最少的2人,最多的29人,其中20~29人的有9家,10~19人的有20家,10人以下的有15家。在人员工作模式上,基本采取"专职+兼职"分工模式。此外,团队建设呈现出"四高"特点,即集聚了高校图书馆的高素质、高水平、高职称和高学历专业人才从事

---

74 朱佩,张雅群. 构建多方合作知识产权服务新生态——以浙江大学知识产权信息服务中心为例.

75 中山大学图书馆. 知识产权信息服务——政策法规.

76 燕山大学高校国家知识产权信息服务中心.

77 刘敏,喻萍萍. 我国高校图书馆知识产权信息服务现状及优化策略.

知识产权信息服务。如广西大学知识产权信息服务中心拥有知识产权信息服务专业人员 15 人，4 人拥有正高级职称，7 人拥有副高级职称，博士 4 人，硕士 7 人，并提供配有先进设备的办公场地、培训场地 2000 平方米。燕山大学知识产权信息服务中心拥有专业人员 24 人，含高级职称 15 人；南京大学知识产权信息服务中心拥有 29 人，含博士 9 人、硕士 17 人、学士 3 人，知识产权信息服务人员 21 人，13 人具有科技查新工作经验。上海交通大学知识产权信息服务中心拥有 3 名知识产权信息服务专职人员，17 名兼职人员，均为硕士或博士，正高级职称 3 人、副高级职称 5 人，多人拥有查新和知识产权服务双重资质，含专利代理人 3 人，全国专利实务人才 2 人。各高校知识产权信息服务中心的服务团队基本拥有科技查新、知识服务、情报分析、学科服务等工作经验并接受过系统的知识产权信息培训。

表 2-4　高校知识产权信息服务中心服务资源与服务团队情况表

高校	服务资源			服务团队		
	数据库	分析工具	专利导航	制度	流程	队伍
清华大学	√	√	√		√	7
北京大学	√	√	√			11
北京科技大学	√	√	√		√	13
北京交通大学	√	√	√	√	√	10
重庆大学	√	√	√	√		7
大连理工大学	√	√	√			10
中山大学	√	√	√	√	√	20
电子科技大学	√	√	√		√	9
中国海洋大学	√	√	√	√		10
东北林业大学	√	√				9
郑州大学	√	√	√			22
湘潭大学	√	√	√			12
广西大学	√	√	√			15
哈尔滨工业大学	√	√				10
西安交通大学	√	√	√	√	√	11
华南理工大学	√	√	√	√	√	5
南京工业大学	√	√	√		√	13
上海交通大学	√	√	√		√	20
同济大学	√	√				9

续表

高校	服务资源 数据库	服务资源 分析工具	服务资源 专利导航	服务团队 制度	服务团队 流程	服务团队 队伍
东北师范大学	√	√	√	√	√	11
河北工业大学	√	√	√		√	√
华中科技大学	√	√	√		√	10
宁波大学	√	√	√	√	√	16
北京理工大学	√	√	√		√	√
北京工业大学	√	√	√			√
北京化工大学	√	√	√	√	√	13
东南大学	√	√	√	√	√	20
福州大学	√	√	√		√	13
复旦大学	√	√	√			8
贵州医科大学	√	√	√	√	√	√
湖南大学	√	√	√	√	√	9
华北电力大学						
华东理工大学	√	√	√		√	25
青岛大学	√	√	√		√	√
华南农业大学	√	√	√	√		15
江南大学	√	√	√	√	√	16
江苏科技大学	√	√		√		19
南昌大学	√	√	√		√	20
南京大学	√	√	√		√	29
南京农业大学	√	√				6
内蒙古农业大学	√	√		√		√
山东大学	√			√		5
山东科技大学	√	√	√		√	√
深圳大学	√	√			√	10
石河子大学	√	√	√		√	
四川大学	√	√	√			20
太原理工大学	√	√	√	√	√	√
天津科技大学	√					√
武汉大学	√	√	√	√	√	√
西北农林科技大学	√	√	√	√	√	11
燕山大学	√	√	√	√	√	24
云南大学	√	√	√			2

续表

高校	服务资源			服务团队		
	数据库	分析工具	专利导航	制度	流程	队伍
浙江大学	√	√				15
中国矿业大学	√	√				14
中国农业大学	√	√	√	√	√	6
中南大学	√	√		√	√	10
北京中医药大学	√	√	√			√
河南大学	√	√			√	
武汉理工大学						√
中国石油大学（华东）	√			√		√

福州大学是福建省最早成立知识产权信息服务中心的高校之一，依托福建省高校数字图书馆（FULink）联盟体系，积极破解区域高校知识产权信息服务体系建设难点，构筑福建省高校知识产权信息服务合作网络。此外，该中心通过共同举办培训竞赛，共同开展人才培养，共同承担课题，共建专题数据库等方式，有效地形成了知识产权信息服务合作网络，对其他省市知识产权信息服务体系建设具有良好的借鉴意义。福州大学知识产权信息服务中心以现有的图书馆联盟组织为抓手，向全省高校图书馆馆员开展形式多样、内容丰富的知识产权信息服务培训，在提升馆员知识产权信息服务业务技能的同时，也为知识产权信息服务体系建设奠定坚实基础。

6. 高校知识产权信息服务发展制约因素

6.1 标准规范缺失

目前我国还没有统一的高校知识产权信息服务国家标准规范，在开展高校知识产权信息服务时，存在服务内容和类别界定不清、服务过程和交付成果差异较大、服务评价体系和监督机制不健全、服务人员素质和资源建设水平参差不齐等问题，如一些高校图书馆开展专利查新服务，由于没有相关标准规范的指导，存在服务过程无所适从和服务质量参差不齐等问题。[78,79]

高校图书馆存在知识产权信息服务范畴和界限不清，科技查新服务、学科

---

78 杜娟娟，张柏秋. 我国高校知识产权信息服务现状、困境及对策.

79 刘秀文，罗文馨，童云海. 高校知识产权信息服务发展策略研究.

服务与知识产权信息服务内容交叉，界限不明等问题。高校图书馆知识产权信息服务的方式多样，包括知识产权培训、专利咨询、文献传递、专利检索、专利分析、专利预警、专利布局、专利分析评议、专利成果转化、核心专利挖掘、ESI 学科分析、版权信息服务、学科服务、专利说明书等。如北京大学图书馆等 11 家高校图书馆将文献传递、科技查新纳入知识产权信息服务范畴；四川大学图书馆等 6 家高校图书馆将部分学科服务内容归入知识产权信息服务；华南理工大学知识产权信息服务中心提供 ESI 学科分析等；也有部分高校图书馆直接将知识产权信息服务归入学科服务，如大连理工大学图书馆学科服务包含科技查新服务和知识产权服务两种服务方式。[80]

6.2 信息分散，多方管理，协同联动机制不健全

高校知识产权信息分散，高校图书馆负责收集高校知识产权信息，但知识产权管理和运营等业务通常由其他部门承担，各个机构职能定位不同，大多独立工作，信息共享渠道不畅通。[79]很多高校的知识产权管理工作交由不同的部门负责，如国有资产管理处、科技处、研究生院、教务处及相关学院等，管理过程复杂，协调成本过高，工作容易脱节，导致承担知识产权信息服务工作的高校图书馆在开展知识产权信息服务工作时无法有效对接需求。[81]

6.3 深层次知识产权信息服务能力不足

北京大学刘秀文通过网络调研发现，80 家高校图书馆中，只有北京大学图书馆[82]、清华大学图书馆[83]、电子科技大学图书馆[84]和华南农业大学图书馆[85]等少数图书馆开展专利导航服务，上海交通大学图书馆[86]等少数图书馆开展专利申请前评估服务。进一步调研发现，这些已开展的服务目前仍处于起步探索阶段，还难以满足高校知识产权高质量创造、高效益运用、高标准保护和高水平管理

---

80 申峰. "双一流"高校图书馆知识产权信息服务实践与思考.
81 吴高, 韦楠华. 高校知识产权信息服务现状、困境及体系构建.
82 北京大学图书馆. 利用专利资源进行研究态势分析：智慧制造行业.
83 清华大学图书馆. 智能网联汽车关键技术专利分析.
84 电子科技大学图书馆. "第三代新材料功率半导体器件技术领域"专利导航推介与研讨会顺利举行.
85 华南农业大学知识产权信息服务中心.
86 上海交通大学图书馆. 专有技术认定查新.

的知识产权信息服务需求。[79]

（五）科技信息情报服务机构

科技信息情报服务机构也是我国知识产权信息服务的核心力量，依托其多年在科技信息情报系统收集积累的科技情报资源优势和科技情报服务经验，在知识产权信息服务中发挥了重要作用。

1. 上海图书馆（上海科学技术情报研究所）

上海科学技术情报研究所成立于 1958 年，是国内最早收藏全球科技专利文献并开展相关服务的机构之一，1990 年被科学技术部认定为首批国家一级查新咨询机构（上海市唯一），1995 年与上海图书馆合并成为国内规模最大的研究型公共图书馆和综合性情报研究中心之一。上海图书馆（上海科学技术情报研究所）现已发展成为全国专利文献服务网点、全国知识产权分析评议服务示范机构、世界知识产权组织 TISC、上海市软科学研究基地"前沿技术发展研究中心"及首批上海市重点智库。

近年来，上海图书馆（上海科学技术情报研究所），积极开展各类专利导航及相关服务，包括开展区域规划类专利导航支撑上海科创中心建设；开展产业规划类专利导航助力区域发展转型升级；开展企业经营类和研发活动类专利导航支撑国家重大工程、重点机构关键核心技术攻关和知识产权保护；面向全国举办"专利导航与产业规划运营分析报告撰写高级研修班"等。2022 年 11 月，上海图书馆（上海科学技术情报研究所）入选首批国家级专利导航工程支撑服务机构建设名单。[87]

作为图情一体的省级公共图书馆和科技情报公共服务机构，上海图书馆（上海科学技术情报研究所）培养了一支专利人才队伍，为政府机构、高校、科技企业提供专利战略研究、知识产权评议、专利分析、技术竞争情报等咨询服务。并出版多部专利信息服务专著和教材，与地方知识产权局合作开展专利信息服务研究与规范化研究。面向企业和图情业界定期举办专利查新、专利分析、专利地图等培训班与研讨会。上海图书馆（上海科学技术情报所）建立了完善

---

[87] 叶旻. 上海图书馆（上海科学技术情报研究所）入选首批国家级专利导航工程支撑服务机构建设名单.

的专利情报理论体系和多层次的专利咨询业务体系。馆所递交的"打造'资源、专家、工具、场地'四位一体的创业公益服务模式"案例被国家知识产权局评选为 2020 年全国知识产权信息服务十大优秀案例，并且还将作为中国知识产权信息服务的两个优秀典型案例之一推荐给世界知识产权组织。[88]

在知识产权信息服务标准规范制定方面，上海市知识产权局会同上海科学技术情报研究所、中国科学院上海科技查新咨询中心、上海航天信息研究所、上海市知识产权服务行业协会等 8 家单位研究起草了《知识产权评议技术导则》。该标准明确了知识产权评议方案设计、评议对象解析、信息检索、数据整理、侵权风险诊断、创新启示分析、专利价值评估、对策建议及论述、报告编制、成果归档及提交等相关内容、方法及要求，通过侵权风险防控、创新启示获取、专利价值评估等三种评议类别，对多种应用场景中的知识产权评议技术标准做了规范。该标准 2019 年 10 月 1 日起实施。

2. 中国科学院文献情报中心

中国科学院文献情报中心，是世界知识产权组织 TISC、全国专利文献服务网点、中国知识产权研究会高级团体会员单位、中国知识产权研究会培训合作单位、知识产权分析评议服务示范机构、知识产权分析评议联盟理事长单位、知识产权信息联盟会员。其服务团队包括情报研究人员、数据分析人员、前专利审查员、专利代理人、技术经纪人、学科情报人员、领域技术专家和科研管理专家。

中国科学院文献情报中心聚焦研究面向科研组织和重大项目全过程的知识产权情报导航理论、方法和贯穿"产业—技术—基础研究"链条的知识产权情报导航理论、方法。并在此基础上形成了咨询服务、情报研究和人才培养三位一体的服务特色。知识产权情报研究包括专利与产业映射、技术交叉融合测度、技术演化分析、专利引证指标修正和颠覆性技术识别等，发表《技术交叉结构》《专利分析——方法、图表解读与情报挖掘》《颠覆性技术创新研究》等专著。

中国科学院文献情报中心的人才培养主要依托中国科学院大学图书情报与档案管理学位授予点，培养硕士、博士和博士后人员。服务对象包括国家部委、中国科学院院机关、中国科学院研究所、科技型企业、区域园区五大类型。

---

88 上海图书馆（上海科学技术情报研究所）. 馆所获批成为世界知识产权组织技术与创新支持中心.

中国科学院文献情报中心的知识产权信息服务内容包括专利导航/知识产权分析评议、专利分级分类、支撑成果转化/专利运营、机构/团队/实验室创新能力评估、技术新颖性分析、知识产权信息监测扫描、知识产权培训。服务产品体系分为信息监测类、咨询分析类和战略研究类三大类。

（1）信息监测类，包括知识产权规划扫描、技术进展监测、竞争对手监测。

（2）咨询分析类，包括专利导航、分级分类与估值定价、技术新颖性分析。

（3）战略研究类，包括技术机会识别、新兴/颠覆性技术识别、技术/产业趋势研究。

在知识产权信息培训方面，中国科学院文献情报中心主要开展专题培训和研究所专员培训。2020—2021年，中国科学院文献情报中心面向高校、科研院所和企业，举办"人工智能领域标准和专利导航与预警实务培训"和"人工智能领域专利诉讼及高价值专利培育"培训，内容包括人工智能企业与产业专利导航、人工智能领域高价值专利培育及运营实务、人工智能领域高价值专利培育、由专利诉讼看人工智能领域高价值专利培育，培训共有2000余人在线参加学习，覆盖机构500余家。

2022年，中国科学院文献情报中心开展研究所科研项目知识产权管理支撑及专业人才技能提升培训，提供专利分析报告的撰写基础知识培训及陪伴式辅导。具体培训内容包括专利文献基础知识、专利检索分析实务、新颖性与创造性判断及对比分析、专利布局策略和知识产权分析报告撰写等。

中国科学院文献情报中心"提供解决方案，推动成果转化"服务案例入选2022年首批知识产权信息服务优秀案例；"TISC专利数据支撑《大湾区创新发展专利指数报告》报告研制"入选2023年度第二批知识产权信息服务优秀案例。

（六）其他知识产权信息服务机构

在我国知识产权信息服务机构中，还有一个很重要的群体，那就是提供知识产权，特别是专利检索与分析数据库或工具的知识产权公司。这些公司在提供检索数据库和分析工具的基础上，针对各类用户，特别是科研用户的需求，提供产业与技术主题方面的专利研究分析报告，并收取一定的服务费用。其中影响力较大的不仅有具有外资背景的科睿唯安信息服务（北京）有限公司等，还有国内民营企业广州奥凯信息咨询有限公司等。

1. 科睿唯安信息服务（北京）有限公司

科睿唯安信息服务（北京）有限公司（Clarivate Analytics，原汤森路透知识产权与科技事业部）是一家数据提供与分析公司。在知识产权信息服务方面，拥有信息、技术和经验三方面优势。其服务目标是为决策者提供全球视野下的技术、法律、市场等重要信息，为科研团队进行全面的技术全景分析，监测和获取最新的技术进展，识别合作伙伴；为机构或团队规避可能出现的知识产权风险，为全球市场的拓展保驾护航。

科睿唯安知识产权信息服务主要包括战略调研与咨询、专利检索、运营及诉讼、定制化服务和专业培训。

（1）战略调研与咨询，包括技术全景分析、竞争对标分析、技术新用途探索、专利组合价值评估、法律诉讼调查。

（2）专利检索，包括可专利性检索/专利申请前检索、专利无效检索、专利跟踪。

（3）运营及诉讼，包括潜在侵权产品识别、标准必要专利识别、专利许可机会分析、制作特征对照表、特征对照表核对。

（4）定制化服务，包括建立自动化预警、设计技术分类、数据收集与清理、建模和数据可视化和专利强度打分衡量。

（5）专业培训，包括数据库与分析工具培训、专利检索培训、专利分析培训和定制化培训。

2. 广州奥凯信息咨询有限公司

广州奥凯信息咨询有限公司成立于 2000 年 8 月，为企业、高校、政府及科研机构提供信息情报解决方案，包括高端知识产权咨询研究服务和知识产权信息化建设服务等。

奥凯公司先后获得"全国知识产权服务品牌机构""全国知识产权分析评议示范创建机构""全国专利文献服务网点"等多项荣誉资质。并拥有一支涵盖专业情报分析、高端咨询、知识产权培训、政策与研究、专利数据处理和信息化技术的开发工程师、知识产权专家团队，具备专业知识和丰富的服务经验，为客户提供知识产权服务解决方案。

奥凯公司开发了专利信息检索分析软件——壹专利，高校知识产权管理云平台——智慧之光，专利信息推送服务平台——专利 365，本地化专利信息平台——专利专题数据库等产品，同时，研发了专利检索分析教学软件和知识产权实务教学软件，可为高校定制专利数据库。

奥凯公司提供的知识产权服务包括专利检索、专利查新、防侵权检索、专利无效检索、咨询研究、知识产权贯标辅导、知识产权培训。

奥凯 IP 学院针对知识产权全生命周期所需要的知识内容进行规划，推出系统课程，以知识产权实务模拟为核心，配合教材库、案例库、考试模块等辅助的教学功能，实现仿真场景的模拟教学。面向政府、高校和企业开展培养工作。[89]

3. 智慧芽信息科技（苏州）有限公司

智慧芽（PatSnap）是一家科技创新情报服务商，聚焦科技创新情报和知识产权信息化服务两大板块。通过机器学习、计算机视觉、自然语言处理（NLP）等人工智能技术，智慧芽为全球领先的科技公司、高校和科研机构、金融机构等提供大数据情报服务。

智慧芽围绕科技创新与知识产权已经构建起丰富而成熟的产品矩阵，旗下产品包括 PatSnap 全球专利数据库、Innosnap 知识产权管理系统、Insights 英策专利分析系统、Discovery 创新情报系统、Life Science 系列数据库等。

智慧芽服务对象包括知识产权行业从业者、技术研发从业者、生物医药行业从业者和金融机构等。该公司融合全球 1.7 亿件专利和 1.5 亿项科技数据，基于机器学习和 AI 算法的搜索和数据分类技术，为创新型组织提供专业、高效、灵活、智能的知识产权全生命周期管理；为新药立项、研发提供全生命周期数据服务，服务立项决策人群、研发人群和知识产权人群，兼顾生物制药和化药企不同需求，适用于药物立项调研、辅助研发决策、商业拓展合作及竞品及时跟踪等多种场景。

智慧芽学院为用户提供学习和培训课程内容，同时提供社群服务功能，包括面向大众 IP 圈的基础专利检索课程、专利撰写申请课程等入门课程。随着越来越多人在智慧芽学院学习，学院拓展了许多类型的课程，如各地政策解读、垂直行业知识产权风险解读等；学院组织了人才能力认证项目，针对不同角色、岗位对应的成长阶段、业务类型，联合行业生态共同打造能力认证系列课程；学院举办了专利检索大赛和专利实务技能大赛。

---

89 广州奥凯信息咨询有限公司. 奥凯 IP 学院.

（七）我国知识产权信息服务存在不足

通过上述分析可以看出，随着国家加大对知识产权信息服务引导鼓励和支持，除国家知识产权局系统外，相关机构积极参与知识产权信息服务，包括知识产权信息公共服务与增值服务。但同时我们也发现，由于我国知识产权行业发展整体还处于上升阶段，包括知识产权信息服务在内的各项业务还处于不断摸索提高的阶段，行业发展存在以下问题。

1. 知识产权信息公共服务覆盖面和宣传力度有待进一步加强

随着国家知识产权公共服务体系建设不断深入，我国知识产权信息公共服务覆盖面不断扩大，线上知识产权信息获取的渠道更丰富，取得了显著的成绩，但是公共服务的覆盖面还有待进一步扩大。全国各省份虽然均有服务网点布局，高校知识产权信息服务中心覆盖面较广，但是在广大的二三线城市，网点布局还是远远不够，广大企业、科研院所和社会公众对知识产权信息公共服务缺乏了解，对使用相关服务的途径不熟悉，相关服务宣传力度还有待提升。

2. 服务机构的服务内容，服务能力仍存在泛而不精的问题

知识产权信息服务机构数量虽然众多，但是服务内容主要还是以专利、商标为主，在版权、商业秘密、植物新品种、特定领域知识产权和国防知识产权开展的服务较少。在服务能力上，主要以知识产权检索分析、知识产权评议为主，部分机构开展了较为深入的专利预警、高价值培育、专利布局等更加契合创新创业主体需求的服务，但整体服务能力还有待进一步加强。

3. 各服务机构间交流与合作程度有待进一步提升

国家知识产权局系统内服务机构，基于其体系内的特点，各服务机构间业务交流与合作情况较好，高校知识产权信息服务中心依托"高校知识产权信息服务中心联盟"，本着"共建共享""平等互利""合作共赢"的原则共同开展知识产权信息服务工作。通过加强联盟高校在教学、科研、师资培训等方面的合作，为我国高校知识产权信息服务的发展发挥重要的引领和示范作用。该联盟每年举办一次联盟年会，同时组织学术研讨会或培训班，有效地促进了各高校间的业务交流与合作。但是，目前公共图书馆系统和企业类知识产权信息服务机构还缺乏统一的交流与合作平台，跨系统的服务机构业务交流和合作模式还

没有有效建立起来，这些都不利于知识产权信息服务机构整体的业务提升、服务分工与合作。

4. 公众对知识产权信息服务工作认识普遍不足

知识产权信息服务中面对社会公众的服务主要是知识产权文化传播、知识产权信息素养培训和知识产权信息获取等。目前，高校图书馆服务对象以高校教职员工与学生为主，公共图书馆知识产权信息服务还处于发展初期，尚未充分利用公共图书馆公益性文化服务机构的特点。

5. 业务相关标准规范有待进一步健全

经过多年的发展，特别是在国家标准委等九部委联合发布的《高技术服务业标准制修订工作指导意见》指导下，我国在包括知识产权信息服务在内的知识产权服务标准制定方面开展了诸多工作，部分知识产权信息服务标准规范出台，对相关服务的开展起到了很好的指导和规范作用，同时，各服务机构基于自身业务特点和需求，提出了一系列业务规范，但是，目前知识产权信息服务标准规范数量还非常少，标准规范体系还没有建立起来，现有标准未能随着业务发展进行及时的修订，这也是知识产权信息服务亟待解决的问题。

二、国外公共图书馆知识产权信息服务情况

图书馆知识产权信息服务是促进创新主体知识产权管理运用能力的途径，目前国外主要发达国家高校将发展包括知识产权信息服务在内的智力支撑服务作为未来图书馆综合信息服务发展的主要方向，众多高校图书馆开展多种形式的知识产权信息服务。以美国高校为例，美国高校图书馆开展知识产权信息服务起步较早，通过构建知识产权信息集成服务平台、打造完备的知识产权信息数字资源体系、提供基础与技术兼顾的服务内容、打造专业化与多元化相融合的协同服务方式，形成多方利益相关者协同发展的模式，并逐步由传统知识产权资源提供向专利创新辅助、知识产权信息素养培养等新的领域延伸。[90]

---

90 杨薇薇，凌碧兰. 美国高校图书馆知识产权信息服务调研与启示.

（一）主要国家的公共图书馆知识产权信息服务情况

在欧美发达国家，专利信息服务是图书馆开展知识产权信息服务的一项重要内容。图书馆是专利信息公共服务的重要组成部分，也是公众获取专利信息的重要渠道之一。美国、英国、日本等发达国家都将图书馆视为本国专利信息传播体系的重要组成部分。

1. 美国

美国是世界上最早确立专利制度的国家之一，在长期的发展过程中已建立了较为成熟的专利信息公共服务体制。

1.1 美国公共图书馆与"专利商标资源中心"

1871年，美国联邦法律首次规定将纸质版专利信息分发至公共图书馆，专利文献图书馆计划（PDLP）启动，确立了美国公共图书馆在专利信息传播利用中的独特作用，最初共有22家图书馆参与了这一计划，其中大部分是公共图书馆[91]。1982年，美国专利商标局正式提出了"专利文献图书馆计划"，依托已有的图书馆网络建立起来的专利信息传播利用体系。1991年，美国"专利文献图书馆计划"正式更名为"专利与商标储备图书馆计划"（Patent and Trademark Depository Library Program，PTDLP）。2011年10月，专利与商标图书馆正式更名为"专利商标资源中心"（Patent and Trademark Resource Center，PTRC），作为美国专利商标局直接面对地方的服务机构，由公共图书馆、州立图书馆和学术图书馆组成。目前 PTRC 网络已经发展到80多家，约有一半是公共图书馆，超过30家城市或乡村公共图书馆和6家州立图书馆参与其中。[92,93]

自美国实施 PDLP 以来，在促进专利信息传播利用，推动美国经济发展和科技创新方面发挥了重要的服务支撑作用。目前由这一计划演变而来的专利商标资源中心已成为美国最重要的公益性专利信息传播机构之一，其服务不仅限于专利信息的检索，而更多地面向中小微企业及个体的科技创新与应用。[90]

---

91 陶荣湘. 从 PDL 到 PTRC：美国专利文献图书馆计划的演变及启示.
92 History and Background.
93 Public Information Services Group. PTRC locations by State.

1.2 美国 PTRC 服务内容

1990 年之前，各专利文献图书馆主要是收藏并提供专利公报阅览服务，1990 年开始收藏商标情报的 CD ROM。1991 年"专利文献图书馆"变更为"专利与商标图书馆"，图书馆功能也相应拓展，PTDLP 既提供专利信息又提供商标情报。专利与商标图书馆包含一般成员馆和合伙馆两种类型，成员馆以公益为主，主要向公众提供免费服务，致力于专利信息的传播与利用；合伙馆除了提供免费服务外，还提供深层次、增值性专利信息服务。20 世纪末，美国建立起了由州立图书馆、社区图书馆和学术图书馆组成的，覆盖全美 50 个州的图书馆专利信息服务体系，面向发明人、知识产权代理机构、企业研发人员及个人提供专利信息服务支持。[90]

2011 年 10 月，专利与商标图书馆更名为"专利商标资源中心"，PTRC 的入选标准也有所提高，要求具备知识产权方面的服务能力。目前提供的具体服务内容包括提供美国专利与商标局专利审查员检索系统 PubEAST 和 PubWEST 的访问，这也是 PTRC 区别于专利与商标局网站最重要的资源；指导专利和商标申请流程；演示专利和商标检索工具的使用方法；提供知识产权课程（因地点而异）；协助开展专利和商标研究；跟踪行业或企业动态；协助查找专利权人信息；提供本地专利律师的目录；传播专利和商标信息等公众的各种知识产权需求。[94]

PTRC 的服务对象更为明确：主要为缺乏专利信息知识和检索能力较弱的小微企业、高校研究者和个体发明人提供专利信息服务。随着互联网的快速发展，专利信息资源获取更加便利。PTRC 将资源建设重点转向专利与商标信息服务能力以及交流平台的建设。美国专利与商标局每年举办一次专利信息研讨会，还会不定期邀请 PTRC 中的资深图书馆馆员开展培训教学，每个 PTRC 都要派代表定期参加专利与商标局举办的年度培训；在网络交流平台建设方面，美国专利与商标局主要致力于搭建专利商标资源中心联盟（Patent and Trademark Resource Center Association），以加强各 PTRC 之间的业务交流与合作。[90,93]

美国 PTRC 计划制定了一系列法规条例指导规范图书馆专利信息服务，美国专利与商标局不仅为专利文献图书馆提供了统一的专利数据库及相关检索设

---

94 Patent and Trademark Resource Centers.

备，还对图书馆的服务内容、服务模式、人才培养均制定了一系列规范标准，引导扶持图书馆开发深层次专利信息服务。

2. 英国

英国公共图书馆遍布全英国范围的知识产权信息服务体系，在促进社会创新和经济发展方面取得了显著成效。英国公共图书馆知识产权信息服务体系由国家专利局与英国国家图书馆等多个部门牵头组织构建了"商业与知识产权中心"全国性网络，形成了涵盖国家图书馆、城市中心图书馆、网点图书馆和基层图书馆的知识产权信息服务体系。由政府机构和国家图书馆牵头，以六大中心城市图书馆为核心，带动周边网点图书馆的信息服务延伸到基层图书馆，进而形成遍布全国的辐射面。该模式依托公共图书馆建立起遍布全英国的公益性专利信息传播体系，并充分发挥中心城市图书馆的枢纽作用。[95]该网络起源于"图书馆企业服务"项目（Enterprising Libraries）。

另外，英国在脱欧前，有 15 家公共图书馆和高校图书馆为欧洲专利局与"专利信息中心"网络（PATent LIBary，PATLIB）成员。[95]脱欧后，英国与欧洲专利局的合作网络中断，但仍保留了 15 家图书馆的专利服务。[96]

2.1 英国公共图书馆与"商业与知识产权中心"

2006 年，由伦敦发展促进署资助的英国公共图书馆第一个商业与知识产权中心在英国国家图书馆成立。"商业与知识产权中心"全国性网络是在英国国家图书馆商业和知识产权中心的成功模式基础上建立起来。

2013 年，作为英格兰 ACE 英格兰艺术委员会"展望图书馆未来"项目之一的"图书馆企业服务"项目启动。第一阶段由英国国家图书馆联合英国国家知识产权局、英格兰艺术委员会、英国社区和地方部门政府及英国六大核心城市图书馆建立商业与知识产权中心专业服务全国性网络。第二阶段以申请的方式对一些地方图书馆实施拨款，获得项目基金支持的地方图书馆除获得资金外，还可以与核心城市图书馆建立长期合作关系，充分发挥核心城市图书馆的示范和中心辐射作用。核心城市图书馆中心为网点图书馆提供基础设施、专业领域指导和技术支持，同时定期开展全国性网络中心的业务交流，以促进相互学习

---

95 张静，周雪虹. 英国公共图书馆知识产权信息服务探析.

和共同发展。[95]截至 2020 年 2 月,商业与知识产权中心全国性网络成员已达 16 个。各成员馆根据自身特点提供的服务内容也有所不同。[96]

2.2 英国 PTRC 服务内容

商业与知识产权中心全国性网络成员,为全英国的企业家和中小企业提供免费的数据库、市场研究、期刊、研究报告,组织免费或低收费的商业规划、商业营销和知识产权活动和培训,提供研讨场地以及提供专业的咨询服务等。英国国家图书馆"商业与知识产权中心"还为企业家和中小企业提供"创新发展"基金项目支持创业者获得定制式咨询服务,其中包括知识产权和商业竞争情报服务。[97,98]

"商业与知识产权中心"全国性网络成员提供的服务具体包括以下几个方面。

(1)基础性专利信息服务,由图书馆提供馆藏资源和基础设施,用户在专业人员的指引下自主获取服务,如通过公共阅览室配备的检索计算机来检索和获取英国、欧洲和全球的专利文献,图书馆工作人员可以指导用户如何开展检索及如何检索到想要的专利文献。此外,图书馆还提供专利代检服务、知识产权申请程序、知识产权申请要求等除法律咨询以外的咨询服务。

(2)开发性专利信息服务,主要有专利监控(IP Monitoring Services)和发明专利价值评估服务(Assessment of the Economic Potential of an Invention),由专业咨询馆员通过专利信息管理系统或者在现有资源基础上进行信息开发,生成三次信息产品提供给用户使用。

(3)知识产权定制服务,主要有专利诊所服务(Patent Clinics)、知识产权商业化(Commercialisation of IP Rights)和知识产权战略服务(IP Strategy Development),该项服务由图书馆、用户和第三方协作完成。图书馆提供专利信息和服务所需的空间设施,通过图书馆专业人员与其他两方预约沟通,搭建三方合作的"桥梁",促成第三方为用户提供问题解决方案。

(4)知识产权教育培训服务,包括针对公众用户的知识产权知识普及的标准化教育,如专利数据库搜索技巧、知识产权意识、知识产权基础知识等;以及由知识产权专家提供的专业性较强的培训。[95]

---

96 UK PATLIB Network.

97 National Network.

98 Business and IP Centre: Business Advice and Resource.

2019年，英国国家图书馆又和伦敦市的10家区域公共图书馆合作推出依托BIPC服务的"创业在伦敦的图书馆"（Startups in London Libraries）项目。在知识产权信息服务方面，BIPC一方面提供免费的知识产权指南，包括注册设计、著作权、商标、专利信息资源及其检索服务；另一方面还提供知识产权专家咨询服务，一般由适用于发明者或创新人员的专利律师，以及商标、设计和版权专家担任。此外，BIPC还向政策制定者等利益相关方提供知识产权相关的咨询服务。[98]

3. 日本

日本在专利信息工作方面，公益性服务机构和商业化服务机构发挥的作用相辅相成。公益性服务机构重在提供文献阅览、文献提供、专利培训等基础性专利信息服务，商业化服务机构主要提供情报分析、专利翻译、专利评估、数据处理等深度和增值性专利信息服务。[99]

3.1 日本公共图书馆与"商务支援服务"

进入21世纪，知识经济日益发展，在这种情况下，日本开始思考公立图书馆在促进民众创业方面能发挥作用的问题。管谷明子女士，时任商务支援图书馆推进协议会顾问，以美国公共图书馆的中小型企业情报信息服务研究为参考，提出了建立图书馆商务支援组织的构想，2000年12月28日成立了商务支援图书馆推进协议会。日本商务支援图书馆推进协议会的宗旨是以图书馆的信息资源、网络资源和数据库等为基础，通过专业馆员的业务活动，对中小企业的商务活动提供相关信息。其服务对象包括NPO（非营利组织）、SOHO（小型/家庭办公）在内的小型商务活动，以及市民的个体创业活动等。[100]

日本商务支援图书馆推进协议会的活动，有3个方面：一是基础调查研究；二是商务支援工具的开发；三是教育培训。其内容分述如下。

第一，基础调查研究的具体内容有：①对有关公立图书馆商务支援组织的设立和运营进行调查研究，并为各馆提供帮助；②对有关商务支援的资料（含电子资料）进行收集、研究，并将整理成果提供给图书馆；③协助图书馆提高商务支援服务的技术能力；④对公立图书馆与专业商务中心的合作方法进行研

---

99 吴凡. 日本专利信息工作的特点及启示.
100 沈丽云. 日本公共图书馆商务支援服务的启示.

究，并为具体活动提供信息支持；⑤帮助公立图书馆举办各类与商务支援、培养创业精神有关的讲座和研讨会。

第二，商务支援工具开发的具体活动是：①直接开发公立图书馆商务支援业务所需要的工具，如资源分析、信息提供等服务软件；②同公立图书馆合作开发商务支援工具，或为公立图书馆的各种工具开发提供技术支持等帮助。

第三，教育培训的具体活动有：①对公立图书馆馆员进行从事商务支援工作的业务培训；②向公众宣传公立图书馆的商务支援服务，让公众了解这一服务项目；③在公立图书馆内外发掘适宜从事商务支援服务的人才，为图书馆服务建立人才网络。[100]

浦安市立图书馆是日本最早开展商务支援服务的公共图书馆。1993年，该图书馆就提出了"成人图书馆"的概念。该图书馆把同市场商务活动相关的书籍、报纸、统计资料、年鉴及相关政府文件等作为馆藏特色，并对参考咨询服务的内容重心做了相应的调整。浦安市立图书馆的"商务支援服务"是在不自觉的状态下开始运作的，结果因商务需要来馆的读者明显增多。[101]

东京模式的图书馆商务支援服务的特色是社会化的高层次合作。日本产业劳动局、教育厅、东京都立图书馆、东京商工会议所等机构都与商务支援图书馆事业有合作协议，东京都立图书馆在2002年修改的运营方针中，把商务支援作为一项重要的服务指标。东京都立图书馆主要为商务人员和有创业意向的人提供业界信息、市场营销等信息。大阪府立中之岛图书馆着重为需要进修、寻找经营企划相关数据资料的人提供必要的信息咨询。大阪府立图书馆在一百周年馆庆纪念活动时，推出了支援中小企业的经贸服务等业务。图书馆开设商务支援服务专题以后，多次聘请专家就有关创业的法律知识等问题举办各类讲座，得到了社会各界的好评。[99,102]

截至2008年，日本神奈川县立川崎图书馆、浦安市立中央图书馆、秋田县立图书馆等205家公共图书馆陆续开展商务支援服务。截至2008年4月，日本的公共图书馆共3105家，开展商务支援服务的图书馆不到公共图书馆总数的十分之一。[103]

---

101 张文青. 日本图书馆商务支援服务路径及启示.
102 卢庆侠. 日本公共图书馆商务支援服务模式探讨及启示.
103 万亚萍. 日本公共图书馆商务支援服务的内容和方式.

3.2 日本 PTRC 服务内容

虽然各公共图书馆关于商务支援服务内容侧重不同，但大多重视两点：一是服务对象广泛，包括失业人员、学生等社会弱势群体；二是服务免费，主要依靠政府财政拨款的公共图书馆，对社会弱势群体的服务均为免费，这就吸引更多的用户来图书馆寻找商务支援。日本公共图书馆开展多种多样的商务支援服务。从服务模式来说，目前主要有：设置商务支援室（角）、架设专栏，介绍馆外情报源、召开研讨会、讲座等多种方式。[102] 此外，商务支援服务还包括商务交流研讨、文献信息资料提供和商务咨询等。日本公共图书馆联合产业政策部门、商工会所等商业组织通过开展创业、商务工作相关商务交流会、商务研讨会、商务支援讲座等促进商务支援服务的有效进行，可以说是日本图书馆开展商务支援服务的一个特色。其中，知识产权信息服务是日本公共图书馆开展商务支援服务的一项重要内容。

以神奈川县立川崎图书馆为例，川崎市是日本的产业都市，川崎图书馆从建馆不久就开始了工业产权公报类的阅览业务，在专利信息方面形成了主要的资料和信息，现在还引进有 IPDL（专利图书馆）。由神奈川县发明协会派遣代理人开展的"发明咨询"已成为图书馆的固定服务。相继又增加了创业咨询、经营咨询、技术咨询等服务和专业信息利用讲座，以及专利信息利用顾问和专利流通顾问的预约受理咨询服务。[104] 2010 年 4—9 月，神奈川县立川崎图书馆举办的专利信息活动共有 15 场，主题分别为知识产权制度入门，实用新型专利检索课程，国家专利检索、专利信息的整理、分析、加工，专利申请书的撰写，商标制度和商标检索，知识产权测试备考等。[103]

（二）国外知识产权信息服务的特点

目前，美国、英国和日本是国际上公共图书馆开展知识产权信息服务比较有代表性的国家。这些国家公共图书馆开展知识产权信息服务具有以下特点。

1. 公共服务与专业指导相结合

国外图书馆知识产权信息服务的一个显著特点是公共服务与专业指导的结

---

104 李农. 向传统图书馆服务挑战——日本川崎图书馆.

合。美国 PTRC 提供的服务不仅限于基础的信息检索，还包括专利申请过程的指导、检索工具的演示，以及知识产权相关的教育课程。这种服务模式有效地支持了小微企业、高校研究人员和个体发明人的科技创新与应用。例如，PTRC 为用户提供专利审查员使用的检索系统 PubEAST 和 PubWEST 的访问权限，这在其他渠道是无法获得的，极大地提高了专利检索的效率和准确性。

2. 信息资源的丰富性与可访问性

在英国，商业与知识产权中心（BIPC）网络通过提供免费数据库、市场研究、期刊和研究报告等资源，大大降低了中小企业和创业者获取高质量商业和知识产权信息的门槛。此外，这些中心还组织各种商业和知识产权相关的活动和培训，进一步增强了服务的实用性和可访问性。

3. 专利信息服务网络的建立

美国的 PTRC 网络和英国的 BIPC 网络是国外图书馆在建立和完善专利信息服务网络方面的成功经验。这些网络不仅覆盖了大型中心图书馆，还扩展到了地方图书馆和学术图书馆，形成了全国性的服务网络。这种分布式的服务模式使得知识产权信息服务能够更广泛地覆盖不同地区和用户群体。

4. 针对不同用户群体的服务定制

根据不同用户群体的具体需求提供定制化服务是国外图书馆知识产权信息服务的另一个特点。例如，英国的 BIPC 网络针对企业家和中小企业提供定制化的知识产权咨询服务，包括专利诊所、知识产权商业化和知识产权战略服务等。这种针对性的服务大大提高了用户满意度和服务效果。

5. 重视知识产权培训与教育

在日本，公共图书馆的商务支援服务非常重视对公众特别是中小企业的知识产权教育和培训。通过设置商务支援室、举办研讨会和讲座等多种方式，日本图书馆不仅提供传统的信息检索服务，还强化对用户知识产权意识和利用能力的提高。

6. 政府支持与合作伙伴关系

国外图书馆知识产权信息服务的发展得到了政府的强力支持和多方合作伙

伴的积极参与。在英国，BIPC网络的建立和发展就是在大英图书馆、英国国家知识产权局和英格兰艺术委员会等机构的共同支持下进行的。这种跨部门的合作模式有效地整合了资源，提高了服务的专业性和效率。

（三）国外知识产权信息服务的启示

通过对国外图书馆知识产权信息服务特点的详细分析，可以看出其成功的关键在于服务的专业性、针对性及覆盖的广泛性。结合国外图书馆知识产权信息服务的成功经验和特点，对我国公共图书馆开展知识产权信息服务提供如下启示。

1. 找准定位，构建多层次服务体系

公共图书馆以其丰富的馆藏资源、完备的专业人员队伍、非营利性机构属性、社会公益性机构带给用户的信赖感和地理位置优势，在知识产权信息服务中拥有诸多的先天优势。我国公共图书馆应更积极主动地参与到知识产权信息服务中，不仅作为信息资源的提供者，也作为专业指导的提供者。根据国内企业、研究机构和个人用户的具体需求，结合公共图书馆的特点和优势，找准公共图书馆在国家知识产权信息服务体系中的职责分工和定位，分级分阶段向用户提供差异化、定制化的知识产权信息服务，在自己的职责范围内提供深层次多样性的信息服务。同时，构建由各级图书馆组成的多层次知识产权信息服务体系。这一体系既能保证信息服务的广泛覆盖，也能满足不同层次用户的具体需求。通过建立这样的服务网络，公共图书馆可以更好地整合资源，避免资源的重复建设和浪费，同时提高服务的可达性和效率。

2."授之以渔"与"授之以鱼"两手抓两加强

我国公共图书馆在开展知识产权信息服务时，除了充分发挥公共图书馆覆盖面广与受众多的优势，通过定期举办知识产权相关的讲座、研讨会和培训班，提升公众特别是中小企业主和个体创新者的知识产权意识和实操能力。还应根据重点服务用户群体的需求，如小微企业、研究机构、个体发明人等，提供针对性的信息服务和专业指导。这不仅包括传统的信息检索服务，还包括专利申请流程指导、商标注册咨询、知识产权战略规划等深层次服务。通过提供方法

和提供解决方案两手抓两加强，我国知识产权的保护和利用的效率得到提高，有助于国家推动创新驱动发展战略的落实。

3. 加强多系统间的合作与交流

借鉴国外公共图书馆与政府部门、知识产权机构、教育机构及产业界等多系统合作的经验，我国公共图书馆也应积极探索跨部门、跨领域的合作模式。通过合作共享资源、共同举办活动、相互推广服务等方式，用户的多元化需求得到满足，同时图书馆在知识产权信息服务领域的影响力和专业度得到提升。

4. 寻求政府支持与政策引导

国外图书馆知识产权信息服务的成功很大程度上得益于政府的支持和政策引导。我国政府应进一步明确图书馆在知识产权服务体系中的地位和作用，提供必要的政策和财政支持，为图书馆开展知识产权信息服务创造良好的外部环境。

第三章
公共图书馆知识产权信息服务设计

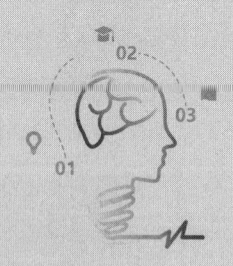

第三章 公共图书馆知识产权信息服务设计

　　根据文化和旅游部发布的统计数据，截至 2022 年年底，全国共有公共图书馆 3303 家，从业人员 60740 人，全国图书总藏量 135959 万册，全国公共图书馆累计发放借书证 12229 万个；总流通人次 78970 万，全年共为读者举办各种活动 21.23 万次，同比增长 4.8%；参加人次 13495 万，同比增长 13.5%。推动全国智慧图书馆体系建设，采取线上线下相结合的方式，为读者提供优质服务。[105]作为我国公共文化服务的重要组成部分，凭借其丰富的馆藏、专业的服务团队和庞大的服务群体优势，公共图书馆具备成为落实知识产权强国战略的基本条件。

一、公共图书馆参与知识产权信息服务背景

（一）公共图书馆是我国知识产权信息服务网络的重要组成部分

　　2008 年，国务院印发《国家知识产权战略纲要》，指出要"按照激励创造、有效运用、依法保护、科学管理的方针，着力完善知识产权制度"。[106]2015 年，国务院在《关于新形势下加快知识产权强国建设的若干意见》中提出"建设互联互通的知识产权信息公共服务平台""增加知识产权信息服务网点，完善知识产权信息公共服务网络"[107]。2017 年，国务院在《"十三五"国家知识产权保护和运用规划》中明确指出要"增加知识产权信息服务网点，加强公共图书馆、

---

105 中华人民共和国文化和旅游部 2022 年文化和旅游发展统计公报.
106 国务院关于印发国家知识产权战略纲要的通知.
107 国务院关于新形势下加快知识产权强国建设的若干意见.

高校图书馆、科技信息服务机构、行业组织等的知识产权信息服务能力建设"。[108]国家知识产权局作为行政部门，于2019年和2020年先后印发《关于新形势下加快建设知识产权信息公共服务体系的若干意见》和《知识产权信息公共服务工作指引》，明确了图书情报机构是知识产权信息公共服务体系的重要网点[109]，指出公共图书馆应面向社会公众、创新创业主体以及特定领域或特定行业提供基础性知识产权信息公共服务，强化知识产权信息公共服务供给[110]。《"十四五"国家知识产权保护和运用规划》提出要构建便民利民知识产权服务体系，完善知识产权公共服务体系，鼓励有条件的县（市、区）设立综合性公共服务机构，优化知识产权公共服务网点布局，提升高校、科研机构、科技社团、公共图书馆、科技情报机构、产业园区生产力促进机构等知识产权信息公共服务能力。因此，公共图书馆依据政策要求开展知识产权信息服务，既是落实和深化知识产权强国战略顶层设计的重要任务，也是完善我国知识产权信息公共服务网络、推动公共文化事业高质量发展必须承担的职责与使命。

2019年，国家知识产权局发布了《关于新形势下加快建设知识产权信息公共服务体系的若干意见》，明确了知识产权信息公共服务体系的结构和目标及图书馆情报机构在其中的定位。即"以国家知识产权大数据中心和知识产权公共服务平台为支撑、区域或专业性公共服务节点为主干、社会化信息服务机构为网点"的结构体系；知识产权信息公共服务体系的目标是便民利民。[111]该文件明确指出高校、科研院所、图书情报机构等信息服务网点是体系建设的服务终端，通过连接依托主干网络，参与并承担知识产权信息公共服务工作。[112]

2020年11月，《国家知识产权信息公共服务网点备案实施办法》公布了知识产权信息公共服务网点的认定、保障和管理方法[113]，《知识产权信息公共服务工作指引》明确了知识产权信息公共服务的服务主体、服务原则、服务重点、服务内容和服务保障，其中服务主体指知识产权信息公共服务体系中的各类节点、网点，网点是提供知识产权信息公共服务的社会化信息服务机构，包括技

---

108 国务院关于印发"十三五"国家知识产权保护和运用规划的通知.

109 国家知识产权局印发《关于新形势下加快建设知识产权信息公共服务体系的若干意见》的通知.

110 国家知识产权局办公室关于印发《知识产权信息公共服务工作指引》的通知.

111 国家知识产权局印发《关于新形势下加快建设知识产权信息公共服务体系的若干意见》的通知.

112 《关于新形势下加快建设知识产权信息公共服务体系的若干意见》解读.

113 国家知识产权局办公室关于印发《国家知识产权信息公共服务网点备案实施办法》的通知.

术与创新支持中心（TISC）、高校国家知识产权信息服务中心，以及其他高校、科研院所、科技情报机构、公共图书馆、产业园区生产力促进机构、行业组织、市场化服务机构网点等[114]，这标志着公共图书馆纳入知识产权信息服务网络已进入实施阶段。

（二）公共图书馆在国家知识产权信息服务体系中的定位

服务定位是公共图书馆开展知识产权信息服务体系建设规划的重要内容，更是各项服务设计与开展的重要出发点和落脚点，决定了公共图书馆知识产权信息服务的方向和目标。

公共图书馆作为知识产权信息公共服务体系的重要网点，是主干网络与创新创业群体之间的中介和桥梁，也是公共服务终端，是解决公共服务"最后一公里"的重要抓手。以国家图书馆为代表的公共图书馆是社会主义公共文化服务体系的重要组成部分，是开展社会教育的公共文化设施，在文化普及和传播方面具有先天优势。《知识产权信息公共服务工作指引》明确指出，公共图书馆类服务网点应当发挥场地资源齐备、受众广泛等优势，结合参考咨询等职能工作，开展知识产权信息咨询服务，通过举办展览、讲座、论坛、沙龙、公开课、阅读推广等活动，增强公众知识产权意识，推动知识产权基础知识传播。这一表述明确了公共图书馆发挥自身优势面向社会公众、创新创业群体以及特定行业提供基础性知识产权信息公共服务的定位。国家图书馆依托其在文献信息资源、服务能力和影响力方面的优势，在落实公共图书馆通用知识产权信息服务职能基础上，还要为支持国家立法决策、引领支持其他公共图书馆开展知识产权信息服务提供指导和支撑。

虽然公共图书馆总体在深度知识产权信息服务方面还存在诸多不足，但是，公共图书馆数量庞大，在全国各地均有较为广泛的布局，已经成为国民继续教育及开展文化知识学习的重要场所，拥有庞大的受众。因此，公共图书馆在开展知识产权信息服务，特别是在开展知识产权政策宣传教育、知识产权意识培育等方面具有明显的优势。同时，一些具备较强情报咨询服务能力的图书馆，

---

114 国家知识产权局办公室关于印发《知识产权信息公共服务工作指引》的通知.

在面向决策机构、科研院所、企事业单位等开展知识产权决策支撑、检索分析、专利预警等方面积累了丰富的服务经验和用户资源。此外，针对非物质文化遗产、民间技艺等特殊类型的知识产权的研究、挖掘、分析和服务领域，公共图书馆具有其他服务主体所不具备的前期研究与服务基础和行业内部优势。因此，不管是从完成国家在知识产权信息服务领域的整体战略部署，还是充分落实公共图书馆的职能与发挥自身优势，公共图书馆都可以也必须在知识产权信息服务领域进行深入研究和探索。

社会公众和创新创业主体对获取知识产权信息的需求日益增长。公共图书馆作为文献信息保障与服务中心、公共文化服务平台，利用馆藏资源、技术优势与行业服务经验，开展知识产权信息服务，既是推动知识产权强国建设、支撑经济转型升级和高质量发展的重要举措，也是公共图书馆自身服务创新的新方向、转型发展的新机遇。

（三）开展知识产权信息服务对公共图书馆的意义

1. 知识产权信息服务是公共图书馆创新服务方式的重要体现

《中华人民共和国公共图书馆法》规定，公共图书馆应当按照平等、开放、共享的要求向社会公众提供服务。新时代，图书馆事业发展面临新的经济社会环境，能否提供顺应时代需求的优质服务，是评价图书馆实力与价值的重要指标。2019年，习近平总书记在给国家图书馆老专家的回信中对图书馆提出了"创新服务方式"的要求，为新时代图书馆事业发展指明了前进方向。公共图书馆开展知识产权信息服务将进一步强化文献信息中心功能，促进知识产权信息保藏与利用，丰富信息供给渠道与服务层次，满足社会日益增长的知识产权信息需求，依托公共文化服务平台提升社会知识产权意识和公众信息素养水平，这些既是公共图书馆履行法定义务的切实举措，也是拓展服务深度和广度的有效途径，更是贯彻落实回信精神的重要体现。

2. 知识产权信息服务是公共图书馆彰显社会价值的重要手段

开展知识产权信息服务可以从信息、教育、文化3个层面彰显公共图书馆的社会价值：第一，公共图书馆是区域文献信息中心，可承担知识产权相关文献信息的收集、整理、保存工作，并以信息阅览、检索、传递、再加工等方式，为用户提供基于知识产权全生命周期的信息服务，实现图书馆的信息价值；第二，公共图书馆是继续教育和终身教育的重要场所，应开展面向社会公众的知识产权公共素养培训和知识普及活动，推动知识产权文化传播，促进我国知识产权保护与运用的良好生态环境，实现图书馆的教育价值；第三，公共图书馆是公共文化中心，应开展文化和旅游领域的知识产权问题研究与实践，提升文化遗产意识，推动文化与旅游行业的知识产权保护与利用，提升文化附加值，彰显图书馆的文化价值。

二、公共图书馆知识产权信息服务体系建设原则

公共图书馆知识产权信息服务体系建设应以公共图书馆的服务定位及发展规划为依据，面向各级党政机关、创新创业主体以及社会公众，提供便利化、高质量的知识产权信息公共服务。公共图书馆还需积极争取政府政策和公共投入支持，建立与知识产权信息公共服务上下游相关机构的连接，发挥图书馆信息桥梁作用。根据国家相关政策发展和落实情况、需求变化以及信息技术环境变化等情况，分阶段逐步推进服务体系建设工作。建设原则具体包括以下几点。

（一）以需求为导向，分层分步深化服务

知识产权信息服务是一项系统工程，公共图书馆应以各级党政机关、创新创业主体及社会公众的知识产权信息需求为导向，分层分步推进，逐步构建多层级的服务体系和主被动相结合的知识产权服务模式，提供便利化、高质量的知识产权信息公共服务。

第一，以基础性信息需求为切入点，依靠文献资源优势与信息服务业务基础，将知识产权信息嵌入文献检索、情报汇编、信息推送、科普教育等既有服务框架中，快速形成服务能力，并保证服务的可获得性，服务内容的全面性、准确性、时效性，以及服务界面的友好性和无障碍性。

第二，提供的服务应能满足专业性信息需求，包括专业技术咨询、专利查新、无效检索、知识产权法律证据检索、地理标志信息溯源等，可参照图情领

域较为成熟的服务规范与标准化产品，针对知识产权信息特点，对服务加以改进并不断完善，在业界逐步推广。

第三，积极挖掘深层次信息需求，面向决策部门、重点机构，围绕重点区域、行业和产业主动出击，针对企业经营、产业发展、区域规划、全球贸易等问题，开展专利技术分析、知识产权跟踪与预警、特色资源建设等服务，满足用户更高层次、更多元、更个性化的需求。

第四，知识产权信息服务规划与服务还要与智慧图书馆建设相结合，利用大数据、人工智能技术，进行显性用户需求数据的收集、存储、加工及用户评估，实现信息服务资源与用户需求的双向挖掘，推进知识产权信息服务的科学管理和集约经营。

（二）加强整合资源，注重团队建设

开展知识产权信息服务需要文献信息、服务空间、软硬件设施等资源的基础保障。公共图书馆拥有丰富的馆藏资源和优质的硬件基础，可通过梳理和整合国内外公开的专利、商标等知识产权信息资源，与馆藏的科技、法律、经济类文献相结合，构建服务科技创新、品牌管理的信息资源集合，并注重挖掘特色馆藏在知识产权领域的价值，为知识产权事业与创新活动提供信息支撑。

由于在专业资源与工具方面，公共图书馆整体上仍显不足，须制定知识产权资源保障制度，落实专项支持经费，遴选适宜的知识产权文献、专业数据库、先进分析工具，纳入"十四五"资源建设规划，逐步提升资源保障水平；此外，须积极争取政策支持，主动寻求与各地资源建设部门开展合作共建、数据共享，实现图书馆文献资源与知识产权信息公共资源的优势互补，构建更加完备的地区知识产权信息数据库。

在团队建设方面，公共图书馆馆员，特别是咨询馆员，一般都具有文献检索、科技查新、文献计量分析等业务经验，但缺乏系统的知识产权专业知识与技能。一方面，公共图书馆要注重内部挖潜，加强专业人才培养，如选派人员参加学习进修，邀请知识产权专家开展培训或指导，将专利代理师、专利查新员等资质认证纳入考核指标，鼓励团队成员结合专业特长追踪特定行业或学科前沿，形成一专多能的知识结构。另一方面，通过强化现代绩效理念、建立激励机制、完善绩效评价制度等措施调动团队的服务热情，提升服务能力与效率。

此外，还应注重外部人才资源的引进，积累知识产权相关领域的专家资源，充分利用外脑作用，实现服务水平的快速提升。

（三）强化品牌宣传，增强品牌影响力

服务品牌是公共图书馆在服务项目和服务活动中，体现出的服务优势、特色和强项，并据以展示其服务的美誉度和影响力，是最具识别度的形象文化呈现。公共图书馆应结合各馆的品牌文化，树立知识产权信息服务品牌；通过建设知识产权专题阅览室，举办知识产权相关讲座、展览等公益活动，增强品牌曝光度；依托移动互联网技术，利用微信、微博、短视频平台等新媒体资源，主动发布服务成效信息和典型案例成果，扩大品牌传播范围。品牌宣传推广既可以增强公共图书馆在知识产权信息服务体系中的影响力，扩大外部需求，又可以对内驱动服务品质提升，推动知识产权信息服务由公益性免费服务向增值性有偿服务转化。

（四）推动行业发展，促进协作共建

标准化是推动知识产权信息服务良性发展的重要手段，是知识产权信息服务向高层次、专业化发展的标志。知识产权信息服务相关标准规范正在逐步完善，为提升服务的科学性、专业性，公共图书馆在积极参照既有业务规范与标准的基础上，应积极参与相关服务标准的研制，从公共图书馆组织建设、人员管理、资源保障、服务范围、服务流程、服务管理、交付成果、档案管理等方面制定业内通用、契合公共图书馆发展特点的知识产权信息服务标准、规范及指南。

在知识产权信息服务体系建设过程中，公共图书馆要沿用合作共享的模式与经验，加强联合建设与发展，实现资源共享、合作互助，构建全国性的知识产权信息展示与服务平台，制定统一的发展规划，有步骤、分阶段、有目标地推进信息资源建设、人才培训、业务规范制定、交流平台建设等。

针对有一定业务基础与影响力的公共图书馆，如国家图书馆和省级公共图书馆，应积极倡导公共图书馆知识产权信息网络建设，组织各地公共图书馆在行业标准的统一指导下，结合本馆特色及本地区的产业规划与创新发展态势，

推出满足地方需求的服务产品，在标准规范的基础上体现差异化，兼顾普适性与特殊性，实现知识产权信息服务在各领域各地区间的优势互补。

此外，公共图书馆应加强与高校图书馆、专业图书馆的交流与合作，相互借鉴、优势互补，共同促进图书情报界知识产权信息服务能力的整体提升；增进与知识产权局、学术机构、行业协会、知识产权中介机构、相关企业等知识产权领域各主体之间的交流互动；积极申报国家或地区的资格认证，达到水平的图书馆应争取入选 WIPO 的 TISC 计划，争取权威认可与政策支持，拓展服务渠道，促进多元合作及国际交流。

三、服务需求

重点用户识别及其需求分析是各类服务开展的基础，也是公共图书馆知识产权信息服务体系建设的出发点和最终目的。本节将对公共图书馆主要服务对象的需求进行梳理归纳。

（一）决策机构需求

决策机构指的是依法具有决策权，对国家行政事务和社会公共事务做出具体决定的机构，是国家行政机关的中枢。[115]一般认为各级政府部门及政府机关的事务管理部门都具有决策机构的性质。此类机构对知识产权的服务需求一般在于决策支持方面，即需要专业机构提供准确的情报信息，辅助其进行政策制定。而其决策一般以服务大众、惠及更多数群体的体系系统建设为目标，或是以着力于提升全民素质为目的。

（二）知识产权管理部门需求

国家知识产权局及省市县知识产权主管机关是我国知识产权管理机构，其

---

115 王邦佐. 政治学辞典.

具有拟订和组织实施国家知识产权战略、保护知识产权、促进知识产权运用、建立知识产权公共服务体系的职责。2019年，国家知识产权局发布了《关于新形势下加快建设知识产权信息公共服务体系的若干意见》（以下称《意见》），明确了知识产权信息公共服务体系的结构和目标，以及图书情报机构在其中的定位，即"以国家知识产权大数据中心和知识产权公共服务平台为支撑、区域或专业性公共服务节点为主干、社会化信息服务机构为网点"的结构体系；知识产权信息公共服务体系的目标是便民利民。《意见》指出，高校、科研院所、图书情报机构等信息服务网点参与承担知识产权信息公共服务工作。根据国家知识产权局对知识产权信息服务网点提出的要求，国家图书馆作为公共图书馆系统的服务网点，要担负起文化传播和公众信息素养培养的职责，通过为公众提供各种培训及便利的信息获取渠道，满足公众对知识产权信息的需求。

1. 知识产权知识普及与知识产权文化传播的要求

习近平总书记强调，"科技创新、科学普及是实现创新发展的两翼，要把科学普及放在与科技创新同等重要的位置"。知识产权信息，作为科学技术信息主要的组成部分，也要做好其科普工作。根据科技部发布的《"十四五"国家科学技术普及发展规划》指示，当今世界正经历百年未有之大变局，新一轮科技革命和产业变革深入发展，我国转向高质量发展阶段。在新发展阶段、新发展理念、新发展格局下，科普工作应当坚持以人民为中心的发展思想，普及科学知识、弘扬科学精神、传播科学思想、倡导科学方法，在全社会大力营造崇尚科学和鼓励创新的风尚。要推动科普工作改革创新，持续提升科普能力，强化科普价值引领，牢牢把握科技解释权。要推动科学普及与科技创新协同发展，持续提升公民科学素质，为实现高水平科技自立自强厚植土壤、夯实根基。而公共图书馆需要担负起知识普及的重任，通过开立专门阅览室/架、加大宣传力度、组织基础知识培训等方式，来满足大众对于知识产权类信息的需求，从而提高公众的知识产权信息素养。

2. 便捷获取知识产权信息的需求

根据国家知识产权局对知识产权信息服务网点的要求，公共图书馆作为服务终端网点，要在群众需要获取专利等信息时，可以迅速满足公众对文献信息的需求，这对公共图书馆的文献提供等业务提出了要求。

3. 支撑知识产权决策、管理与业务工作的需求

针对国家知识产权局系统自身的管理范畴，地理标志管理、地理标志的审查需要大量文献的支撑，以证明其地理标志的源头及发展，是否符合地理标志的审批要求。而公共图书馆作为文献保藏机构，可以满足关于地理标志证明的文献提供需求。

（三）以文化和旅游主管机关为代表的政府部门需求

国家图书馆作为文化和旅游部直属事业单位，依据其文献资源的优势，一直以来为文化和旅游机关提供决策支持，文化和旅游机关关于知识产权领域的信息需求主要集中于在大众文化传播和知识产权素养提升方面的决策支持和政策研判、文化和旅游领域相关知识产权的申请、保护和维权，以及非物质文化遗产的保护开发等。

1. 建设公共图书馆系统知识产权信息服务网络的需求

文化和旅游部下发的《"十四五"文化和旅游发展规划》指出，要"完善文化和旅游领域法律体系，加快推进法律法规的立改废释""强化文化和旅游领域知识产权保护，健全知识产权信息咨询服务和交易平台，提高知识产权管理能力和运用水平"。根据文件要求，国家图书馆作为公共图书馆的代表，承担着在公共图书馆领域知识产权服务研究的任务，需要提升公共图书馆整体知识产权信息服务能力。

2. 决策支持和政策研判的需求

以文化和旅游部为代表的文化和旅游系统政府职能部门，会遇到自身管理领域的知识产权相关问题，而知识产权信息服务机构则需要在职能部门制定决策的过程中，从文献、信息与情报角度给予支撑，辅助政策的顺利制定。而在政策推出的过程中，信息服务机构也从情报和文献角度，辅助决策机构对政策制定进行研判，对政策实施效果进行评估。

3. 文化和旅游领域相关知识产权的服务

在文化和旅游领域，有着许多需要进行保护的知识产权产品。例如，自然

风光类的湿地公园、自然保护区、生态旅游区等，人文景观类的文化遗产和古迹等，以及园林艺术类，都属于旅游领域的知识产权产品，旅游知识产权是指人们依靠在开发旅游产品以满足游客需求的过程中做出的创造性智力劳动成果所享有的经济权利和精神权利。过去对其认识不深，没有从知识产权保护的角度对其和品牌进行开发保护，而现在则需要多方面的支持来完善他们的保护与开发政策。此过程就需要知识产权信息服务机构提供整合的文献情报信息，并且需要为产品运营提供专业的信息和服务支撑。

4. 非物质文化遗产的保护开发

《中华人民共和国非物质文化遗产法》规定，非物质文化遗产是指各族人民世代相传并视为其文化遗产组成部分的各种传统文化表现形式，以及与传统文化表现形式相关的实物和场所。我国非物质文化遗产的管理由文化和旅游部非物质文化遗产司负责，现在我国非遗知识产权保护方面还面临着保护不够全面、机制不够完善、利用有待加强的困境，在立法保护的多个层面，需要各方面的知识产权信息作为支撑和支持，来应对保护与应用的问题。[116]

（四）各级各类工业园区管理与决策需求

随着我国创新创业大潮的兴起，多地为了集中力量为创新性企业铺就平台，成立了专门的工业园区，将企业集中，给予政策扶持，当地政府一般会成立专门的工业园区管理委员会，集中管理和服务该园区企业，此类管理委员承担政府的职能，服务群体集中，服务目标明确，是比较独特的一类信息服务用户。

1. 对园区企业专利事务全链条进行管理和帮扶

工业园区管理委员会需要服务于园区企业，而企业深入参与专利事务的全链条，包括申请、维权、交易等，工业园区管委会在此方面需要专业信息机构提供决策支持和政策研判。

---

116 张晓敏. 非物质文化遗产知识产权保护困境与对策.

2. 专业导航的需求

为了给工业园区企业服务，园区管理委员会需要有专业的知识产权服务机构和服务业务的导航，以便快速对接服务机构。

3. 评价需求

通过与其他园区的对标分析，工业园区管理委员会可以认清园区自身定位，看到差距与不足，以促进未来的政策制定方向。

4. 培训及专利贯标需求

除了服务企业，工业园区管理委员会还担负着企业培育，素养提升等责任。如专利贯标，可规范企业知识产权管理、提升企业知识产权保护意识、有助于调动职工发明创造的积极性，推动企业产生具备高附加值的自主知识产权的新产品、新技术，提升企业无形资产价值。

（五）创新创业群体需求

创新创业群体一般指高校及科研院所的科研用户、创新型企业的研发人员等，他们是社会创新主体，社会上主要的科技创新与技术创新均从这里诞生，研发人员的知识产权需求主要围绕专利而产生，创新的立项阶段、研发阶段、成果申请阶段、转移应用阶段、生产维权阶段，在专利的生命全链条阶段均有知识产权服务的需求，也伴随有知识产权信息服务的需求。

1. 高校及科研院所需求

高校及科研院所作为科学技术研发的主体，其主要承担了重要科技创新和科学进步的理论研究工作，一般涉及专利的立项研究阶段和申请阶段，以及专利的成果转移转化问题。此类用户对知识产权信息的需求主要集中在以下几个方面。

1.1 全链条的文献信息保障需求

在当前信息社会，虽然获取专业信息的途径很多，学术搜索引擎也越来越普及，但在科学研究的全过程如果有专业咨询馆员或学科馆员的帮助，可以节省研究人员花费在文献检索上的时间，大大提高研究的效率。

1.2　专业的信息情报支撑需求

在课题立项阶段，根据科研团队对课题专业的了解，寻求专业情报人员出具相关研究课题的整体态势报告或行业专利分析报告，对科研团队选取科研方向及设计课题有非常重要的帮助，另外在专利申请前的预检索服务，也会大大减少科研人员在专利申请阶段走的弯路。此阶段的信息服务，着力解决创新主体的方向、路径、布局、侵权风险、价值评估等问题。根据调研，科研团队对创新过程中关键技术知识产权产出及对研究领域发展态势的了解有着非常高的需求，但这些需求细化后会体现为对相关领域专利信息的分析需求，此类行业技术分析报告对研发帮助巨大。[117]

1.3　成果转移转化方面的需求

如何让科研人员的研究成果真正应用于生产实践，是许多高校和科研院所长期研究的课题，为此，许多有能力的科研机构也成立了专门的机构，帮助科研人员进行成果的转移转化，而没有专门机构帮扶的研究人员，就会寻求第三方文献情报服务机构及知识产权代理机构的帮助。

1.4　科研成果评价需求

对科研团体来说，研发的成果除了用于生产实践，还需要在科研评价中体现价值，所以在其成果的评价方面也有诸多需求。某些成果需要国家图书馆等第三方认证机构认证其成果的真实有效性，可在国家图书馆开具论文收引查证等检索报告。而其团队科研成果的价值如何，可以通过查新及专业且客观综合的专利评价或科研成果评价报告来体现，此类评价报告可帮助科研主体认识自身创新实力及行业地位。

1.5　提高知识产权专业素养的需求

在高校、科研院所中，科研人员为了提高自身科研水平，会注重提高自身信息素养。信息检索课程、知识产权基础知识课程都是高校开设的常规课程，

---

117 吴鸣, 王丽. 嵌入式学科情报服务实践——以支持国家重大科技专项科研创新为例.

国家图书馆也在培训等方面发力，为科研人员在基础知识学习、数据库应用、工具应用等方面开展短期培训或现场培训。另外，高校和科研院所也有知识产权专门服务人才培养的需求。部分科研单位要求各科研团队或院系要有具有一定专利检索和分析能力的人才。所以，市场对知识产权信息服务培训有长期的需求。

2. 创新型企业需求

作为创新创业的主体，企业与高校和科研院所最本质的区别在于，企业主要是利用知识产权进行生产与盈利，其所做工作需要与企业利润挂钩，所以其对知识产权相关服务的需求更多侧重于生产实践。虽然对创新型企业来说，新技术的研发与申请也非常重要，但后续的应用生产、专利维权、品牌申请、纠纷等环节会涌现更多需求。总体来说，企业对知识产权多类型服务有着全链条的需求。

2.1 商标品牌的影响力评价需求

知名企业非常注重自身品牌的商业价值和形象，需要客观第三方的权威证据来说明其品牌的知名度等问题，多用于法院诉讼等。许多企业通过知识产权代理机构委托国家图书馆出具商标知名度查询、商标侵权取证的报告。

2.2 专利无效诉讼证据的检索需求

企业正在进行生产的专利产品，会经常涉及被告侵权，企业需要提交被侵权专利的无效的证据，一般此类证据存在于专利或非专利文献中，图书馆是最方便的求助途径。

2.3 专利查新及分析的需求

专利查新一般是指企业申请专利前，对该专利的权利要求项进行新颖性的检索，以初步判断其可专利性，一般附有查新报告的专利，可节省专利申报过程中的审查时间。对企业新技术的研发阶段而言，针对目标领域的行业分析、市场分析，对企业研发具有重要意义，而此类的分析报告主要依托于对专利信息、政策信息的分析与统合，需要专业的专利信息服务机构来协助完成。在调研中，此类需求也是高新工业园区企业对图书馆科技信息服务的最主要需求。[118]

---

[118] 何艳. 高新区公共图书馆科技信息服务实践路径探析——以松山湖图书馆为例.

2.4 专利管理过程的需求

对创新型企业而言，其所申请专利的运营维护也需要专门人员，包括其平时的续费运营、专利预警、专利价值评估、专利转化、专利质押、专利交易、专利诉讼维权等。

（六）知识产权代理机构需求

知识产权代理机构是经过国家知识产权管理部门审核，由国家知识产权局批准设立，可以接受委托人的委托，在委托权限范围内以委托人的名义办理专利申请或其他专利事务的服务机构,主要为律师事务所和知识产权代理公司等。这类机构虽然不是知识产权相关业务服务的终端用户，但是在目前的知识产权信息服务用户中，此类用户占了非常大的比例。鉴于现在知识产权相关事务和问题的复杂化，知识产权代理机构的地位越来越重要，他们对于文献信息的需求也越来越大。

为了更好地了解这些用户的信息行为特点及潜在服务需求，国家图书馆于2020年通过调查问卷方式，调查了知识产权代理机构在知识产权类案件中的信息需求，从而有针对性地提高服务深度与服务水平。

该调查使用"问卷星"调查平台，以邮件方式给律师事务所的用户发送调查问卷链接，2020年8月15日至9月25日期间回收调查问卷共142份，其中有效调查问卷138份，调查问卷详见附录E。

用户在知识产权类案件的申请过程中通常需要大量的信息资源查询。了解用户的信息需求使用背景和使用目的，对改进服务非常重要。针对用户的信息需求使用背景方面的问题，调查问卷设置了3道问题，分别从用户获取资源途径、获取资源中所遇困难和用户获取资源目的3个角度，调查了用户的信息需求背景。通过分析调查问卷结果发现，用户在资源获取途径方面，首选图书馆的馆藏资源与数据库资源，其次是搜索引擎与互联网资源,使用标准化研究院、专利局与委托第三方进行查询的用户较少。用户遇到的最大困难是获取信息困难，其次是信息筛选评价困难，相对而言，用户的信息源选择困难与信息搜索策略困难略少。用户获取信息资源的目的主要是商标知名度的查询、专利无效取证、商标侵权取证等。

用户搜索文献资源的过程中，对于文献的查询范围需求有所不同，采取的搜索策略中涉及的搜索字段、搜索词数量也有所不同，相对应的文献类型也有所差异。在文献搜索特点部分，调查问卷设置了4道题调查用户的搜索策略与搜索需求特点。调研发现，用户搜索范围中，获取部分相关程度最高的文献的需求最大，其次是获取全部相关文献，这两种需求分别对应于查准和查全，二者在业务中所占的比例相当，查准的需求略高一点。此外，用户采取的全文搜索字段远高于其他字段，标题和主题紧随其后；选取的关键词个数为2~3个的用户最多，选取3个以上关键词的用户比仅选用1个关键词的用户要多。说明用户在搜索所需文献的时候，会尽可能地构建最适宜的检索方式，以求获取查全率与查准率兼顾的检索结果。最后，纸质文献的需求量比电子版文献的需求大，但是二者的差距并不悬殊，随着文献资源的数字化推进，越来越多的用户可以接受电子版的文献形式。

用户对国家图书馆知识产权信息服务的态度可以反映出国家图书馆当前服务的效果，调查问卷针对此角度设置题目5道，分别调查了用户的需求频率、获得国家图书馆信息服务的途径、用户对国家图书馆信息服务重要性的排序、用户对检索报告形式的需求和用户对国家图书馆服务的满意度。调研结果发现，对国家图书馆信息服务的需求频率居中的用户占比最多，偶尔需要和经常需要的紧随其后，这与咨询馆员的自我感觉有差距。用户获得国家图书馆信息服务的途径以同行推荐为主，占总量的一半以上，可以看出国家图书馆的查证服务已经在知识产权业界具有一定的知名度和影响力，其服务的法律效力也得到了法院的认可；同行推荐为主的业务特别需要注重服务质量和效率，提升用户的满意度。从用户对国家图书馆信息服务的重要性排序可以看出，用户对馆藏复制证明的需求最大，其次是专题检索证明，这与两种委托的数量情况正好相反，原因还有待进一步探明。从用户对证明报告形式的需求可以看出，大多数用户还是选择了打印版签章报告，但是也有一定数量的用户可以接受电子版签章报告。最后，用户对国家图书馆服务的满意程度较高，认为部分满足需求的用户占75%，完全满足的用户占16%，这说明国家图书馆目前的知识产权信息服务可以在一定程度上满足用户的需求。

为了解用户对国家图书馆信息服务的期待和建议，图书馆设置了2道开放题，让用户可以畅所欲言。根据用户填写的反馈信息，总结出用户对国家图书馆信息服务的期待和建议主要为以下几种类型。

对国家图书馆服务的建议：①希望有中文图书数据库，解决中文图书检索难的问题；希望能够用图片进行检索，而不仅用关键词检索；②数据库远程访问问题，希望国家图书馆能开放更多数据库资源，改善访问速度，取消下载文献篇数限制；③希望能更便捷地实现网上支付，希望能自助开具电子发票；④国家图书馆邮件系统经常拒收邮件，希望能够改进；⑤希望能多一些服务人员，为广大有查证需求的用户及时提供服务。

其次是针对知识产权信息服务的建议：①目前能够出具证明的文献限定在馆藏纸质书报刊及数据库文献，希望能扩大范围，如互联网上的信息检索证明、历史网页的证明、微博信息和微信公众号信息的证明等；②希望能优化流程，馆藏复制证明更加简化便利、不需要用户本人来馆；③希望提供更方便的在线访问途径，如网站访问和 App 访问；④优化证明报告，希望图书馆能够提供电子版签章报告，实现检索报告的在线认证；⑤在服务效率和服务态度方面，希望能够提高效率，满足紧急案件的加急需求，有少部分用户反馈服务态度差，希望图书馆能改进服务态度；⑥希望能够提供数据库使用的培训；⑦部分服务收费较高，希望能够降低收费。

（七）图书馆界需求

公共图书馆作为社会文化传播的重要节点，近年来涉及的知识产权相关事务越来越多，除了馆藏图书的收藏利用方面经常涉及的版权问题，在其他知识产权开发、利用、保护与传播方面也有多种多样的需求。

1. 著作权的合理利用与保护的相关法律需求

随着资源数字化范围逐步加大，公众的著作权保护意识增强，图书馆在推进数字阅读、内容挖掘方面所做的工作越来越多涉及著作权的保护问题，在此相关领域，国家图书馆一直在进行深入研究，并且探索在保护著作权的基础上如何更有效地挖掘馆藏资源。图书馆界也同样面临此类问题，因此在著作权相关领域，存在文献和其他信息支撑及合作的需求。

2. 自身知识产权品牌开发应用相关需求

现在许多公共图书馆充分利用自身馆藏的优势，有效发挥文化宣传排头兵的作用，积极发展建设自身的文化创意产品，并开发自己图书馆的品牌商业价值，在此过程中，从品牌的开发到申请、利用、保护，都有知识产权相关的信息咨询和法律咨询需求。

3. 协助开展人才培养的需求

2019年，在国家图书馆主办的"全国省级、副省级市公共图书馆参考咨询工作培训班"上，全国图书馆参考咨询协作网对参会省市公共图书馆开展了业务发展现状的调研，调研结果表明，已开展知识产权信息服务的省级、副省级公共图书馆较少[119]，总体占比只有10%，而计划在未来两年把知识产权信息服务作为规划重心的图书馆则占31.67%，说明很多公共图书馆意识到了知识产权信息服务的重要性，而受限于人才的短缺和资源的不足，还无法开展相关工作。根据国家知识产权局对于建设知识产权信息公共服务体系的规划，公共图书馆是知识产权信息公共服务体系中的重要网点，是主干网络与创新创业群体之间的中介和桥梁，也是公共服务终端，因此，积极培养知识产权信息服务人才也是各个图书馆当下的重大任务。

4. 资源共享的需求

目前，省、市、县公共图书馆开展知识产权信息服务极大受限于知识产权相关文献信息资源的不足，虽然专利文献属于公开文献，但当前提供专利文献检索、下载、分析等功能的专利工具都需要投入较高的订购成本。另外，与知识产权信息服务相关的其他数字资源，一般公共图书馆往往配置不足。所以公共图书馆间亟须开展相关资源的共享以支撑业务发展。

5. 业务指引的需求

由于大部分公共图书馆还未开展知识产权相关信息服务，因此在业务类型、业务开展、业务规范的制定方面，需要有经验的图书馆的帮扶，例如，有特色馆藏资源的部分图书馆，可以积极帮助其他图书馆开展馆藏证明、地理标志产品申请信息溯源检索等服务。

---

119 张帆. 公共图书馆参考咨询服务现状及发展趋势探究.

（八）社会公众需求

公共图书馆服务的用户与高校图书馆及其他专业图书馆的最大不同在于用户身份的广泛性，没有明确的目标群体，所以也没有明确的需求方向，这一特点使公共图书馆成为最适合的知识产权公众素养教育与知识普及基地。社会公众在遇到知识产权问题时，也会考虑在公共图书馆寻求问题的解决之法。一般来说，社会公众在知识产权相关问题上，需求一般分为以下几类。

1. 了解相关政策

社会公众在生活、工作、学习、娱乐中，时常遇到专利、版权、著作权等社会性问题，感兴趣的用户会对相关国家政策法规进行检索和查询，虽然现在互联网可以提供碎片化的信息，并有一些问答类的信息可供参考，但如果用户希望得到更系统且免费的信息资源，会在图书馆寻找答案。所以对于公众对知识产权政策法规类的需求，公共图书馆应该着力提供系统化、完整且真实可靠的信息，以及方便免费的获取途径。

2. 了解特定领域知识信息

社会公众会有碎片化的知识产权信息需求，如某篇专利的全文、某个地理标志的合法合规性等，此类需求一般可以由专利文献提供、事实查询等业务来满足，此类需求对咨询馆员的要求也较高，需要从用户提出的问题上剥茧抽丝，找到最合适的支持文献来满足需求。

3. 专业的机构信息导航

社会公众许多有关知识产权方面的专业需求无法仅通过信息提供满足，需要求助于专业的代理公司等机构。在面对互联网上繁杂的广告信息时，用户希望有客观公正的机构给出可靠公司的名称和链接列表，最好还有相关的评价。虽然网上由行业协会等机构给出的导航网站也很多，但是广告繁杂，可信度不高，相比之下，用户会更愿意选择由国家图书馆等公共图书馆给出的机构导航。

4. 基础知识培训需求

社会公众对知识产权文化、信息素养的提升有一定的需求，而知识普及、知识产权相关的文化传播又是知识产权主管部门对公共图书馆的要求。社会公众需要多维度、多角度、免费而又有趣的科普宣传产品，来满足其对知识的获取需求。而对于想要了解知识产权服务领域的公众来说，系统且免费的入门级培训也是非常受欢迎的产品。

综上所述，公共图书馆的用户是立体多维的，不同身份的用户对知识产权信息有着不同的需求。决策用户的需求主要集中在决策支持和政策研判；创新创业群体的需求主要集中在专利申请、维护、应用的全链条服务；与国家图书馆相比，公共图书馆需要更多的资源共享与业务指引；公众对知识产权信息服务的需求，更多体现在便捷、免费、可靠的信息服务和导航上。总而言之，用户对公共图书馆的知识产权信息服务需求涵盖了知识产权的各个层面和全过程，对服务形式和产品提供方式也呈现出多样化需求，对公共图书馆的服务体系建设也提出了更高要求。

四、服务内容

在具体服务内容方面，公共图书馆需要以需求为导向，开展涵盖专利、商标、著作权、地理信息标识等领域的知识产权信息服务工作，作为公共文化服务机构，对文化和旅游领域知识产权信息服务的研究、服务规划和落实，也将是公共图书馆的重要服务方向，这也是公共图书馆有别于其他类型知识产权信息服务机构的特色内容。

（一）知识产权信息公共服务

知识产权信息具有公益属性公共图书馆的服务首先应以公共需求为导向，实现公共利益，依照《中华人民共和国公共图书馆法》的定义，公共图书馆是指向社会公众免费开放，收集、整理、保存文献信息并提供查询、借阅及相关服务，开展社会教育的公共文化设施。为保障知识产权信息更充分地公开，依托公共图书馆作为公共服务平台的便捷性与影响力，公共图书馆可以多种方式提高公众和创新主体对知识产权信息的获取与运用能力，具体服务包括以下几方面。

1. 知识产权知识与意识的普及和知识产权文化传播

公共图书馆通过官方网站、微信公众号、抖音、到馆等方式组织多种形式的知识产权科普活动。公共图书馆遴选特定主题进行知识产权信息的收集、整理与挖掘，建立知识产权信息专题资源，如对知识产权的政策发布、出版的有关图书设置专栏、开展知识产权资源导航，推动知识产权信息传播，方便公众使用知识产权信息，根据现有资源进行深度挖掘，建立知识产权资源的专题阅览室及数据资源导航，便于知识产权的信息传播和公众的使用。

2. 针对公众开展知识产权相关知识的培训和讲座

培训和讲座主要包括针对公众开展的知识产权信息普及、知识产权意识提高、简单专利等知识产权检索培训。公共图书馆可以联合国家知识产权局进行深度培训与讲座，包括对国家图书馆及全国各省市公共图书馆知识产权服务人员的专业技能提升培训（专利检索与专利分析、专利大数据服务等），以及针对企业知识产权人才进行的各国专利制度、专利文献、专利检索资源、专利法研究、专利申请知识、外观设计与实用新型相关知识、专利信息利用、专利侵权诉讼和专利竞争情报研究的讲座。

3. 知识产权信息发现与获取

公共图书馆开展包括专利、商标、植物新品种、地理标志等领域的信息检索、信息提供和信息证明服务。深入开展商标驰名度检索、商标注册检索、专利文献检索等服务。建设公共图书馆知识产权信息服务平台，整合梳理图书馆自有馆藏图书、数字资源和外购数字资源等知识产权信息，提供便捷统一的知识产权信息浏览、阅览等服务。

（二）知识产权信息增值服务

公共图书馆知识产权信息服务应遵循以公共服务为基础，市场发展为补充的原则，实现公共服务与商业化服务协调发展。基于自身在文献资源与信息服务方面的优势与经验，公共图书馆可发挥联结公共基础信息与用户更高需求的中介桥梁作用，重点对知识产权基础信息进行深度加工或集成，向用户提供以二次、三次文献为产品的专业性、增值性服务，包括决策支撑、文献提供、事实查询、第三方证明、舆情分析、科学评价等。

1. 知识产权的信息资源服务

知识产权的信息资源服务基于馆藏资源，包括专利、商标、植物新品种、地理信息标志、软件著作权、非物质文化遗产等领域的信息检索，涉及知识产权纠纷的信息资源证据收集服务，如文献传递服务、馆藏复制证明服务。

1.1 商标检索

商标检索包括国内外商标在中外文媒体中的驰名度检索、全文查阅，即根据用户需求，对用户指定的商标、品牌、公司名称、产品等在馆藏中外文报刊中的报道情况进行检索，出具初查条目和目录结果。根据用户的反馈情况，挑选并下载相关文献的服务。此外还有商标注册检索，用户在提交商标注册申请前，为防止与他人注册的商标相同或相近似，对拟注册的商标进行查询，以增加商标注册的成功率，公共图书馆提供在馆藏中外文报刊的报道中进行拟注册商标报道情况的检索服务。

1.2 专利检索

公共图书馆基于已购买的专利数据库，向用户提供国内外专利检索服务，针对公众、企业等不同需求，检索相关专利，包括专利信息提供、文摘提供、全文提供等。

2. 知识产权的信息深度分析服务

2.1 专利查新

在企业专利申报过程中，公共图书馆提供针对其专利检索及分析服务需求，分析专利申请书中的权利要求项，检索其可专利性，辅助企业把握专利申请方向，加快申请流程。

2.2 专利无效检索

针对企业提出的涉及侵权专利，公共图书馆通过对专利及非专利文献的检索、对比、分析，证明所提供专利的专利权无效，辅助企业寻找相关证据。

2.3 专利申请预检索

面向各类用户的专利申请需求，公共图书馆检索分析专利申请书中权利要求项的可专利性，辅助用户把握专利申请方向，提高专利申请书质量，加快申请流程。

2.4 专利分析及评议

基于知识产权（主要指专利）情报的分析挖掘和调查研究，公共图书馆针对行业、技术、企业等开展不同层级的专利分析服务，提供相关产业报告、技术报告等，辅助企业寻找潜在的威胁者与合作者，发现行业专利壁垒，寻找绕开该专业壁垒的方法，以及帮助企业进行专利布局等。另外，公共图书馆可以对知识产权政策进行解读跟踪，支持公共政策制定部门有效规避决策中的知识产权风险、实现科学决策，及帮助管理者或企业优化创新路线并妥善解决经营中的知识产权问题。

2.5 知识产权舆情监测

公共图书馆通过对互联网和馆藏报刊资源海量信息抓取、分析聚类、主题检测、专题聚焦，实现知识产权信息的网络舆情监测和新闻专题追踪，形成简报、报告等分析结果，为公众做出正确舆论引导，为管理者和管理部门提供分析、决策依据。

2.6 商标分析服务

商标分析，即对有代表性的商标进行系统专业化检索，然后进行深度分析。

3. 文化和旅游领域特色知识产权研究与服务

作为公共文化服务机构，公共图书馆知识产权信息服务需注重文化属性，立足文化和旅游领域，融合与利用涉及文化和旅游行业的地理标志、商标、作品等相关信息，开展非物质文化遗产、民间文艺、传统技艺等文化领域知识产权相关问题的研究与实践，承担文化和旅游领域的课题与项目，注重面向文化和旅游机构的定向服务，助力文化和旅游领域知识产权的保护与运用。

《国家知识产权战略纲要》提出，要"适时做好遗传资源、传统知识、民间文艺和地理标志等方面的立法工作""完善传统医药知识产权管理、保护和利用协调机制，加强对传统工艺的保护、开发和利用""加强民间文艺保护，促进民间文艺发展""深入发掘民间文艺作品，建立民间文艺保存人与后续创作人之间合理分享利益的机制，维护相关个人、群体的合法权益"。

公共图书馆可以充分发挥自身优势，将非物质文化遗产、民间技艺等特色内容纳入自身知识产权信息服务体系范畴，积极开展相关领域的学术研究，系统调研、规划、设计，为全面有效开展相关领域知识产权保护和运用提供专业化的服务。

（三）延伸服务

公共图书馆知识产权信息服务体系建设，还须按照先易后难、逐步推进的原则，不断丰富服务内容、提升服务水平，并逐步开展知识产权服务站建设与服务、知识产权评价体系建设与服务、公共图书馆知识产权信息公共服务平台建设，发挥公共图书馆的引领作用，促进公共图书馆知识产权信息服务能力的提升，推动公共图书馆知识产权信息服务网络建设，带动更多公共图书馆积极开展文化和旅游领域知识产权保护、发展、应用等方面的研究与服务，逐步拓展思路，开展更加便民利民、促进我国文化事业发展的知识产权信息服务。

1. 知识产权信息整合与知识产权信息服务平台建设

公共图书馆建设知识产权信息服务平台，整合梳理各馆自有馆藏图书资源、自有数字资源、外购数字资源等信息，提供便捷统一的知识产权信息浏览、阅览等服务，并在服务平台上整合上述资源与服务，提供统一入口，方便读者使用平台上的各类信息资源与服务。

2. 知识产权信息系统及数据库建设

在建设智慧图书馆的大背景下，公共图书馆开展知识产权信息服务还应融合新技术、新模式，增强信息服务的智慧化水平。在知识产权信息服务平台（网站）基础上，建立基于整合数据源的，以云服务器、互联网或局域网为平台的大型知识产权信息服务系统，该系统通过对知识产权信息进行深层次的价值挖掘、技术标注，进而开展综合应用服务，帮助个人、企业、科研机构、管理者提升创新能力与核心竞争力，为企业管理、企业技术研发、专利战略研究、科学决策提供强有力的支撑。

3. 面向下级公共图书馆工作拓展

以国家图书馆为例，根据《中华人民共和国公共图书馆法》的要求，国家图书馆应积极配合主管部门推动具备条件的省级或副省级市图书馆开展知识产权信息服务，在人才培养、服务管理、业务规范等方面提供指导与支持，推动和落实公共图书馆知识产权信息服务能力建设，搭建公共图书馆知识产权信息服务网络，全面实现公共图书馆在国家知识产权信息服务中的积极作用。同理，各省公共图书馆也可以在国家图书馆及知识产权专业机构的支持下，为本区域内的其他公共图书馆开展知识产权信息服务提供支持。

五、服务界面

知识产权信息服务连接知识产权信息服务机构与服务对象需求，相关服务的开展需要在一定的服务界面上展开。在当前的技术条件下，公共图书馆知识产权信息服务界面主要包括线下服务界面、线上服务界面和可能同时涵盖线上线下的综合性服务界面。以武汉图书馆为例，该馆坚持"读者第一、服务至上"的办馆理念，全年对外开放，每天开放时间长达 12 小时，实行"借阅合一"的服务模式，免费提供各项基本服务，2020 年年底前已经建成 81 个汽车图书馆流动服务点、147 个街头及地铁站自助图书馆，形成覆盖全市的图书馆服务网络，并推出武汉图书馆"两微一端"（微信公众号、新浪微博、移动端 App）和"云阅读"等新媒体阅读服务。因此，公共图书馆可以通过各馆已经构建的丰富的线上线下服务界面，为用户提供丰富多彩的服务形式与服务内容。

（一）线下服务界面

丰富的线下服务界面是公共图书馆的特点，也是优势。公共图书馆拥有丰富的线下服务界面，如专题文献阅览室、培训教室，展览讲座空间等。国家图书馆线下服务界面包括专题阅览室、咨询室、国家典籍博物馆和国图讲座等。

知识产权专题阅览室是系统收集、整理并展示知识产权相关文献的阅览室。

目前国家图书馆尚未设立专门的知识产权文献/信息专题阅览室,相关资源主要整合在其他阅览室为读者提供阅览服务,包括国际组织与外国政府出版物阅览室中的 WIPO 出版物,法律图书馆阅览室中的知识产权文献等。

培训、讲座与展览线下空间服务是公共图书馆服务的重要组成部分,第七次全国县级以上公共图书馆评估定级工作下发的《省级公共图书馆等级必备条件和评估标准》体现得非常明显,在基本服务 85 分的总分中,年讲座、展览、培训活动(不包含阅读推广活动)占 20 分。[120]这也从另外一个侧面表明,公共图书馆基本具备充足的线下培训讲座与展览的空间。这为知识产权信息服务中的知识产权文化传播与意识普及等服务提供了基础保障,同时也引导公共图书馆在培训、讲座与展览上不断发力。

(二)线上服务界面

公共图书馆线上服务界面一般包括图书馆门户(web 端与移动端 App)、微信公众号、抖音、新浪微博[121],以及其他相关的线上服务界面。其中最具代表性的是"三微一端一抖"。"三微一端一抖"一般是指新浪微博、微信公众号、移动端 App、抖音。目前,绝大部分省市级公共图书馆都开通了新浪微博和微信公众号,部分公共图书馆提供移动端 App 和抖音。微信公众号凭借一对一、一对多的传播方式和强大的服务功能,成为用户获取信息和公共图书馆发布信息的重要平台。作为一种新兴媒体,微信公众号为公共文化服务数字化提供了新的运行模式和发展契机,因此,众多公共图书馆纷纷借助微信公众号的传播力和影响力开展信息服务。

目前,国内有 31 家省级图书馆开通了微信公众号,其中微信传播力指数(WCI)值最高的是湖南图书馆,湖南图书馆微信公众号的单日头条文章阅读量通常高达 1.5 万次,每月推文总数不低于 60 篇,每月文章最高点赞数超过 1136,日均在看数高达 157,湖南图书馆微信公众号的综合能力较强,在营销、推广、互动等多个方面均表现突出。[122]2009 年 8 月,新浪微博诞生,由于其丰富的信

---

120 文化和旅游部办公厅关于开展第七次全国县级以上公共图书馆评估定级工作的通知.
121 李楠. 图书馆新媒体宣传发展策略研究——以国家图书馆为例.
122 明均仁,张石琦,周莉媛,等. 基于 WCI 的省级公共图书馆微信公众号运营现状与策略.

息呈现与快速的传播效果，得到包括公共图书馆在内的诸多机构的极大关注。根据王玥在论文中报道的调研情况，截至 2023 年 8 月 20 日，共有 28 家省级公共图书馆已开通新浪微博账号，天津市图书馆、江苏省图书馆和西藏自治区图书馆未开通，开通率为 90.3%。有 12 所省级公共图书馆在 2011 年（含）之前开通了新浪微博账号，在 2012—2015 年开通新浪微博账号的图书馆有 8 所，在 2015 年以后开通新浪微博账号的图书馆有 8 所。微博粉丝数量超过 1 万的图书馆有 18 所，其中，数量最多的是浙江图书馆，微博粉丝数量共 35.8 万。[123] 该论文调研数据存在一定的错误，笔者电话咨询南京图书馆（江苏省图书馆）获知，该馆已于 2013 年开通新浪微博账号并对外提供服务。

随着短视频用户的迅猛增长，公共图书馆等机构开始重视短视频与业务的结合。短视频的发展为公共图书馆传播信息与开展业务提供了新途径。近年来公共图书馆加大短视频投入。截至 2020 年 11 月 17 日，我国共有 29 家副省级及以上公共图书馆开通抖音账号。[124]笔者在现有研究基础上，通过登录抖音，在用户选项中查询其他副省级以上公共图书馆抖音号开通情况，截至 2024 年 4 月 1 日，国内副省级市以上公共图书馆中开通并认证的抖音账号信息如表 3-1 所示。从表中可以看得出，在 48 家副省级市以上公共图书馆中，有 41 家已经开通抖音账号，目前暂未查询到认证抖音账号的省级图书馆有海南省图书馆、河南省图书馆、南京图书馆（江苏省图书馆）和广西壮族自治区图书馆，副省级市图书馆有沈阳市图书馆、青岛市图书馆和成都市图书馆。需要说明的是，由于在查询这些图书馆抖音账号时，主要是通过单位名称进行查询，由于认证抖音账号名称和标准全称可能存在不一致的情况，因此无法保证查询的完整性。

表 3-1　国内副省级市以上公共图书馆中开通并认证的抖音账号信息

序号	所属级别	名称	抖音号	开通时间
1	副省级	哈尔滨市图书馆	hrblib	2023 年 6 月 2 日
2	副省级	大连图书馆	dl_library	2018 年 9 月 22 日
3	副省级	长春市图书馆	cclib123	2019 年 2 月 1 日
4	副省级	杭州图书馆	hztsg	2018 年 4 月 10 日
5	副省级	济南图书馆	jnlib	2018 年 10 月 12 日

---

123 王玥. 我国公共图书馆微博信息服务发展现状研究.

124 甘春梅，张梦金. 我国副省级及以上公共图书馆的短视频应用现状——以抖音为中心的调查.

续表

序号	所属级别	名称	抖音号	开通时间
6	副省级	宁波图书馆	ningbolibrary	2019年9月27日
7	副省级	深圳图书馆	szlibrary	2018年8月1日
8	副省级	武汉图书馆	dyja3cfn85ak	2019年6月7日
9	副省级	广州图书馆	31200897303	2021年6月3日
10	副省级	厦门市图书馆	xmstsg	2021年7月31日
11	副省级	西安图书馆	1105309160	2018年9月28日
12	副省级	金陵图书馆	jllib1927	2020年2月27日
13	省级	吉林省图书馆	jlstsggfdzh	2019年8月14日
14	省级	辽宁省图书馆	lnlibrary99	2020年4月21日
15	省级	黑龙江省图书馆	hljstsg	2020年4月22日
16	省级	首都图书馆	2245910436	2019年4月22日
17	省级	天津图书馆	TanjiniaLibary	2023年4月12日
18	省级	河北省图书馆	hebeilibrary	2021年3月12日
19	省级	内蒙古自治区图书馆	nmgtsg	2020年4月23日
20	省级	山西省图书馆	sxstsg	2020年4月24日
21	省级	山东省图书馆	youthlutu	2018年8月3日
22	省级	上海图书馆	shanghailibrary	2019年4月22日
23	省级	浙江图书馆	zjlib	2019年12月13日
24	省级	安徽省图书馆	ahlib	2020年5月25日
25	省级	江西省图书馆	jxstsg	2020年7月22日
26	省级	福建省图书馆	FJLIB	2020年2月5日
27	省级	广东省立中山图书馆	Zslib	2019年7月26日
28	省级	广西桂林图书馆	gxgltsg	2019年10月14日
29	省级	湖南图书馆	354995189	2018年8月10日
30	省级	湖北省图书馆	HuBeiLibrary	2019年4月22日
31	省级	甘肃省图书馆	2228651579	2019年4月6日
32	省级	陕西省图书馆	sxlib1909	2019年4月22日
33	省级	青海省图书馆	163981788	2019年5月21日
34	省级	宁夏图书馆	NingxiaLibrary	2020年11月16日
35	省级	西藏自治区图书馆	65074911	2021年4月22日
36	省级	新疆图书馆	xjlibrary	2019年8月3日
37	省级	重庆图书馆	CQTSG	2019年4月16日
38	省级	四川省图书馆	sclibrary	2019年9月19日

续表

序号	所属级别	名称	抖音号	开通时间
39	省级	贵州省图书馆	gzsztsg	2020年4月23日
40	省级	云南省图书馆	ynstsg	2020年5月9日
41	中央	国家图书馆	2156651510	2019年4月16日

微博、微信公众号、抖音和移动端 App，构成了新媒体时代公共图书馆重要的宣传与服务平台，这些平台，为公共图书馆开展知识产权信息服务提供了重要的基础保障。

（三）综合性服务界面

在网络化时代，许多服务项目既有线下场所，也有线上平台，同时兼具线上和线下平台的特征。如国家图书馆很有影响力的"国图公开课"项目，该项目整合多种文献资源，并结合公开课自身的特点进行改造，以"互联网+"的形式重新展现给读者。国图公开课网站实现了全终端、全平台、全媒体视频资源播放。用户不仅可通过计算机观看教学视频，也可通过手机、平板电脑等移动端观看学习。同时，用户可通过网站首页的线下活动进行在线报名，预约在馆内举办的国图公开课，与老师面对面交流学习；用户还可以参加在线考试，检验自己对所学知识的掌握程度；此外，系统会根据用户使用情况给予一定数量的积分，后期将开展积分兑换的活动。

各级公共图书馆也推出了具有较强影响力的公共文化项目，构建了丰富的综合性服务界面，例如，湖北省图书馆的"长江讲坛""长江读书节"已经成为全国范围内知名的公共文化服务品牌。

第四章

公共图书馆知识产权信息服务保障与管理

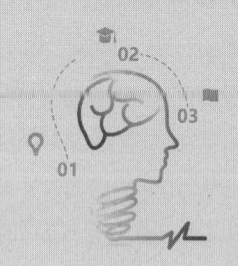

第四章 公共图书馆知识产权信息服务保障与管理

一、服务保障

公共图书馆知识产权信息服务是在传统参考咨询服务的基础上发展深化的服务形态，公共图书馆当前开展的知识产权信息服务，在服务规模、服务深度、服务影响力等方面都有待进一步加强。现有的业务基础和保障条件，有些可以继续沿用，有些则需要根据业务发展变化进行优化，有些原本不具备的因素则需要从头构建。因此，为有效推进公共图书馆知识产权信息服务的深化与拓展，需要在政策、制度、服务能力建设等方面提供切实有效的保障。

（一）顺应法律与国家政策规划要求，建立相关政策体系

一项业务的规划和开展，离不开对这项业务相关法律、国家政策和各类规划文件的深刻理解与准确把握。因此，公共图书馆知识产权信息服务的开展，需要系统、全面、深入、准确地把握《中华人民共和国公共图书馆法》《中华人民共和国非物质文化遗产法》《中华人民共和国著作权法》等法律法规精神及相关规定，深刻理解并准确把握《知识产权强国建设纲要（2021－2035年）》《"十四五"国家知识产权保护和运用规划》《知识产权公共服务"十四五"规划》《地理标志保护和运用"十四五"规划》《"十四五"非物质文化遗产保护规划》等与知识产权相关的中长期发展规划的具体目标、工作任务与要求，并依据上述法律法规与政策，拟定公共图书馆知识产权信息服务的定位、目标、任务、工作方案等内容，同时就落实相关目标与任务提供针对性的政策支持，推动相关工作的开展。

1. 以《中华人民共和国公共图书馆法》为核心，营造公共图书馆知识产权信息服务法律环境

公共图书馆知识产权信息服务属于公共文化服务与咨询服务，包含知识产权文化传播、信息导航、知识产权信息素养培训等公益性服务及深度知识产权信息增值性服务。因此，作为图书馆领域特定法的《中华人民共和国公共图书馆法》构成了公共图书馆知识产权信息服务的法律基础核心。该法第三条指出"公共图书馆是社会主义公共文化服务体系的重要组成部分，应当将推动、引导、服务全民阅读作为重要任务"；第二十二条指出"国家设立国家图书馆，主要承担国家文献信息战略保存、国家书目和联合目录编制、为国家立法和决策服务、组织全国古籍保护、开展图书馆发展研究和国际交流、为其他图书馆提供业务指导和技术支持等职能。国家图书馆同时具有本法规定的公共图书馆的功能"；第三十五条指出"政府设立的公共图书馆应当根据自身条件，为国家机关制定法律、法规、政策和开展有关问题研究，提供文献信息和相关咨询服务"；第四十八条指出"国家支持公共图书馆加强与学校图书馆、科研机构图书馆以及其他类型图书馆的交流与合作，开展联合服务"。这些条款明确了公共图书馆参与知识产权信息服务是落实公共图书馆法法定职能的重要体现。国家图书馆还应充分发挥自己的潜能与国家级图书馆优势，联合不同区域、不同类型的图书馆，采取合作、共享的方式开展服务，承担为国家立法和决策服务、为其他图书馆提供业务指导和技术支持等职能。

2. 协调整合相关法律的运用，完善图书馆知识产权信息服务法律环境

除《中华人民共和国公共图书馆法》外，许多与图书馆相关的同位阶规范性法律条文，还见于多部国家法律，如《中华人民共和国公共文化服务保障法》《中华人民共和国文物保护法》《中华人民共和国非物质文化遗产法》《中华人民共和国著作权法》，这些法律为图书馆参与公共文化服务、文物保护，以及非物质文化遗产保存、保护、传播等提供了法律依据，如《中华人民共和国非物质文化遗产法》第四章"非物质文化遗产的传承与传播"第三十五条指出，"图书馆、文化馆、博物馆、科技馆等公共文化机构和非物质文化遗产学术研究机构、保护机构以及利用财政性资金举办的文艺表演团体、演出场所经营单位等，应当根据各自业务范围，开展非物质文化遗产的整理、研究、学术交流和非物质文化遗产代表性项目的宣传、展示"。这些部门法所形成的图书馆相关法律关系，在实际应用中还未能在《中华人民共和国公共图书馆法》颁布后得以完全有机地协调和整合。《中华人民共和国公共图书馆法》所确定的规范也未与其他现行有效的行政法规及部委规章中关于图书馆的规定有机统一。因此，在一定时期内，图书馆相关的某些法律规定有可能呈现纵横交错的情况，上下位阶和同位阶的法律相互重复、缺乏协调，甚至相互冲突。因此，图书馆界应以《中华人民共和国公共图书馆法》为核心，积极推动理顺现有法律体系中的相关法律规定之间的关系，修改和补充相关法律法规，完善我国图书馆法律规范体系。这是公共图书馆知识产权信息服务体系建设和运转不可或缺的法律环境。

3. 梳理知识产权相关政策规划，构建国家图书馆知识产权信息服务政策环境

《知识产权强国建设纲要（2021—2035年）》《"十四五"国家知识产权保护和运用规划》《知识产权公共服务"十四五"规划》《地理标志保护和运用"十四五"规划》《"十四五"非物质文化遗产保护规划》是知识产权信息服务的指导性政策。作为国内公共图书馆的"领头羊"，国家图书馆应深入系统学习分析相关文件，结合国家图书馆馆情，提出国家图书馆知识产权信息服务的定位、目标、任务、工作方案等内容，并就落实相关目标与任务提供针对性的政策支持，推动相关工作的开展。同时在专职机构设置、人员引进与培养、专业资源配置、服务宣传推广等方面提供针对性举措，为国家图书馆知识产权信息服务开展提供坚实的政策环境。

目前已出台的与知识产权信息服务相关的部分法律法规主要有《中华人民共和国公共图书馆法》《中华人民共和国公共文化服务保障法》《中华人民共和国文物保护法》《中华人民共和国非物质文化遗产法》《中华人民共和国著作权法》《中华人民共和国专利法》《中华人民共和国商标法》《专利代理条例》《集成电路布图设计保护条例》《集成电路布图设计保护条例实施细则》《国家级非物质文化遗产保护与管理暂行办法》。与知识产权信息服务相关的国家政策规划包括《知识产权强国建设纲要（2021—2035年）》《"十四五"国家知识产权保护和运用规划》《知识产权公共服务"十四五"规划》《地理标志保护和运用"十四五"规划》《"十四五"公共文化服务体系建设规划》《"十四五"非物质文化遗产保护规划》《"十四五"文化和旅游发展规划》。这些法律法规和规划文件在为公共图书馆开展知识产权信息服务指明方向的同时，也划定了工作的底线和边界。

（二）健全制度

1. 技术完善和经费保障制度

1.1 公共图书馆自动化管理系统

随着社会结构和大众知识需求的变化，人们阅读方式的改变要求公共图书馆提供新的资源组织和服务方式；提高全社会文化生活水平要求公共图书馆提供新的服务模式；创新创业、政府服务等要求公共图书馆提供更深层次的知识服务。现有的公共图书馆自动化管理系统在系统架构、资源管理、服务方式等方面，都难以满足图书馆职能转变的需求。例如，在系统架构方面，现有系统在开放性上有所欠缺；在公共图书馆服务方式上，现有系统主要是针对实体馆藏和电子资源数据库在数据层面上的整合，缺少对各种馆藏资源内容进行语义提取、关联分析、内容挖掘等。

新一代公共图书馆自动化管理系统应做到以下几点：在馆藏方面更加注重对其内容的语义分析和利用；在读者服务方面更加强调对读者的全方位服务，通过数据服务平台和用户管理实现对读者阅读行为全方位画像和个性化服务，并且能够实现与读者社交生活的连接；在功能方面更加强调以平台化的思想将资源和功能对外开放，方便读者从更多的角度和更深的层次对图书馆资源进行利用。新一代公共图书馆自动化管理系统将是一个以数据及知识服务为特色的图书馆服务平台，它将借助当前计算机领域的最新技术，以读者获取知识为目标，从环境、资源、访问方式等方面提供全方位、个性化的服务。

1.2 经费配备设计

近年来，政府制定了一系列政策以保障对公共图书馆的财政投入，这些政策在一定程度上增强了对公共图书馆的财政支持。但这些政策保障并没有完全得到落实，政府对公共图书馆服务的投入总量仍然较少，比例偏低，还没有建立起稳定可持续的公共图书馆经费保障机制，特别是从2019年开始，政府对国家图书馆经费投入逐年递减，有些年份削减额度比例超过40%。《中华人民共和国公共图书馆法》规定了"加大对政府设立的公共图书馆的投入，将所需经费列入本级政府预算，并及时、足额拨付"。这在一定程度上保障了公共图书馆发展所需要的经费。

受国家投入经费削减的影响，公共图书馆将财政保障经费首先用于保障基本服务的开展，对专业化服务与深度知识服务的保障力度有所降低。从长远发展来看，公共图书馆在保障基本服务的前提下，要不断提高自身服务能力，不能放缓甚至限制专业化服务的发展。为了公共图书馆的创新和未来发展，可以在保障基本服务的基础上，鼓励推进特色服务和包括知识产权信息服务在内的深度知识服务发展，在人员专业化培养、专业性资源与工具建设、业务探索阶段提供适当的经费，同时，可以适当开展与知识产权信息服务相关的商业性活动，积极争取包括知识产权系统经费、国家各级各类专项经费的支持。今天的专业化服务也许是明天的大众化服务，公共图书馆应转变服务观念，由现在的被动服务转变为主动服务，建立经营图书馆服务和图书馆服务品牌的意识，在服务探索期间给予相应的制度与经费保障，这样才能在未来实现业务发展、读者服务和商业化拓展多重并举的积极成效。

1.3　组织机构建设

知识产权信息服务作为公共图书馆知识服务的一种特殊类型，除了具备图书馆知识服务的通用特征，也具备一些个性化的特征，如其服务内容着眼于知识产权创造、确权、运营全流程，以及知识产权决策服务、知识产权文化传播、用户知识产权信息素养培训等服务需求。同时，为推进公共图书馆知识产权信息服务可持续发展，公共图书馆需要与国家知识产权主管部门、高校科研机构及行业性知识产权信息服务机构保持经常性的业务交流，并根据服务发展变化进行专业性学术研究，解决工作中遇到的问题，指导业务的发展。以国家图书馆为例，在2021年以前，国家图书馆上述工作由法律事务处、研究院（业务管理处）、参考咨询部、立法决策服务部、社会教育部、展览部等多个部门分散开展，一定程度上存在业务缺乏整体规划、服务分散、与外界对接繁杂且效率较低等问题。为更好地统筹规划国家图书馆知识产权信息服务、面向社会开展专业化服务、打造国家图书馆知识产权信息服务品牌、对接国家知识产权局业务指导与支持、全面落实国家知识产权信息公共服务网点各项工作、参与知识产权信息服务机构间的交流合作，有必要成立专职机构负责相关工作。同时，基于国家图书馆业务整体格局，社会教育、展览等相关服务由其他专职服务部门承接，由专职机构做好业务横向沟通与衔接，充分发挥各部门在特定业务领域的专业能力，实现最佳的管理效能。

2. 服务战略的制定和实施

知识产权信息服务是公共图书馆知识服务体系中的重要形式。根据知识内容、问题及提问的时空环境确定用户需求，通过信息的提取和重组生产出满足特定用户需要的知识产品，这是知识服务的基本内涵。有效的知识服务应该是贯穿用户解决问题全过程的动态性和连续性服务，更应利用知识、资源、人员、系统、服务来组织和提供集成性知识服务。从某种意义上讲，知识服务是一种服务，更是一种服务体系。因此，对于一套完备的服务体系而言，通过服务提供、服务信息反馈、用户信息行为统计分析、服务效能评估等环节的实施和动态分析，调整保障体系各要素之间及服务过程各阶段或各环节之间的关系，能增进各功能模块的相互配合，整合局部效能，强化合力，进而保证图书馆知识产权信息服务体系实现预定目标。对于知识产权信息服务而言，无论其表现形式如何，都应是公共图书馆知识服务体系中的一环，而不是游离于体系之外的独立项目或工作，其服务内容设计、工作策略的制定和实施，也必将是知识服务战略的组成部分，应遵从于这个战略并对这个战略的实施进行有效的完善和补充。

以国家图书馆为例，在知识产权信息服务的服务战略制定方面，国家图书馆进行了一定的探索与实践，《国家图书馆"十四五"发展规划》明确提出：提升专业知识服务水平，服务国家创新体系和科技强国建设；创新开展知识产权信息服务，助力科技创新成果转移转化。此外，在专题资源建设、中国传统文化展示教育等方面，《国家图书馆"十四五"发展规划》提出，"围绕图书馆智慧化转型、中华优秀传统文化传承发展、全民阅读、现代公共文化服务体系构建等重点领域，广泛组织创新项目联合研究、典型案例征集推广、专题学习研讨等活动"。[125]

为推进《国家图书馆"十四五"发展规划》中对知识产权信息服务相关规划的落实，《国家图书馆2021年工作要点》提出：要提升面向科技创新的知识服务能力；开展对重点机构用户的需求分析与研究，提升对教育科研生产单位的专业化信息服务能力，主动做好文献信息推送工作；推进国家图书馆科学评价中心、知识产权信息服务中心建设，设计并推出有影响力的服务产品；加强业界交流合作，加强对地方图书馆的业务指导和技术支持；继续发挥全国省级

---

[125] 国家图书馆"十四五"发展规划.

公共图书馆决策咨询服务协作平台、全国图书馆参考咨询协作网等各类业界协作平台作用。[126]《国家图书馆2022年工作要点》提出：提升支撑科技创新的专业知识服务能力，依托国家图书馆知识产权公共服务网点，开展多种形式的知识产权信息服务；联合全国图书馆共同开展4·23世界读书日、文化和自然遗产日、科技服务周及传统节假日等主题阅读推广活动；继续开展参考咨询协作网的建设和服务推广，深化与国内外文献信息机构在文献传递与馆际互借业务方面的合作；加强"国家级专业技术人员继续教育基地"建设，打造国家图书馆培训服务品牌。[126] 这些都是国家图书馆推动知识产权信息服务拟定的规划要求。

知识产权信息服务是技术进步和社会发展背景下，用户对公共图书馆服务的主要需求形式之一。当前，公共图书馆知识产权信息服务正处于起步发展阶段，潜力巨大但整体实力偏弱，在业务整体规划、数据工具、人才储备、技术方法研发、服务拓展与规范管理等方面还需要不断加强。

（三）服务能力建设

1. 服务主体建设

公共图书馆的知识产权信息服务是对公共图书馆知识产权相关文献信息深层次的开发和利用，其服务能力和服务水平的高低取决于服务人员的整体素质，培养并形成一批高素质的信息人才是加强知识产权信息服务能力的关键。

1.1 服务团队组建

公共图书馆的服务对象很多来自政府机关、其他图书馆、科研院所、高校等企事业单位，涵盖了很多具有较高文化水平和专业知识的读者群体，这些读者所需的知识和信息涉及多个学科领域，需要由高层次的人员来承担信息化、学术化的相关工作。如今，信息载体形式的多样化要求文献信息的深层次加工和开发必须以文献信息技术专家和学科专家为主组成复合型人才梯队。公共图书馆提供知识产权信息服务的人员，一方面要具备知识产权、图书情报学、网

---

[126] 国家图书馆2021年工作要点.

络技术、工具使用和挖掘及文献分析的基本知识，另一方面还要是具备较扎实的学科专业知识，了解学科发展动态的准专家水平的人才。

基于知识产权信息服务体系建设和服务开展的人力资源需要，公共图书馆在人力资源建设中可以多管齐下，一方面强化自身馆员培养，提升馆员信息素养和工作能力；另一方面通过引进"外脑"，延揽人才，避免影响总体工作进展，还可以通过开展馆内外、国内外和业界内外合作等方式，增进人才之间的交流互动，在达成阶段性工作目标的同时，提升员工的业务视野和工作能力。通过多种方式解决人力资源保障问题，形成一支稳定的专业人才队伍，从而为广大用户提供优质、高效的知识产权信息服务。

1.2 提升馆员综合素质

知识产权信息服务，不管是基础性的宣传、教育、培训、展览、文献阅览服务，还是文献保障、专题导航、深度专业性服务，都要求服务人员了解知识产权相关知识，如知识产权相关法律与政策、知识产权各类型专业知识、知识产权创造确权、运营管理各环节业务、主要的知识产权信息源与检索分析工具，同时还应具备项目管理、服务策划推广、文献信息检索分析解读整合、培训展览策划等综合能力。对于承担管理、策划、推广、培训、咨询等不同任务的人员，还应有相应的专业化能力要求，如项目负责人员需要具备较广的知识面、信息分析挖掘与整合能力、学习和应用新知识的能力、交流拓展与合作能力、分析与评估能力、多任务处理能力。因此，作为公共图书馆知识产权信息服务体系中服务主体的另外一个方面，专业化服务队伍的组建及其服务能力的不断提升就显得尤为重要。为保证知识产权信息服务管理与服务人员的业务能力与素质，需要对其进行专业的培训。

对于一些基础性的知识产权信息公共服务，凭借公共图书馆多年相关工作经验积累，现有馆员基本上能够胜任。但是对于以知识服务为核心的专业性知识产权信息服务，其本质不是简单地提供知识载体，而是通过馆员的智力劳动将知识载体上的内容进行重新组合、加工和提炼，形成围绕某一主题或特定领域的、经过系统化组织和整理的、以新的表现形态呈现的知识，再提供给用户。这一过程是一个将馆员自身所拥有的知识组织、知识管理等专业技能同用户所拥有的特定专业领域的知识和技能进行有机融合的过程，是一种新的服务模式。在这个过程中，馆员所掌握的知识服务技能是服务的关键，其服务的内容将深入到文献中的数据、公式、结论等最小的、独立的"知识元"层面，是对用户需求的个性化满足。因此，高素质的知识服务人才队伍，是开展专业化知识产权信息服务的重要保障，也是该项服务得以有效进行的前提条件。为此，公共图书馆有必要着力强化专业图书馆馆员和学科图书馆馆员的培养，重点培养一批具有超前意识、广博知识和创新能力的知识馆员，组成一支强有力的知识服务领域的生力军，为知识产权信息服务活动的发展提供人力和智力支持。在完善自身馆员人力资源建设的同时，公共图书馆有必要建立起人才引进机制，引进知识产权、图书情报、计算机、外语等相关领域的高层次专业技术人才，提升馆员整体信息素养，使其能够不断适应社会信息环境和用户需求的快速发展和变化，保证公共图书馆知识产权信息服务的质量、水平和活力，以满足信息化时代知识产权信息服务的需要。

知识时代的公共图书馆正向电子图书馆、数字图书馆、虚拟图书馆发展，一系列先进的计算机技术、网络化技术、新媒体技术应用到公共图书馆中，这就对馆员的综合素质，特别是媒体与信息素养提出了新的要求。为提升人力资源素质，保障知识产权信息服务的有序开展，公共图书馆需要对现有馆员岗位培训、业务进修的制度设计和运行机制进行进一步完善和优化，打造多种形式的培训模式，更好地适应当前公共文化事业发展和开展知识产权信息服务的要求。

公共图书馆可以组织馆内外资深从业人员和研究人员，围绕图书馆业务工作具体内容，分专题对馆员进行系统的岗前和在岗培训，不断巩固、补充和更新专业基础知识；通过组织馆员参与业界学术和业务交流活动等方式，拓宽馆员业务视野，提升其对知识产权信息服务新的理论、方法和工具的敏感度，促进其在业务实践中的应用；通过策划组建专题研习小组等学习型组织，快速提升馆员对特定问题的认知水平和研究深度，为业务的未来发展开展研究；建立分享交流机制，为馆员创造分享业务工作经验和学习研究心得的交流平台，促进馆员互为师生，相互学习、相互促进和相互成就。

1.3 优化人力资源结构

知识产权信息服务是一个综合性信息服务体系，相应地，公共图书馆知识产权信息服务体系的人力资源建设也应当以层次清晰、结构完整的综合性团队为建设目标。

团队角色构成是人力资源结构的重要组成部分。在知识产权信息服务团队中，业务带头人、专业咨询馆员和普通馆员是 3 类重要角色。业务带头人是人力资源建设的关键，直接影响到公共图书馆知识产权信息服务的发展方向和进程。普通馆员是人力资源建设的起点，其工作保障职能的有效发挥，可使专业咨询馆员能够集中精力于对文献信息的深度挖掘、加工和组织，并形成相关的服务与产品。专业咨询馆员要兼具扎实的专业基础知识、广博的知识视野和较高的学习能力，因此培养具有较高知识水平的专业咨询馆员是知识产权信息服务人力资源结构建设的重点。

此外，知识产权信息服务团队成员的专业学科分布、年龄分布、职称分布等也是优化服务人力资源结构的过程中需要重点考虑的因素。

1.4 构建业务协作网络

即使像国家图书馆这样拥有丰富文献信息资源和数十位专职工作人员的知识产权信息服务机构，也无法仅依靠本馆人员与资源就能有效应对读者的所有需求。对于一般性常见的咨询问题，依托图书馆工作人员能有效满足读者的需求，然而，对于一些专、精、深的知识产权信息服务需求，需要一个精通文献信息检索、专业分析工具使用，且具备该领域专业、行业与产业知识的团队协作，才能为用户提供契合其需求的服务。现实情况是，公共图书馆现有人员很难同时具备上述要求，即使扩充人员队伍，也无法保证能招募到所有专业与行业的人才，特别是一些产业信息，需要相关人员长期跟踪，最佳选择是与在该行业或产业机构从业的专职人员合作。所以，单凭一家机构是无法满足业务开展对服务团队人员的要求的，构建全面的协作网络是解决这一问题的有效方法，更是提升服务广度与深度的重要途径。例如，可以与数据库商和工具商建立良好的协作关系，在需要提供专业资源保障和深度分析需求支持时，可以由协作机构提供专业指导，必要时直接进入项目组共同完成相关工作。对一些需要进行专业知识阅读、判断和解读的需求，可以通过与专利审查机构、高校、科研院所和企业或该机构内的专业技术人员开展合作，提供专业的学科、行业和产业知识支撑。实际上，在具体服务实践中，用户也是我们开展相关工作的重要资源。

2. 文献信息资源

公共图书馆各项工作开展的基础是其拥有的丰富馆藏资源，这也是公共图书馆知识产权信息服务得以开展的重要基础。而检索分析工具则是公共图书馆专业化知识产权信息服务开展的重要手段，能极大地提高服务的效率。随着技术的发展，图书馆的文献信息资源形态也呈现多样性，按照资源的不同属性对文献信息与工具资源建设分析如下。

2.1 实体资源与虚拟资源

数字时代的公共图书馆馆藏资源，既包括公共图书馆实际拥有的基于物权转移的实体资源，又包括在使用中不发生物权转移，公共图书馆只具有使用权的虚拟资源。也就是说，公共图书馆的馆藏资源涵盖了馆藏中未数字化的以纸为介质的印刷型文献、单机版电子文献和馆藏中已数字化的电子信息等实体资源，以及公共图书馆通过网络途径以协议或授权（包括免费授权）服务方式获得的网络数据库或网络信息等虚拟资源。公共图书馆本馆的实体资源、共建共享系统内的资源及网上免费资源等，共同构成了数字时代公共图书馆可供服务的资源基础。而具有雄厚基础的传统实体文献资源和强有力的信息组织形式的数字化资源，决定了二者不可能一枝独秀，而要协同共建。对于公共图书馆的用户来说，所需信息的可获取性比资源类型和信息存放的位置更重要。因此，公共图书馆应同时重视实体馆藏资源和虚拟馆藏资源的建设，不断探索寻求网络环境下两种资源的最佳结合点。公共图书馆应注重加强实体资源与虚拟资源统一规划、协调建设。从宏观层面看，实体资源和虚拟资源的整合是在国家统一规划指导下，通过各公共图书馆和图书情报机构之间的协作，减少馆藏资源的冗余和重复，促进馆藏资源的协调开发，有效利用，实现资源共享，为资源整合提供一种良好的外在环境。从微观层面看，实体资源和虚拟资源的整合应从技术入手、加强人员培养，挖掘整合点，逐一细化落实，为资源整合提供基础性条件。

2.2 外购资源、自建资源与 Open Access（OA）资源

根据公共图书馆资源获取形式，可将馆藏资源分为外购资源、自建资源和 OA 资源 3 类。

（1）外购资源。

外购资源是指公共图书馆通过有偿或无偿方式从出版社、数据库供应商等渠道购买的文献资源。公共图书馆每年投入大量的经费进行外部资源的采购，

经过多年的积累，基本建立了较为系统的中外文图书、期刊、报纸、学位论文等文献资源，同时，根据馆藏建设方针和读者需求，购买了一定数量的中外文数据库资源。以国家图书馆为例，在知识产权专业数据库方面，国家图书馆先后购买了万方中外专利数据库、清华同方知网中国专利全文数据库、Derwent Innovations Index（德温特世界专利创新索引）等知识产权信息资源，以及 Innography 专利检索及分析系统、"壹专利"专利检索数据库等专业知识产权检索分析工具，此外还购买了涵盖绝大部分知识产权局知识产权数据的 Dialog 国际联机检索系统和具备强大分析功能的文本挖掘软件 Thomson Data Analyzer（TDA）。这些文献信息工具资源为国家图书馆开展知识产权信息服务，特别是专利信息服务，提供了坚实的资源基础。然而，现有资源暂时还没法全面满足不同用户专业深度分析的知识产权信息服务需求，特别是在商标信息、地理标志信息、著作权信息等方面，资源仍然匮乏。其他公共图书馆，受制于经费等因素，在知识产权信息专业资源方面较为薄弱，亟待补充完善。

（2）自建资源。

自建资源是指公共图书馆以馆藏资源为基础，针对读者需求，对某一学科或专业领域的资源进行收集、分析、评价、处理、存储，自行整合建设的文献资源。随着数字图书馆的发展，自建资源主要指自建数据库资源。自建数据库作为公共图书馆的特色资源，其不仅能够满足读者个性化需求，促进专业知识数据发展建设，而且对于资源的共建共享也起到了积极作用。目前，公共图书馆在自建数据库资源方面取得了较好成绩，但在数据库的建设标准、元数据提取等方面有待规范。在资源数字化、资源系统的互操作性问题、系统检索机制、数据库技术、智能用户界面与个性化服务、数字版权协调等方面亟须加强研究与开发；对于一些特色资源、民族资源的数字化统筹建设还有待加强。数据库资源建设是一项系统工程，也是一项需要不断改进与完善的长期工程。

（3）OA 资源。

OA 资源是伴随着国际学术界、出版界、图书情报界利用互联网自由传播，免费利用学术信息和科研成果的 OA 运动的兴起而产生的资源，使用者可以通过网络免费阅读、下载、复制、传播、打印和检索相关文献资源。唯一限制是使用者应保证作者作品的完整性，并注明相应的引用信息。OA 资源主要有开放获取期刊（OA Journal）、开放获取仓储（OA Repository）、电子预印本（E-print）、开放获取搜索引擎（OA Search Engine）4 种类型。

基于"以公开换取保护"的知识产权保护理念，专利、商标、地理标志、著作权等类型的知识产权的基础性信息，如专利申请书、专利法律状态、商标申请文件、知识产权案件等，可以在各知识产权主管机构的网站上免费获得。同时，国家为推动知识产权信息公共服务，建设了包括"新一代地方专利检索分析系统"等在内的公益性知识产权信息获取平台。"新一代地方专利检索分析系统"是国家知识产权局为提高地方专利信息服务能力，自主建设的由国家提供数据资源，向公众提供免费、专业专利检索及分析服务的信息服务系统。该系统包含 105 个国家与地区的专利数据资料，文献记录数达 2.06 亿。用户可根据首页的地方端说明，选择合适的地方端入口进行注册使用。以上这些可公开获取的信息构成了知识产权信息服务中 OA 资源的重要来源。

2.3 文献信息资源建设的系统性与完备性

知识产权信息服务的特点要求公共图书馆在文献信息资源建设中，除一般意义上的馆藏资源保有量外，还必须确保文献信息资源的系统性和完备性。这意味着，只有当特定专题或领域的文献在馆藏数量上达到一定规模，并在内容上具备系统性和完备性，公共图书馆才具备开展相关领域知识产权信息服务的能力。我国《科技查新机构管理办法》对查新机构文献信息资源提出明确要求：须具有 15 年以上与查新专业范围相关的国内外文献资源或数据库；具备国际联机检索系统。

随着社会信息化程度的提升和出版物种类与数量的激增，要实现文献信息资源建设的系统性和完备性，通过追求单个图书馆藏书体系完备，以期自给自足地满足读者信息需求的服务方式已无法实现。从世界各国图书馆文献资源建设变化及实际服务效能来看，对资源建设的系统性与完备性的追求已经发生了十分有意义的变化：在资源建设目标上，由追求绝对的系统性和完备性，转向在保持系统性的基础上，追求相对的完备性；在资源建设策略上，从追求文献的完备性转向追求信息的完备性；在资源采访类型上，连续出版物的收藏优先于专著和非图书资料。这些变化为未来公共图书馆知识产权信息服务体系的建设提供了有益的参考方向。

2.4 加强资源发现与调度能力

公共图书馆经过多年的积累和发展，已经拥有大量的馆藏纸质资源和电子资源，但由于各个资源之间缺少关联，尤其是数据库资源分布情况复杂，导致资源利用难度增加。公共图书馆应进一步应用现代信息与网络技术，创建并完善集纸质资源与电子资源于一体的图书馆网络复合资源发现和调度系统。在资源整理中，依托云平台，统一整合馆藏纸质资源和电子资源，梳理各个文献资源的分布情况，比较存有率，方便文献资源的发现和调度。运用元数据一站式搜索技术，消除"资源孤岛"现象，避免检索结果的重复和不完整。通过完善的资源调度系统，整合不同类型的数字资源及服务方式，最大限度地把相关资源快速传递给用户，提高信息利用效率。同时，资源发现与调度系统应无缝对接全国公共图书馆的联合目录系统，匹配全国馆藏情况。如果某些文献无法获取，系统应提供文献传递申请功能，自动引导用户到匹配的公共图书馆参考咨询平台。加强数据分析系统建设，系统向公共图书馆和用户提供系统分析报告，为公共图书馆资源建设提供依据，也为用户在学术选题和科学研究中提供宏观文献资料和科学资源分享。

3. 业务平台规划与建设

业务平台建设是公共图书馆知识产权信息服务体系建设中的重要一环，它关系到公共图书馆资源建设的效率、服务能力、用户体验和忠诚度，同时对公共图书馆和馆员的专业能力提升也发挥着重要作用。

作为知识产权信息服务保障体系的一部分，业务平台规划应包括面向社会用户的知识产权信息服务发现与提供平台，面向机构用户的个性化知识产权信息服务定题跟踪、自动化分析与内容保障平台，面向知识产权信息服务机构的资源建设、挖掘与产品发布平台等3个层面的内容建设。在公共图书馆知识产权信息服务实践中，公共图书馆可以根据自身业务优势、用户特点、服务规范，优化用户需求、业务流程、成果展示等环节，建设符合用户信息需求的知识产权信息服务平台，并提供持续性服务。

（四）以学术研究保障公共图书馆知识产权信息服务可持续发展

1. 学术研究对业务发展的重要性

随着知识产权事业的发展和社会进步，与知识产权信息服务相关的知识产权信息的生产与组织方式、用户对公共图书馆的服务需求、文献信息资源与工具，知识产权信息服务组织方式等都将随之变化。因此，公共图书馆知识产权信息服务在服务内容、服务形式、服务组织、服务体系建设等多方面都需要根据变化情况进行相应的调整，顺应社会对公共图书馆的要求。同时，包括国家图书馆在内的公共图书馆，其知识产权信息服务尚处于整合拓展提升阶段，工作中还有很多问题需要进行深入的科学研究，才能准确识别问题、全面分析问题、有效解决问题。科学研究不仅能为公共图书馆知识产权信息服务实现可持续发展提供理论基础，为业务发展提供科学的指引，还能带动服务人员专业服务能力的提升。

2. 学术研究的主要内容与形式

公共图书馆可以聚焦文化和旅游领域知识产权服务工作，针对公共图书馆知识产权信息服务现状及中长期发展规划，选择公共图书馆知识产权馆藏资源梳理整合、公共图书馆服务模式、用户知识产权信息服务需求特点、知识产权强化战略背景下公共图书馆服务政策、公共图书馆知识产权信息服务联盟建设等方向开展专题性学术研究。在具体的研究方式上，专题性科研课题研究依旧是目前公共图书馆学术研究的非常重要且有效的形式，但是科研课题毕竟受申报时间、获批情况、课题数量、研究周期等因素限制，所以还需要充分利用工作项目制的特点，针对工作中遇到的具体问题和亟待解决的困难，开展专题性研究。在研究开展过程中，要加强公共图书馆与学术界及图书馆界的横向合作。

3. 推动科研成果作用发挥

无论是学术科研还是工作课题研究，其目的都是解决工作中的实际问题，推动业务深入发展。因此，研究成果的有效应用是学术研究的核心。研究成果应及时应用于工作中，通过实践检验研究成果的针对性和有效性，对好的研究成果应坚决贯彻落实推进，对经实践检验需要改善的研究成果及时进行完善，实现科研与业务的良性互动。对一些可以信息化、产品化的研究成果，公共图书馆在不侵犯著作权和隐私权的基础上，应尽可能将相关成果以学术论文或研究报告的方式向业界推广。

二、服务管理

（一）管理制度的建设与落实

科学的知识产权信息服务管理制度建设不仅是完善知识产权信息服务体系的重要举措，而且能够有效地提高知识产权信息服务开展效果，从而不断提升知识产权信息服务能力。管理制度的制定必须有利于倡导优质服务、有利于激励馆员提供优质服务。

1. 人事制度

服务团队是知识产权信息服务体系中非常核心的要素。为建立一支符合业务要求的服务队伍，需要建立相应的人事制度，指导并规范人才队伍建设。该制度应包含以下几个方面的内容。

1.1 岗位设置与岗位遴选

知识产权信息服务岗位应包含管理岗、专职服务岗和辅助性岗位，其中专职服务岗对不同内容和形式的服务，还应有不同侧重点的设置。一般来说，从事知识产权信息专职服务岗位的人员，应具备图书馆参考咨询服务能力和知识产权专业知识。

知识产权信息服务质量的保持和提升取决于人才的选拔质量，只有让合适的人在合适的岗位上，才能有效地发挥馆员的智慧和才能，提供更好的信息服务。因此，需要建立知识产权信息服务馆员遴选制度，聘用在工作认识、工作态度、工作能力等方面符合要求的合适人员承担知识产权信息服务规划、研究与服务实践任务。

1.2 岗位培训

岗位培训包括职业素质培训和业务技能培训。知识产权信息服务是一项专业性非常强的工作，不仅要求馆员具备较高的信息服务素质，而且需要具备高水平的知识产权相关知识及行业相关知识，因此有必要通过岗位培训提高知识产权信息服务水平。

1.3　绩效考核和激励制度

绩效考核是指对馆员的知识产权信息服务实绩进行评价，包括工作质量、工作数量及用户满意度等。将绩效考核与激励机制有机结合，将工作实绩在一定程度上与工资、奖金、职称晋升等挂钩，不仅能够有效地调动馆员的积极性，而且也是提高知识产权信息服务水平的有效途径。

2. 财务制度

知识产权信息服务过程中涉及的财务情况遵照各公共图书馆相应的财务管理制度执行，如国家图书馆已经颁布实施的《国家图书馆财务管理办法》《国家图书馆合同管理办法》，这些就是国家图书馆开展知识产权信息服务需要遵守的财务制度。同时，相关服务部门还应结合具体业务实际拟定相应的可操作性更强的制度实施细则。

3. 业务性制度

3.1　保密制度

在知识产权信息服务的过程中，涉及专利权、商标权、商业秘密等知识产权和委托方的切身利益，公共图书馆作为该项服务的提供者有责任对其进行保密，除委托方或委托方明确指定的人、机构、法律法规允许的第三方外，不得向任何人泄露服务中的保密信息。为了规范服务行为，有效地保护委托方的知识产权，推动知识产权信息服务的高质量全面发展，公共图书馆有必要制定知识产权信息服务保密制度。

3.2　档案管理制度

知识产权信息服务档案管理是知识产权信息服务的重要组成部分。为确保知识产权信息服务进一步科学化、规范化、标准化，必须制定知识产权信息服务档案管理制度。档案包括文书档案和服务项目档案，应指定专人管理。

3.3　日常运营管理制度

为了推动知识产权信息服务的制度化、规范化和标准化建设，加强知识产权信息公共服务效能，公共图书馆需要制定知识产权信息服务日常运营管理制度，如《知识产权信息服务中心业务管理办法》。

（二）业务标准的拟定与遵循

知识产权信息服务是知识产权服务的一种特殊形式，知识产权服务业是现代服务业的重要内容，是智力密集型服务业的新兴业态，也是高技术服务业发展的重点领域。随着创新驱动发展战略的深入实施，全社会对知识产权服务提出了新的期待和要求。知识产权服务对科技创新、产业升级、对外贸易和文化发展的支撑作用日益凸显，对形成结构优化、附加值高、吸纳就业能力强的新兴服务业态的意义重大。目前，知识产权服务存在着服务层次不高、服务运作不规范、服务效率低等现象，服务提供的规范化、体系化还未有效形成，知识产权服务标准的缺失是其主要原因。为实现知识产权服务业有序、健康、高质量的跨越式发展，迫切需要发挥标准的基础性作用。

知识产权信息服务业务标准，是规定知识产权信息服务应满足的要求，用以指导和规范服务组织及其从业人员提供的服务行为的标准。知识产权信息服务业务标准体系是知识产权信息服务业务标准的系统集成，是知识产权信息服务业务标准按照其内在联系形成的科学的有机整体。知识产权信息服务业务标准化是通过对知识产权信息服务业务标准的制定和实施，以及对标准化原则和方法的运用，达到知识产权信息服务质量目标化、服务方法规范化、服务过程程序化，从而获得优质服务的过程。因此，知识产权信息服务业务标准是推动知识产权信息服务健康发展的重要手段，对规范知识产权信息服务行为、提高服务质量和效率、提升服务能力和水平、完善市场环境、加强自律具有重要作用。

（三）服务评价

知识产权信息服务评价是知识产权信息服务管理工作的一项重要内容，是衡量服务提供方是否达到了政策规划要求和有效满足用户需求的重要管理举措，是推动知识产权信息服务不断完善的一种手段，不仅能够印证以往的工作成绩，更重要的是可以为改进知识产权信息服务工作提供依据。

1. 政策要求

2019年9月，国家知识产权局印发的《关于新形势下加快建设知识产权信息公共服务体系的若干意见》提出："逐步建立知识产权信息公共服务体系建设的督查评估机制，明确督查评估范围和内容，实现督查评估工作制度化、规范化、标准化、常态化。围绕地区知识产权信息公共服务供给质量，鼓励引入第三方评估机构，不断提升知识产权信息公共服务效能。"《知识产权信息公共服务工作指引》提出："重视服务反馈。鼓励各省（区、市）知识产权局加强区域知识产权信息公共服务效能评估，通过常态化评估促进节点、网点服务质量和效能提升。各节点、网点应当设置专门渠道收集和接收相关意见、建议，根据服务效果反馈主动改进服务，提高公共服务质量。"《知识产权公共服务"十四五"规划》提出："强化知识产权公共服务评价。健全公共服务重大政策事前评估和事后评价制度，提高决策科学化、民主化、法治化水平。健全以效能为导向的知识产权公共服务指标体系和考核标准，组织开展实施效果评价。开展知识产权公共服务需求监测，加强需求信息的整理、归纳和分析，呼应社会公众和创新主体的知识产权公共服务需求。组织开展知识产权公共服务满意度测评。"

2. 学术研究情况

李心蕊[127]选取国内23所高校（图书馆）知识产权信息服务中心作为研究对象，基于AHP-FCE模型，对其知识产权信息服务能力的实效性进行量化研究。文章结合高校知识产权信息服务内容及实际工作中的经验，根据高校知识产权信息服务相关法律法规及专家意见，基于全面性与客观性相结合、系统性与规范性相结合、真实性与有效性相结合的原则，总结归纳了4类16项高校知识产权信息服务能力的主要影响因子，构建了服务能力实效性评价体系，同时基于层次分析法对高校图书馆知识产权信息服务能力目标层（A）、准则层（B）及措施层（C）进行了分层处理，提出高校图书馆知识产权信息服务能力的评价指标（详见图4-1）。该文建立了高校图书馆知识产权信息服务能力时效性评价体系，未涉及知识产权信息服务体系其他方面的评价研究。

---

127 李心蕊. 高校图书馆知识产权信息服务能力实效性研究——基于AHP-FCE模型的量化分析.

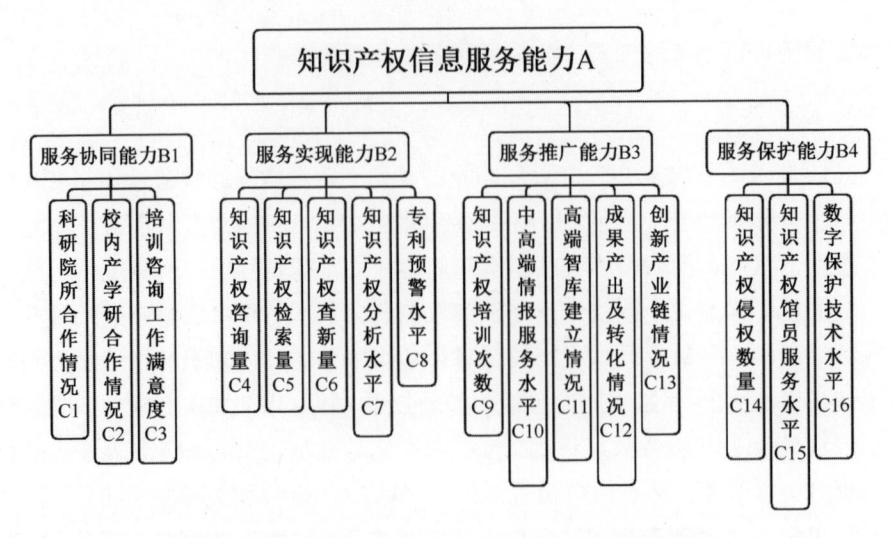

```
                    知识产权信息服务能力A
    ┌───────────────┬───────────────┬───────────────┐
 服务协同能力B1    服务实现能力B2    服务推广能力B3    服务保护能力B4
 ┌──┬──┐      ┌──┬──┬──┬──┐    ┌──┬──┬──┬──┐    ┌──┬──┬──┐
 科 校 培      知 知 知 专    知 中 高 成 创    知 知 数
 研 内 训      识 识 识 利    识 高 端 果 新    识 识 字
 院 产 咨      产 产 产 预    产 端 智 产 产    产 产 保
 所 学 询      权 权 权 警    权 情 库 出 业    权 权 护
 合 研 工      咨 检 查 水    培 报 建 及 链    侵 馆 技
 作 合 作      询 索 新 平    训 服 立 转 情    权 员 术
 情 作 满      量 量 量 C8    次 务 情 化 况    数 服 水
 况 情 意            C4 C5 C6      数 水 况 情 C13   量 务 平
 C1 况 度                           C9 平 C11 况        C14 水 C16
    C2 C3                              C10    C12          平
                                                           C15
```

图 4-1 高校图书馆知识产权信息服务能力的评价指标

王欣培在其 2021 年的学位论文《高校图书馆专利信息服务质量评价指标体系构建研究》[128]中以高校图书馆专利信息服务质量为研究对象，提出了包括专利信息服务机构（A）、专利信息人员素质（B）、专利信息资源（C）、专利信息服务效果（D）4 个一级指标和 16 个二级指标的专利信息服务质量评价指标；依据德尔菲法对专利信息服务质量评价指标体系进行分析调整和权重分析，提出高校图书馆专利信息服务质量评价指标体系（详见图 4-2）；最后进行实例分析，验证指标在实际评价专利服务质量时的合理性。该文虽然针对的是高校图书馆专利信息服务质量评价指标体系，但是对构建知识产权信息服务体系评价具有重要参考价值。

邓灵斌[129]对高校图书馆知识产权信息服务评估指标体系构建进行研究，按平衡计分卡结构，将高校图书馆知识产权信息服务评估指标体系调整为知识产权信息服务能力、知识产权信息服务内容、知识产权信息服务效果、知识产权信息服务资源建设四大功能模块（一级指标）。因其中某些指标不太好测量，运用层次分析法（AHP）对其进行分解，由上而下形成若干二级指标，提出高校图书馆知识产权信息服务评估指标体系的内容架构（详见表 4-1）。该服务评估指标体系虽然是针对高校图书馆知识产权信息服务评估，但是对公共图书馆知

---

128 王欣培. 高校图书馆专利信息服务质量评价指标体系构建研究.
129 邓灵斌. 新形势下的高校图书馆知识产权信息服务评估指标体系构建.

识产权信息服务评级具有非常重要的参考价值。

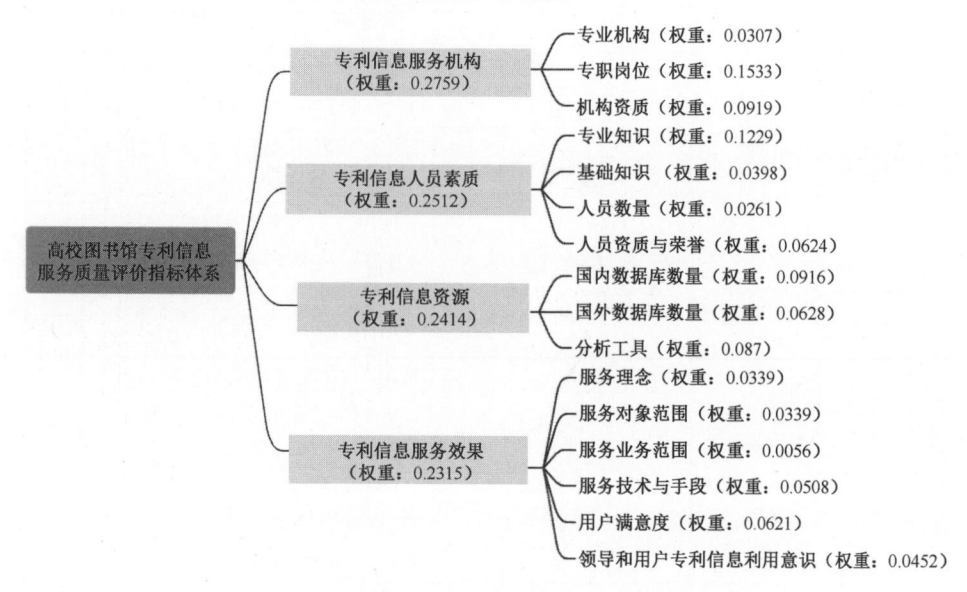

```
高校图书馆专利信息        ┌─ 专利信息服务机构 ──┬─ 专业机构（权重：0.0307）
服务质量评价指标体系       │ （权重：0.2759）    ├─ 专职岗位（权重：0.1533）
                         │                    └─ 机构资质（权重：0.0919）
                         │                    ┌─ 专业知识（权重：0.1229）
                         ├─ 专利信息人员素质 ──┼─ 基础知识（权重：0.0398）
                         │ （权重：0.2512）    ├─ 人员数量（权重：0.0261）
                         │                    └─ 人员资质与荣誉（权重：0.0624）
                         │                    ┌─ 国内数据库数量（权重：0.0916）
                         ├─ 专利信息资源 ─────┼─ 国外数据库数量（权重：0.0628）
                         │ （权重：0.2414）    └─ 分析工具（权重：0.087）
                         │                    ┌─ 服务理念（权重：0.0339）
                         │                    ├─ 服务对象范围（权重：0.0339）
                         │                    ├─ 服务业务范围（权重：0.0056）
                         └─ 专利信息服务效果 ─┼─ 服务技术与手段（权重：0.0508）
                           （权重：0.2315）    ├─ 用户满意度（权重：0.0621）
                                              └─ 领导和用户专利信息利用意识（权重：0.0452）
```

图 4-2　高校图书馆专利信息服务质量评价指标体系

表 4-1　高校图书馆知识产权信息服务评估指标体系的内容架构

	一级指标	二级指标	二级指标涉及内容及说明	权重
高校图书馆知识产权信息服务评估指标体系 A	知识产权信息服务能力 B1（权重：0.26）	服务人员综合能力 C1	包括服务人员组织协调、解决问题、创新业务、报告写作等能力	0.182
		工作人员综合素养 C2	主要包括职称、学历等个体素质和信息素养、服务素养等	0.176
		信息服务协同能力 C3	主要指高校图书馆与校内外知识产权部门与机构协调合作、提供知识产权信息服务和信息支撑能力	0.163
		领导重视和支持力度 C4	学校领导和图书馆领导对知识产权信息服务工作的支持力度	0.122
		管理规章制度保障 C5	主要包括图书馆知识产权信息服务管理制度、服务行为规范等	0.121
		硬件设施满足服务需求 C6	图书馆为知识产权信息服务提供满足需求的硬件配套设施、设备	0.102
		网络系统运行 C7	包括网络系统是否完备，运行是否顺畅、稳定	0.134

129

续表

一级指标	二级指标	二级指标涉及内容及说明	权重
高校图书馆知识产权信息服务评估指标体系A	专利检索 D1	查找专利的方法和途径，包括检索工具、方法等（基础性服务）	0.101
	专利查新 D2	根据专利查新委托单，检索与之相关文献（基础性服务）	0.102
	知识产权咨询 D3	包括知识产权基础知识咨询、专利检索咨询、实务咨询、法律咨询等（基础性服务）	0.100
	知识产权知识培训 D4	主要培训知识产权法律知识、专利检索与利用等（基础性服务）	0.103
知识产权信息服务内容 B2（权重：0.27）	知识产权信息素养教育 D5	教育、培养知识产权信息服务的综合素养和能力（基础性服务）	0.098
	专利分析 D6	包括专利竞争力分析、专利预警分析、专利发展态势分析、专利授权分析、专利价值评估等（深层次服务）	0.102
	专利导航 D7	指引用户快速搜索并选择所需要的专利信息网站（深层次服务）	0.101
	专利挖掘和战略布局 D8	挖掘项目的专利成果并合理规划布局，增强竞争力（深层次服务）	0.096
	专利代理 D9	代理人为委托人办理专利申请或其他专利事务（深层次服务）	0.102
	知识产权评估 D10	一种规避风险、实现知识产权决策的高端信息服务（深层次服务）	0.095
知识产权信息服务效果 B3（权重：0.29）	馆员服务态度的满意度 E1	用户对馆员开展知识产权信息服务态度的满意程度	0.127
	关注和了解用户需求度 E2	馆员是否关注并了解用户的知识产权信息需求，乐意提供服务	0.124
	知识产权服务的专业性 E3	提供专业化的知识产权检索、咨询、培训、管理等服务	0.126
	信息服务的便捷性 E4	对用户开展知识产权信息服务的方便性、简捷性	0.125
	信息服务的时效性 E5	对用户开展知识产权信息服务的及时性、有效性	0.123
	在线咨询和答疑的效果 E6	包括知识产权信息服务在线咨询平台的便利性，解答的准确性	0.126

续表

	一级指标	二级指标	二级指标涉及内容及说明	权重
高校图书馆知识产权信息服务评估指标体系 A	知识产权信息服务效果 B3（权重：0.29）	信息服务个性化程度 E7	是否针对不同需求的用户提供个性化、差异化的知识产权服务	0.122
		用户获取文献的满意度 E8	用户对服务馆员提供的知识产权文献内容、报告的满意程度	0.127
	知识产权信息资源建设 B4（权重：0.18）	专利数据库建设 F1	购买、自建专利数据库、确保文献数量、质量、合适的结构	0.290
		知识产权信息服务中心和服务平台建设 F2	根据自身条件，有计划、分步骤建设系统的、功能较强的知识产权信息服务中心和服务平台，提高服务水平和效率	0.260
		人力资源建设 F3	通过教育、培养等方式，提高服务馆员、知识产权专员的综合能力	0.260
		信息服务标准化建设 F4	包括知识产权信息检索服务、信息分析服务、服务管理等标准	0.190

上述研究结果显示，当前我国图书情报界学者逐渐加大了对高校图书馆知识产权信息服务的研究，对知识产权信息服务评价和评价方向进行了深入研究，这对公共图书馆知识产权信息服务具有非常重要的参考价值。但是，这些研究主要针对的是高校知识产权信息服务，没有充分考虑到公共图书馆知识产权信息服务与高校知识产权信息服务的差异。

公共图书馆在知识产权信息服务评价方面，需要充分考虑包括国家图书馆在内的公共图书馆的服务特点，例如，国家图书馆面向社会公众开展知识产权文化传播，面向其他公共图书馆开展知识产权信息服务能力建设培训与指导，这些是高校图书馆暂未开展的服务内容，在具体指标设计上需要进行优化和调整。

3. 公共图书馆知识产权信息服务评价

针对公共图书馆公益性文化服务机构的属性，公共图书馆知识产权信息服务的评价应充分考虑国家图书馆职能和特色服务等情况。

3.1 评价原则

构建公共图书馆知识产权信息服务评价指标体系应坚持以下基本原则。

(1) 服务导向原则。

评价工作既要从服务保障情况、服务实施情况和服务效果等多方面对公共图书馆知识产权信息服务进行综合评估,以查缺补漏为主要职责,又要综合考虑服务机构知识产权信息服务的现实目标与长远目标、局部目标与整体目标统一,充分发挥衡量、导向的作用。

(2) 严谨客观原则。

构建的评价指标体系的各项评估指标应客观公正、来源可靠、处理方法科学,能准确、清晰地界定评估范围,尽可能客观、准确地反映公共图书馆知识产权信息服务的实际情况。

(3) 可操作性原则。

构建公共图书馆知识产权信息服务评估指标体系时,能定性概括的指标应用规范化的语言加以界定,同时要求各评估指标有可测性,要求量化的指标应尽可能考虑其可测性和可获得性。

(4) 动态完善原则。

业务是不断发展变化的,因此,业务的评价指标体系也应该随之动态变化并不断加以完善。设计时需要考虑到现实和将来的因素,在公共图书馆服务业态变化、职能转型、用户对知识产权信息服务的需求、衡量标准的价值取向等动态发展中不断完善。[129]

3.2 评价体系

评价体系是由一系列相互联系、相互制约、相互作用的评价要素构成的科学的、完整的总体,基本构成要素包括评价目标、评价原则、评价主体、评价内容、评价方法。[130]南京大学叶继元教授提出的"全评价"体系包含评价目的、评价客体、评价主体、评价标准与指标、评价方法和评价制度6项评价要素,该评价体系结合了公共图书馆知识产权信息服务特点,构建了公共图书馆知识产权信息服务评价体系。[131]

(1) 评价目的。

在6项评价要素中,评价目的是龙头,制约着其他几项要素。任何一种评价活动的开展,首先要搞清楚评价目的是什么,评价目的不明确,评价主体的

---

130 李海英. 图书馆服务管理.
131 叶继元. "全评价"体系分析框架及其应用与意义.

选择可能不正确，评价客体和评价标准与指标的制定可能不准确。公共图书馆知识产权信息服务评价不仅是为了印证以往的工作实绩，更重要的是改进服务质量，保证和推进知识产权信息服务全面发展。因此，评价目的应包括知识产权信息服务体系完善程度；知识产权信息服务保障基础与服务实施情况；当然，最重要的是要评价知识产权信息服务的质量和效果。

（2）评价主体。

评价主体，即由谁来评价。不同的评价主体的评价侧重点不同。如果评价侧重服务效果，评价主体应以用户为主；如果评价侧重信息服务机构运营情况，评价主体主要由图书馆自身承担；如果评价侧重社会效益，评价主体则可以引入第三方机构。不同的评价目的和评价内容可以引入不同的评价主体，也可以多个评价主体共同参与评价。具体到公共图书馆知识产权信息服务评价，针对不同的评价目的和内容，评价主体包括以下几种：针对服务体系建设情况的评价，评价主体为公共图书馆自身；针对服务效果与影响力的评价，评价主体为国家知识产权局、文化和旅游部等主管部门和用户；针对服务能力的评价，服务主体可以是公共图书馆自身，也包括其他相关主体，如第三方评价机构。

（3）评价客体。

评价客体即评价的内容。在知识产权信息服务评价过程中，评价的内容涵盖多个要素，针对公共图书馆知识产权信息服务体系涉及的相关要素，评价客体主要包括服务保障情况、服务实施情况和服务成效三大方面，每个方面又涉及多个不同的二级主题。

（4）评价标准与指标。

评价标准与指标是评价活动的关键组成部分，它依赖于评价目的。评价标准与指标实际上是评价目的的细化。根据知识产权信息服务评价目的，评价标准与指标的设立应当充分体现出关键影响因素的内容，从形式、内容、效用三大维度层层深入进行综合评价，要重视形式维度与内容维度的评价，更要注重效用维度的评价。基于以上分析结果，综合公共图书馆知识产权信息服务的实际情况，适当考虑公共图书馆知识产权信息服务需求，课题组多次深入讨论，并征求部分业界专家的意见，最终提出了公共图书馆知识产权信息服务评价指标体系。

（5）评价方法。

评价活动涉及形式、内容、效用三大维度，不仅需要以客观数据为支撑的定量评价指标，也需要以主观感知为支撑的定性评价指标，为了获得科学可靠的评价结果，需要定量和定性相结合的评价方法。

（6）评价制度。

评价制度是保障评价能够顺利进行且能够得到合理结果的一个重要部分。评价制度是指在评价时所做的一些程序安排、制度安排，如公示制度、申诉制度等。在评价活动计划阶段，需要制订具有可操作性的评价执行方案，对评价小组的人员构成做出相关规定；在评价活动的实施阶段，需要规定评价的真实性、合理性、公正性。

基于以上研究分析,在充分借鉴高校知识产权信息服务评价指标的基础上,针对公共图书馆的服务特点和业务方向,组建专家小组讨论确定三级评价指标,并结合各指标在评价时的重要性,通过小组讨论确定相应的分值（总分100分）,得到公共图书馆知识产权信息服务评价指标体系，如表4-2所示。

表4-2 公共图书馆知识产权信息服务评价指标体系

一级指标	分值	二级指标	分值	三级指标	分值
服务保障	40	文献信息与工具资源	10	知识产权基础资源配置	2
				知识产权商业化资源	2
				专业性分析可视化工具	2
				信息服务平台建设	2
				资源统筹应用能力	1
				机构内外资源协同	1
		服务机构	5	专职机构设置	2
				专职岗位设置	2
				机构服务资质获得	1
		服务人员	15	专职人员	4
				机构内兼职人员	1
				机构外协作人员	1
				相关学科背景	1
				知识产权专业知识	1
				专业性业务资质	2
				技术职称	1
				培训制度	2
				培训落实情况	2

续表

一级指标	分值	二级指标	分值	三级指标	分值
服务保障	40	服务界面	10	网络端界面	1
				移动端界面	1
				阅览	1
				培训展览	2
				参考咨询	4
				同业联盟界面	1
服务实施	40	服务政策	5	服务规划明确	2
				服务定位清晰	2
				其他	1
		用户需求识别	5	用户需求全面、精准识别	3
				服务针对性	2
		服务内容	20	讲座、培训	2
				专题展览	1
				阅读推广	1
				知识产权信息导航	2
				知识产权文献提供	2
				知识产权信息查询	2
				知识产权查证性服务	3
				知识产权专题性服务	3
				知识产权信息服务平台	2
				知识产权专业技术能力教育	1
				其他	1
		服务管理	8	人事财务制度	1
				业务性制度	1
				标准规范的制定	2
		服务管理	8	标准规范的落实	1
				科研课题	1
				学术成果	1
				业务交流	1
		服务协同情况	2	参与业务协作网络	1
				具体业务合作实践	1
服务成效	20	服务对象覆盖度	5	政府立法决策部门	1
				机构自身	1
				科研院所与高校	1
				图书馆界	1
				社会公众	1

续表

一级指标	分值	二级指标	分值	三级指标	分值
服务成效	20	服务管理	5	公益性服务	2
				专业性服务	2
				拓展性服务	1
		用户服务体验	5	服务便捷性	1
				服务时效性	1
				服务专业性	2
				服务移情性	1
		服务影响力	5	宣传推广（可感知性）	2
				媒体报道情况	2
				业界活动参与情况	1

（四）服务宣传与推广

知识产权信息服务的宣传和推广是知识产权信息服务体系建设非常重要的一部分，它不仅能够促进公共图书馆服务水平与服务质量的提高，而且能够拓展服务对象，扩大服务影响力，更好地实现相关服务的社会价值。

1. 服务宣传与推广界面

线上、线下两个界面同步推进知识产权信息服务的宣传与推广活动。线上对知识产权信息服务进行宣传与推广，包括通过公共图书馆官方网站发布服务介绍及服务链接；通过运营的微信公众号、微博、抖音和快手等新媒体来推广知识产权信息服务等。

线下可以组织知识产权相关讲座或展览，借助知识产权公共服务网点组织研讨会或交流会，利用世界知识产权日或世界读书日组织知识产权信息服务相关活动等。

2. 服务宣传与推广平台

2.1 知识产权信息公共服务网点

为贯彻落实习近平总书记"要形成便民利民的知识产权公共服务体系，让创新成果更好惠及人民"的重要指示精神，多家公共图书馆先后入选 TISC 和国家知识产权信息公共服务网点，参与国家知识产权信息公共服务体系建设。公共图书馆可以充分借助这个平台，通过参与相关活动来宣传本馆的知识产权信息服务。

2.2 公共图书馆公共服务平台

以国家图书馆为例，国家图书馆开设有每日课堂、文津讲坛、国图公开课等公益活动来实现其文化传播和社会教育职能，各馆都有各自特有的公共文化传播与教育平台。公共图书馆可以利用这些途径开展知识产权知识主题讲座，面向各类读者宣传和推广知识产权相关知识和服务。

2.3 全国图书馆参考咨询协作网

全国图书馆参考咨询协作网是面向全国图书馆的参考咨询馆员的服务联盟，倡导业界参考咨询服务的协作和联合。公共图书馆可以利用全国图书馆参考咨询协作网平台对知识产权信息及服务进行宣传和推广，也能示范引领更多的公共图书馆参与知识产权信息服务工作，惠及更多有需求的用户。

三、业务规范

知识产权信息服务标准规范，是规定知识产权信息服务应满足的要求，用以指导和规范服务组织及其从业人员提供服务行为的标准。知识产权信息服务标准化是通过对知识产权信息服务规范的制定和实施，以及对标准化原则和方法的运用，达到知识产权信息服务质量目标化、服务方法规范化、服务过程程序化，从而获得优质服务的过程。因此，知识产权信息服务规范是推动知识产权信息服务业健康发展的重要手段，对规范知识产权信息服务行为、提高服务质量和效率、提升服务能力和水平、完善市场环境、加强自律具有重要作用。

社会分工的专业化和细分化是当今社会发展的趋势，对于公共图书馆知识产权信息服务工作而言，其业务建设和工作运转无法独立封闭完成，需要在各个业务流程上与社会其他机构相关业务进行衔接，进而系统融入国家知识产权信息服务体系，在其中确立自身定位并发挥作用。在这个过程中，技术标准与服务规范的研制和遵循，其意义是不言而喻的。同时，知识产权信息服务业务规范体系建设，需要公共图书馆及相关业界共同参与研究，针对公共图书馆知识产权信息服务在服务对象、服务内容等方面特殊情况，制定出符合其业务特点的统一的工作与服务规范体系，并由图书馆知识产权信息服务机构参照或共同遵循。

（一）服务标准规范是开展知识产权信息服务的重要基础

随着国家对知识产权信息服务高度重视，我国知识产权信息服务业发展迅猛，截至 2021 年年底，我国提供知识产权信息检索、数据服务及软件服务等知识产权信息服务的机构超过 1.5 万家。[132]近年来我国知识产权信息资源建设、信息服务人才数量与能力都得到了显著的提升，但是我国知识产权信息服务标准化工作起步晚、标准数量少等问题依旧存在，国家对知识产权信息服务标准化工作高度重视，出台了一系列相关文件。

1. 推动国家高技术服务业发展的政策

《服务业发展"十二五"规划》将知识产权服务作为 8 个重点发展领域之一，将服务业标准体系纳入服务业发展的 4 个重要支撑体系主要任务中，提出要"加快制（修）订 批服务业重点行业和领域服务标准，鼓励在标准制（修）订过程中借鉴采用国际标准"。[133]国家知识产权局等九部门在《关于加快培育和发展知识产权服务业的指导意见》中提出"建立知识产权服务标准规范体系，提高服务质量和效率"。[134]针对该指导意见，国家标准委等九部门在《高技术服务业标准制修订工作指导意见》中提出"构建知识产权服务标准体系：重点开展包括知识产权代理服务、知识产权法律服务、知识产权信息服务、知识产权商用化服务、知识产权咨询服务、知识产权培训服务等标准的制修订"。[135]这些政策对强化知识产权服务业，推进知识产权服务标准提出具体要求并进行整体规划。

---

132 国家知识产权局.2022 年全国知识产权服务业统计调查报告.
133 国务院关于印发服务业发展"十二五"规划.
134 关于加快培育和发展知识产权服务业的指导意见.
135 高技术服务业标准制修订工作指导意见.

2. 从落实知识产权强国战略角度出台的政策

国家知识产权局等八部门印发的《关于深入实施国家知识产权战略 加强和改进知识产权管理的若干意见》提出"完善知识产权服务业统计监测体系，推动知识产权服务业标准化体系建设，明确服务内容和流程，提高服务规范化水平"。[136]《国务院办公厅关于转发知识产权局等单位深入实施国家知识产权战略行动计划（2014—2020年）的通知》提出"大力发展知识产权服务业，扩大服务规模、完善服务标准、提高服务质量，推动服务业向高端发展。培育知识产权服务市场，形成一批知识产权服务业集聚区。建立健全知识产权服务标准规范，加强对服务机构和从业人员的监管"。[137]

在此基础上，国家主管部门为推动我国知识产权强国战略实施，从服务标准体系设计和服务标准制（修）订层面进行顶层设计和规划。2014年，国家知识产权局等四部门联合印发的《关于知识产权服务标准体系建设的指导意见》提出了知识产权服务标准体系框架（见图4-3）。同时，根据市场对知识产权服务标准需求的轻重缓急，国家知识产权局、国家标准委将会同有关部门加快推进一批知识产权服务标准的出台，如专利代理服务质量规范、专利信息检索服务规范、专利信息分析服务规范、专利分析评议服务规范等。[138]

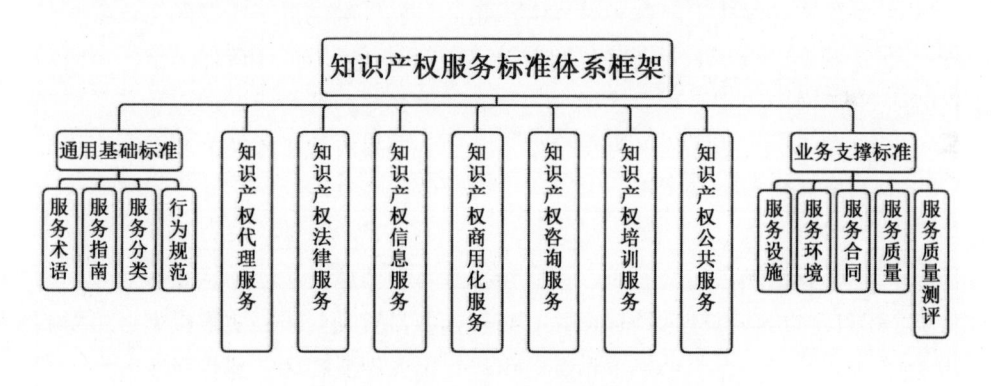

图4-3 知识产权服务标准体系框架

---

[136] 关于深入实施国家知识产权战略 加强和改进知识产权管理的若干意见.

[137] 深入实施国家知识产权战略行动计划（2014—2020年）.

[138] 关于知识产权服务标准体系建设的指导意见.

（二）我国知识产权信息服务标准与规范出台情况

经过多年的发展，特别是在《高技术服务业标准制修订工作指导意见》《关于知识产权服务标准体系建设的指导意见》的指导下，我国在包括知识产权信息服务在内的知识产权服务标准制定领域开展了诸多工作，一系列针对知识产权信息服务的标准规范出台，对相关服务的开展起到了很好的指导和规范作用。目前已经有部分知识产权信息服务相关的国家标准、行业标准、地方标准和行业协会团体标准信息发布并实施（详见表4-3），对知识产权信息服务中的专利导航、咨询服务、知识产权分析评议服务、知识产权价值评估、信息检索、知识产权信息资源建设、机构知识产权管理、知识产权信息服务领域具体服务项目、知识产权信息服务能力建设等提出了具体的标准与规范要求。

表 4-3 我国现行知识产权信息服务标准规范

标准名称（区域或团体）	标准号	服务类型
知识产权文献与信息 分类及代码	GB/T 21373—2008	资源建设
知识产权文献与信息 基本词汇	GB/T 21374—2008	资源建设
区域品牌价值评价 地理标志产品	GB/T 36678—2018	价值评估
专利导航指南 第1部分：总则	GB/T 39551.1—2020	专利导航
专利导航指南 第2部分：区域规划	GB/T 39551.2—2020	专利导航
专利导航指南 第3部分：产业规划	GB/T 39551.3—2020	专利导航
专利导航指南 第4部分：企业经营	GB/T 39551.4—2020	专利导航
专利导航指南 第5部分：研发活动	GB/T 39551.5—2020	专利导航
专利导航指南 第6部分：人才管理	GB/T 39551.6—2020	专利导航
专利导航指南 第7部分：服务要求	GB/T 39551.7—2020	专利导航
知识产权分析评议服务 服务规范	GB/T 37286—2019	分析评议
电力专利价值评估规范	DL/T 2138—2020	价值评估
知识产权咨询服务规范（黑龙江）	DB23/T 2927—2021	咨询服务
知识产权评议技术导则（上海）	DB31/T 1169—2019	分析评议
专利信息检索服务规范（吉林）	DB22/T 2504—2016	信息检索
专利价值评价规范（山东）	DB37/T 4455—2021	价值评估
电子商务领域知识产权侵权咨询服务规范（浙江）	DB33/T 2364—2021	咨询服务
专利质量评价技术规范（安徽）	DB34/T 2877—2017	分析评议
专利价值评估技术规范（安徽）	DB34/T 3582—2020	价值评估
高价值专利培育工作规范（江苏）	DB32/T 4308—2022	高价值专利培育

续表

标准名称（区域或团体）	标准号	服务类型
知识产权服务机构 对接评估业务服务规范（山西）	DB 14/T 2486—2022	价值评估
专利侵权技术鉴定服务规范（江苏镇江）	DB3211/T 1016—2020	咨询服务
知识产权信息公共服务技术指南（河北）	DB 13/T 5734—2023	公共服务
知识产权咨询服务规范（河北省质量信息协会）	T/HEBQIA 092—2022	咨询服务
知识产权价值预估技术规范（南安市知识产权协会）	T/CIPR 002—2022	价值评估
知识产权价值评估规范（成都市知识产权协会）	T/CDIP 001—2021	价值评估
知识产权评估规范（山东省标准化协会）	T/SDAS 277—2021	价值评估

虽然国家各级标准主管部门在知识产权信息服务标准方面开展了大量工作，但目前推出的标准数量还比较少，知识产权服务标准规范体系还没有系统建立起来，已发布标准的贯彻执行等工作还有待加强。这一定程度上制约了我国知识产权信息服务的高质量发展，各知识产权信息服务机构应从各自情况出发，制定相应的规章制度与业务管理办法，用以指导本机构知识产权信息服务的开展。根据《高校知识产权信息服务中心建设实施办法》，申报建设高校国家知识产权信息服务中心的基本条件包括"组织管理机制完善，有健全的内部管理规章制度，已建立知识产权管理制度和服务工作体系"[139]，因此，国家高校知识产权信息服务中心的高校服务机构都制定了本机构知识产权规章制度，如福州大学制定了《福州大学知识产权信息服务中心工作流程》《福州大学知识产权信息服务中心人员培训制度》，对该机构知识产权信息服务流程和服务人员培训进行了规范。[140]

在公共图书馆业务体系中，知识产权信息服务属于图书馆参考咨询服务的一种具体形式，而且，相关服务一般也都由参考咨询部门来具体落实，因此，图书馆参考咨询相关的技术标准和业务规范也是开展知识产权信息服务工作的重要遵循。目前已有适用不同范围的公共图书馆参考咨询业务标准规范（详见表4-4）。虽然这些标准并不属于直接针对知识产权信息服务内容的范畴，但对知识产权信息服务开展也同样具有指导性和约束性，也属于应参照和遵循的业务规范。

---

139 国家知识产权局办公室、教育部办公厅关于印发《高校知识产权信息服务中心建设实施办法（修订）》的通知.

140 福州大学国家高校知识产权信息服务中心.

表 4-4　参考咨询业务标准规范

标准名称	标准号	服务类型
科技查新技术规范	GB/T 32003—2015	咨询服务
公共图书馆服务规范	GB/T 28220—2011	服务
图书馆参考咨询服务规范	WH/T 71—2015	咨询服务
公共图书馆业务规范　第1部分：省级公共图书馆	WH/T 87.1—2019	服务
公共图书馆业务规范　第2部分：市级公共图书馆	WH/T 87.2—2019	服务
公共图书馆业务规范　第3部分：县级公共图书馆	WH/T 87.3—2019	服务

四、公共图书馆知识产权信息服务体系结构

基于以上对公共图书馆知识产权信息服务体系各方面的论述，本书提出公共图书馆知识产权信息服务体系结构，如图4-4所示。该体系包括以下5个模块。

（1）用户需求。公共图书馆用户需求的确定，是知识产权信息服务的价值所在。

（2）服务保障。公共图书馆开展知识产权信息服务需要具备的保障条件，包括服务主体、政策支撑、信息资源、工具资源和学术科研等条件的保障建设，这是开展知识产权信息服务的重要基础。

（3）服务内容。各公共图书馆结合自身核心用户需求与服务保障情况，分阶段、分层次推出的各类知识产权信息服务内容，包括公共服务内容、专业服务内容和延伸服务内容，这是公共图书馆知识产权信息服务的主要部分。

（4）服务界面。为了使公共图书馆知识产权信息服务更便捷地传达到需要的用户中，需要构建适合公共图书馆用户特点和服务特色的服务界面，包括线下服务界面、线上服务界面和综合性服务界面。

（5）服务管理。为确保公共图书馆知识产权信息服务能够健康、有效和可持续发展，需要在管理制度、业务标准与规范、服务评估和服务宣传与营销方面进行系统规划与建设。

第四章 公共图书馆知识产权信息服务保障与管理

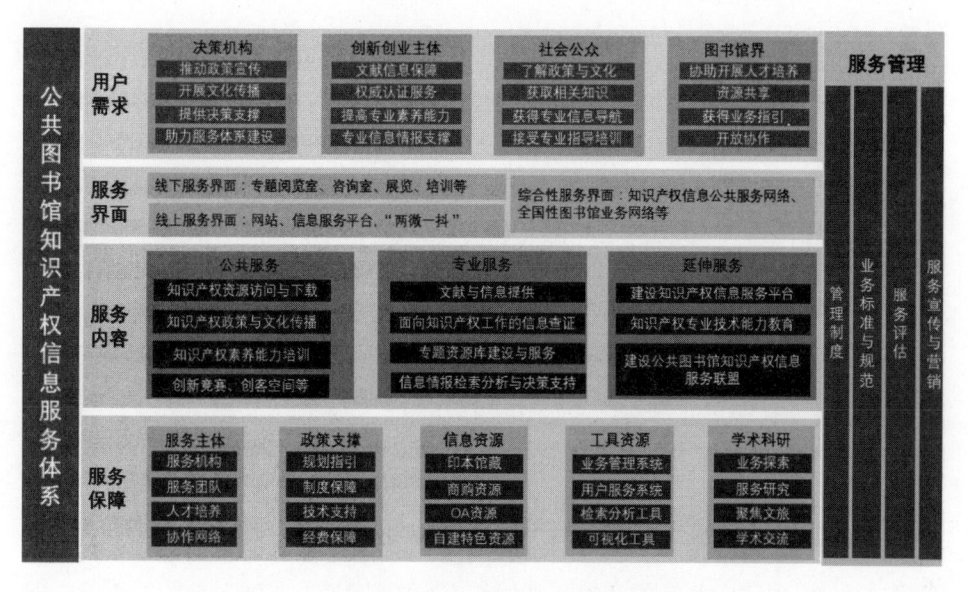

图 4-4 公共图书馆知识产权信息服务体系结构

第五章

国家图书馆知识产权信息服务

一、国家图书馆知识产权信息服务现状

国家图书馆近年来在知识产权信息服务领域积累了一定的经验，结合自身特点推出的一系列知识产权信息服务，为政府决策管理、各类型创新创业主体的技术研发、市场拓展和知识产权管理提供了切实的支撑，引领并带动了一批具备条件的公共图书馆探索开展知识产权信息服务并取得一定的效果。与此同时，由于缺乏统一的顶层规划设计，国家图书馆也存在服务团队专业性不强、服务资源配置缺乏系统性、服务内容较为分散、不同服务内容发展不均衡、读者需求未能全面掌握与满足、服务的规范性和整体性有待加强、对用户和业界的影响力较弱等问题。为顺应国家知识产权战略整体要求，国家图书馆有必要全面系统梳理知识产权相关政策文件，汇总读者在知识产权信息服务领域的需求，优化自身服务形式与内容，不断强化自身服务意识与服务能力建设，推动成立国家图书馆知识产权信息服务专职机构与专职团队，提高服务能力与服务影响力。同时，根据《中华人民共和国公共图书馆法》的规定，国家图书馆承担为其他图书馆提供业务指导和技术支持的职能。国家图书馆要指导国内具备条件的公共图书馆开展知识产权信息服务，构建公共图书馆知识产权信息服务联盟，为国家知识产权强国战略贡献公共图书馆界的力量。

（一）服务发展历程

随着知识产权强国战略不断推进，以及图书馆服务创新与业务转型的内在需求，知识产权信息服务在图书馆与情报学领域逐步普及，并在近几年成为一个热点概念。从实质内容来看，在国家图书馆的服务体系中，知识产权信息服务并非近几年才出现的新鲜事物，它早已在用户需求的驱动下，在对外信息服务的发展历程中产生、发展，并逐步独立成为一项专业服务，进而满足广大用户在知识产权领域的专业化、个性化的服务需求。

知识产权在狭义上是一个特定的法律概念，拥有专属的文献资源，同时，广义上的知识产权还涉及技术、经济、文化等多个领域。在开展相关服务的过程中，随着信息需求的变化，知识产权的外延可扩展到诸多学科门类。在以社会客观需求为契机，以文献为纽带，通过各种方式为读者搜集、存储、检索、揭示和传递信息的参考咨询的业务过程中[141]，涉及知识产权的信息服务早已诞生。因此，想要了解国家图书馆知识产权信息服务的历史，就要从国家图书馆参考咨询服务的历史说起。

1. 国家图书馆的参考咨询服务历程

1.1 国家图书馆概述

国家图书馆的前身是成立于清宣统元年（1909 年）的京师图书馆。辛亥革命后，该馆由北京政府教育部接管，并于 1912 年 8 月 27 日开馆接待读者。1916 年，京师图书馆按规定正式接受国内出版物呈缴本，标志着它开始履行国家图书馆的部分职能。1925 年 6 月，中华教育文化基金董事会（以下简称中基会）与北洋政府教育部达成协议，在原京师图书馆的基础上共同创办国立京师图书馆，该馆于 1926 年 3 月成立，1927 年 1 月正式开放，1928 年 7 月，国立京师图书馆更名为国立北平图书馆，隶属大学院。1929 年 8 月，国立北平图书馆与中基会属下的北海图书馆合并。合并后，馆名仍为国立北平图书馆，直接接受南京政府教育部和中基会合组的国立北平图书馆委员会领导，中海居仁堂为一馆，北海庆霄楼为二馆。1931 年，文津街馆舍建成，国立北平图书馆成为当时国内设施最先进的图书馆。中华人民共和国成立后，国家图书馆归属文化部领导。1949 年 9 月 27 日更名为国立北京图书馆，1951 年 6 月更名为北京图书馆。在中共十一届三中全会以后，在党和政府的关怀与支持下，北京图书馆的各项工作步入了快速发展的轨道。1987 年，白石桥总馆南区建成开馆，馆舍面积增加至 17 万平方米，大大提升了国家图书馆的综合服务能力。1998 年 12 月 12 日，

---

141 戚志芬. 参考工作与参考工具书.

经国务院批准，北京图书馆更名为国家图书馆，对外称中国国家图书馆。2008年，8万平方米的国家图书馆总馆北区建成暨数字图书馆建成开通，国家图书馆的发展进入了一个新的阶段。

1.2 参考咨询服务

参考咨询服务是国家图书馆完成对外信息服务的主要形式，其针对用户需求，以各类型权威信息资源为依托，帮助和指导用户检索所需信息或提供相关数据、文献资料、文献线索、专题内容等。[142]

根据李凡同志的考证，我国图书馆参考咨询工作发端于20世纪10年代。已知最早见诸文献记载的为1918年的《京师图书馆分馆民国七年度年终工作报告》。[143]1928年9月，北京图书馆成立负责参考咨询的专门机构。1929年出版的《国立北平图书馆概况》中记载：第二馆（北京图书馆）"十七年九月增设参考科"。[144]1929年出版的《北平北海图书馆第三年度报告》记载："年来因咨询事件之增加，势非设专科不可。本年度因派馆员二人专司其事"。[145]

国家图书馆参考咨询资深馆员李凡同志基于翔实的档案资料和亲身经历，对国家图书馆参考工作史进行了深入研究，将2008年之前国家图书馆参考工作史划分为"酝酿诞生：1909—1928年""初步发展：1929—1937年6月""艰难维持：1937年7月—1949年1月""走向新生：1949年2月—1956年""曲折前行：1957—1972年""恢复发展：1973—1986年""加速发展：1987—1997年"和"开拓转型：1998—2008年"。其中"初步发展"阶段主要讲述了1929年8月在国立北平图书馆和北海图书馆合并之后，国立北平图书馆在咨询服务、文献资源建设、索引目录编纂、参考咨询理论研究等方面发展迅速，参考咨询服务得到极大拓展，设立的工程参考阅览室为国家工程技术的发展提供了文献支撑，开办了边疆问题咨询。"恢复发展"阶段介绍了北京图书馆参考咨询工作受到国家重视，得以快速发展。这一阶段的参考咨询服务重点面向党、政、军、科研和生产建设单位，并进行了组织改革，拓宽了参考咨询服务的范围和层次，

---

142 图书馆参考咨询服务规范.

143 李凡. 我国图书馆参考工作起源及相关问题考辨.

144 国立北平图书馆. 国立北平图书馆概况.

145 北平北海图书馆. 北平北海图书馆第三年度报告.

更加面向读者和社会,参考咨询工作的内部分工更加明确,开始建设文献数据库和文献检索系统,充分发挥了参考咨询工作的社会价值。"开拓转型"阶段,国家图书馆参考咨询工作在制度建设、理论研究、业务拓展、资源建设、社会服务等方面实现了全面升级,积极拓展为中央决策部门服务的重要机构,建设科技查新中心,提供科技查新服务,建立企业信息服务中心,为企业用户提供剪报和竞争情报服务。[146]

1.3 1949年以后国家图书馆参考咨询服务机构变迁

1951年,北京图书馆设立参考辅导部,下设科学方法研究股、参考咨询股、群众工作股和编译股。

1952年,北京图书馆将阅览部和参考辅导部合并,成立阅览参考部,下设阅览组、少年儿童阅览组、推广组、参考研究组、群众工作组、庋藏组。

1956年9月,中国共产党第八次全国代表大会召开,明确指出当时我国国内经济文化方面的主要矛盾是人民对于经济文化迅速发展的需要同当前经济文化不能满足人民需要的状况之间的矛盾,要求集中力量发展社会生产力。为适应这种转变,北京图书馆在 1957 年,阅览参考部下设参考研究组升格为参考部,下辖社会科学与科学技术两个参考组,并调入各类专业的大学毕业生和其他专业人员,致使北京图书馆两个参考组在20世纪60年代初拥有哲学、中学、文学、经济、法律、物理、化学、数学、生物等十多个专业的工作人员三十多人,与此同时还相继从馆内外调入了一些学有专长的专家作为研究员、副研究员,以充实力量,为政府工作、生产、一般学习和研究等,做了大量的参考咨询工作,博得社会的一致好评。[147]

1958年9月,北京图书馆成立参考书目部,下设参考组和书目组[148]。1958年12月,成立科学文摘索引参考室[149],室中开架陈列各国近年出版的各科文摘索引、期刊,供读者自由翻阅使用。科技参考组除解答咨询、编制目录和索引外,还负责管理"科学文摘索引参考室"。

---

146 李凡. 国家图书馆参考工作史研究.
147 焦树安. 参考工作的回忆与断想——纪念建国三十五周年.
148 北京图书馆馆史资料汇编编辑委员会. 北京图书馆馆史资料汇编二.
149 李致忠. 中国国家图书馆百年纪事:1909—2009.

1961年，北京图书馆调整参考咨询机构，先后成立了科学技术服务组和科技参考组，有规划、有重点地为科学技术研究服务；开展国际互借，加强编制书目索引和咨询解答，加强对自然科学工程技术方面的咨询解答。1961年2月20日，北京图书馆成立科技服务组，配备专职人员2名，兼职人员8名，1961年10月增加专职人员1名，科技服务组对外的主要任务是与一些科技研究单位（主要是国防等保密性单位）进行联络，了解他们的科研项目和书刊资料需求情况，对内协助领导组织馆内力量，根据科研单位的需求提供馆藏的书刊资料或编制有关的书目索引。[150]

为加强和便利为科研、生产服务，1962年，北京图书馆调整业务组织结构，将原属于阅览部的参考咨询组和科学文献索引组抽出成立了参考书目部[151]。1965年2月，根据业务发展需要，参考部设社科参考组和科技参考组。1966年，科技参考组也发展到10名工作人员。

1973年5月13日，国家文物事业管理局发布《关于北京图书馆主要服务对象的请示报告》，明确北京图书馆的主要服务任务是"应以中央党、政、军领导机关、科研部门、重点生产建设单位为主要服务对象。同时适当地开展一般读者的阅览工作。"[152]首次明确主要服务对象后，北京图书馆恢复了参考咨询部，充实了一些有业务专长的人员，加强参考咨询工作，主动地向有关部门、单位及时提供书刊、目录和情报。[153]

1999年，国家图书馆在原参考研究部的基础上，正式成立了立法决策服务部。以此为标志，国家图书馆为中央国家机关立法决策服务进入一个新的发展时期。2005年，国家图书馆科技查新中心挂牌成立，2008年，国家图书馆从参考咨询部划拨部分业务骨干，成立独立建制的立法决策服务部，同时将原分属其他业务部门的文献提供中心、企业信息服务中心等并入参考咨询部，形成参考咨询部与立法决策服务部两个部门分层协同服务的国家图书馆参考咨询服务体系。

---

150 科技服务组成立以来的工作汇报和今后的工作的建议.

151 国家图书馆档案.

152 李致忠. 中国国家图书馆馆史：1909—2009.

153 国家图书馆研究院. 我国图书馆事业发展政策文件选编（1949—2012）.

2. 国家图书馆知识产权信息服务发展历程

从具体业务上看，知识产权信息服务作为科技咨询的一部分，以专利信息服务为起点，逐步扩展到商标、地理标志等领域，并在知识产权强国战略的驱动下，日益受到重视，最终成为相对独立的业务板块，成立了专职的服务部门。

1956年，国家图书馆响应党中央向科学进军的号召，着力开展科技领域的信息服务。

1990年，国家图书馆逐步开展专利检索与全文提供业务，并致力于专利资源免费共享和推广。

1992年，国家图书馆在国内公共图书馆界首次开展科技查新服务。2005年，国家图书馆科技查新中心成立，并以科技查新为基础，自2012年起，逐步开展专利查新、专利信息分析等深度咨询服务。

2005年，国家图书馆推出针对商标影响力评价和诉讼证据的商标信息检索服务。同年，成立国家图书馆企业信息服务中心，依托馆藏丰富的文献信息资源，面向国内大中小型企业开展舆情监测分析、行业和市场分析、文献提供、信息咨询和竞争情报、数据库制作等多种形式的信息服务。服务形式趋于多样化，服务深度不断增强，有舆情监测、战略情报分析、信息专报、决策参考等多层次、立体式的服务。

1998年，国家图书馆牵头组建了"全国图书馆信息咨询协作网"，这是我国图书馆界参考咨询网络化协作的开端。2013年，其更名为"全国图书馆参考咨询协作网"，成为面向全国图书馆从事参考咨询业务和管理的图书馆馆员的交流平台。全国图书馆参考咨询协作网为全国图书馆参考咨询馆员提供了一个能够有效进行传递业界信息、分享服务经验、加强人员培训和协调开展服务的业务交流平台。借助全国图书馆参考咨询协作网，国家图书馆在服务政策制定与协调、文献资源及人力资源的协调与相互支撑、服务策略、模式探讨与服务协作、应用系统推广等层面与全国图书馆进行业务协作。知识产权信息服务是近几年在图书情报领域快速发展的专项服务，全国图书馆参考咨询协作网围绕该业务在2018—2019年组织了多次专题培训。

2019年以来，国家图书馆为落实习近平总书记给国家图书馆老专家回信精神，响应知识产权强国建设的政策，设立"知识产权信息服务"专项，并明确了"制定《国家图书馆知识产权信息服务中心建设实施办法》及业务规范等"

"完成国家图书馆知识产权信息服务体系框架建设论证""举办知识产权专题培训讲座活动，开展主题为'创造力——面向青少年和未来'的未成年人知识产权信息素养系列研学活动""开展世界知识产权组织（WIPO）推出的技术与创新支持中心（TISC）申报工作""推动公共图书馆知识产权信息服务中心的筹备和建设"和"建设国家图书馆知识产权信息服务平台，完成首批平台内容资源的建设和发布工作"6项具体工作任务，扎实推进国家图书馆知识产权信息服务工作。

2021年推出的《国家图书馆"十四五"发展规划》，将"提升专业知识服务水平，服务国家创新体系和科技强国建设"作为重要发展方向，着力创新开展知识产权信息服务。这为国家图书馆在"十四五"期间逐步推进知识产权信息服务提供了重要指引和工作要求。

2021年，国家图书馆作为文化和旅游部唯一推荐单位，备案成为首批国家知识产权信息公共服务网点。为更好地推进知识产权信息服务，同年12月，参考咨询部增设知识产权信息服务组。

2022年，国家图书馆知识产权信息服务中心成立，承担面向党政机关、重点科研教育生产单位、图书馆界及社会公众的知识产权信息服务工作。同年4月，国家图书馆与国家知识产权局公共服务司、文化和旅游部政策法规司联合召开了公共图书馆知识产权信息服务工作座谈交流会，就加强各方合作，共同推动公共图书馆参与我国知识产权信息公共服务体系建设达成共识。

2024年，国家图书馆入选第二批第一期技术与创新支持中心（TISC）筹建机构。

通过多年的发展，为适应知识产权信息服务工作需求，国家图书馆结合业务情况，制定了一系列工作规章制度，包括《国家图书馆知识产权信息服务业务管理办法（征求意见稿）》《国家图书馆馆藏文献复制证明业务规范》《国家图书馆商标或品牌信息查证业务规范》等。通过知识产权信息服务领域业务实践，国家图书馆已经积累了丰富的服务经验和专业化的服务团队，截至2023年年底，国家图书馆知识产权信息服务团队有专职工作人员40多人。通过多年专利、商标等相关知识产权信息服务实践，团队积累了稳固的用户群体与丰富的服务经验，部分人员取得了专利代理师、情报分析师、专利查新员、专利信息分析师等业务资质。

（二）服务内容与形式

随着时代的发展，社会的信息需求不断变化，国家图书馆作为公共文化服务机构，基于丰富的馆藏文献资源，依托专业的信息检索与咨询团队，在落实我国知识产权相关战略规划，服务科学研究、服务创新创业、普及知识产权知识、传播与弘扬知识产权文化的过程中，逐步形成了不同层次、不同类型的信息服务业务，主要分为以下几种形式。

1. 知识产权专题文献检索与提供服务

国家图书馆以用户需求为导向，通过对馆藏文献资源及其他信息资源进行系统专业的检索、分类、分析、归纳，为用户开展课题研究、学术与市场调研、技术分析等提供专业化、深层次的信息咨询服务。20世纪50年代，国家图书馆开始为读者提供专题文献检索服务；20世纪90年代，国家图书馆逐步开展专利检索与全文提供服务，并致力于专利资源免费共享和推广；2002年，国家图书馆开始对外提供专利专题文献检索与汇编服务。国家图书馆专业的文献检索服务经验，为未来开展知识产权信息服务奠定了坚实的业务基础。

2. 科技查新和专利分析服务

20世纪80年代末，北京图书馆（国家图书馆前身）开始为国家科研管理提供查新检索服务，与中国科学院图书馆、中国科技信息情报研究所成为国内三大查新检索服务机构。2005年，国家图书馆科技查新中心成立，并于2017年被中国科技情报学会科技查新专业委员会评为全国科技查新先进单位。多年来，国家图书馆持续为高校、科研院所、企业等用户的科研项目开题立项，申报各级各类科技计划、基金项目、新产品开发计划，科技成果的鉴定、验收、评估、转化，申报科学技术奖励，为技术引进等科技创新活动提供了客观评价的依据。2012年起，国家图书馆积极开展专利文献领域的服务实践和规划，先后拓展了针对机构、学科方向及特定技术主题的专利无效检索、专利查新、专利检索分析、专利挖掘和专利预警等深度知识产权信息服务，锤炼了一支知识产权信息服务队伍，积累了一定的服务经验。

3. 商标信息检索服务

2005年起，国家图书馆充分发挥自身书刊报系统收藏全面的优势，针对用户商标影响力评价和商标诉讼查证需求提供商标信息检索服务，包括商标驰名度检索和商标注册检索等。商标驰名度检索指根据用户需求，对用户指定的商标、品牌、公司名称或产品在馆藏中外文报刊中的报道情况进行检索并出具检索证明。商标注册检索是为防止与他人注册的商标相同或相近似，在提出商标注册申请前，对拟注册的商标进行查询，以增加商标注册成功的把握，提供在馆藏中外文报刊的报道中进行拟注册商标报道情况的检索服务。

4. 非物质文化遗产信息服务

非物质文化遗产信息服务是国家图书馆利用自身馆藏优势，面向非物质文化遗产调研和保护的重要服务形式和内容。国家图书馆先后分别为浙江省非物质文化遗产保护中心、辽宁省非物质文化遗产保护中心、甘肃省非物质文化遗产保护中心等机构开展非遗传承人、传承项目的资料汇编工作。

（三）国家图书馆开展知识产权信息服务的优势

国家图书馆作为重要的公共文化服务机构，在公众服务方面具有良好的基础，可在拓展知识产权信息服务时实现用户、馆藏、团队、合作网络的资源调用与经验迁移，这是国家图书馆开展知识产权信息服务的行业优势。

1. 国家图书馆具有广泛的用户基础

国家图书馆作为公共文化服务机构的代表，具有公益性、开放性、普及性特点，是社会公众获取知识与信息的重要渠道之一。国家图书馆面向中央和国家机关、军队与国防机构、大专院校、科研院所、企业、社会公众等提供信息服务，拥有广泛的用户基础，并且在长期的服务中，与用户建立了稳定的合作关系，了解用户，更易获取用户的隐性需求，可面向用户提供个性化的服务与产品。

另外，国家图书馆作为我国的文化地标之一，近年来，通过打造文化体验空间、推广全民阅读、开展科普活动及创新性教育，不断提升用户体验，营造了良好的文化氛围，吸引越来越多的用户走进图书馆，发挥着社会桥梁纽带作用，促进了中华传统文化的弘扬与现代科学知识的传播。

2. 国家图书馆拥有丰富的文献资源

作为文献信息资源的汇集地，国家图书馆不仅馆藏资源数量丰富，而且种类繁多。无论对于党政部门、创新主体、社会公众，还是其他知识产权服务机构，国家图书馆都是资源丰富、内容可信、获取便捷的信息资源供给渠道之一。另外，国家图书馆馆藏资源在文化领域具有得天独厚的优势，其特色的专藏、特藏，可为著作、地理标志等方面的知识产权信息服务提供不可或缺的信息资源保障。

3. 国家图书馆拥有擅长信息服务的业务团队

经过多年的用户服务，公共图书馆已经建立了成熟的信息服务体系，制定了较为完善的业务管理规范和管理制度。在参考咨询服务的过程中，国家图书馆培养和锻炼了一支具备多学科背景、熟悉馆藏资源的图书馆馆员团队，他们了解馆藏，具备良好的信息获取、加工和整理的能力，拥有专业文献组织与管理、文献检索分析、信息传播经验，作为开展知识产权信息服务的人才资源，为国家图书馆系统化地开展知识产权信息服务奠定了坚实的基础。

4. 国家图书馆拥有成熟的合作网络

近年来，国家图书馆联合全国图书馆界，先后策划并组织实施了全国文化资源共享工程、国家数字图书馆工程、数字图书馆推广工程等建设项目，建成了一个技术先进、覆盖面广、传播快捷的全国公共图书馆服务网络。全国参考咨询协作网也通过业务研讨、工作培训、项目合作等方式搭建起全国省级、副省级市图书馆参考咨询业务交流合作平台，公共图书馆界现有的合作共享模式与经验将有助于国家图书馆牵头引领在全国公共图书馆领域高效地开展知识产权信息服务网络建设。

（四）国家图书馆知识产权信息服务的不足

受人力资源、文献信息资源、工具和服务经验等条件的限制，公共图书馆知识产权信息服务在我国知识产权公共服务体系中影响力还相对较低，同时在不同的公共图书馆之间发展非常不均衡。国家图书馆虽然具备了一定的服务能力与影响力，但与国家对建立健全知识产权信息服务体系的要求相比，在以下方面仍有待加强。

1. 专业性资源与工具保障不足

国家图书馆目前可使用的知识产权专业资源还比较有限，特别是与国内一些高校或企业类知识产权信息服务机构相比差距明显。近些年开展的知识产权信息服务还主要是在传统参考咨询服务中融入知识产权相关内容，尚未形成相对独立的知识产权文献工具资源保障体系与专业服务团队，服务供给能力不足，深度服务欠缺竞争力。此外，针对可利用的资源，国家图书馆缺乏便于社会公众和小微企业知识产权相关人员使用的、操作人性化、简单易学、具有较完备检索分析功能且性价比高的中文专利检索分析工具。

2. 知识产权专业人员不足

国家图书馆现有服务人员中，只有部分人员具备一定的专利文献服务能力，但缺乏对商标、著作权等其他类型知识产权专业知识的了解。此外，缺乏具备知识产权从业背景、能熟练掌握大数据分析和软件编写等技能的专业人员。现有人员基本能满足公益性知识产权信息服务内容和部分专业性知识产权信息服务的需求，但在涉及专业性较强的知识产权深度信息服务时，则显得力不从心。现有服务，如主题性专利检索分析报告和产业分析报告，往往无法完全满足用户的专业化要求。

3. 知识产权信息服务的系统性不够，在广度和深度上均有待加强

目前，国家图书馆对版权、商标、地理标志、集成电路的布图设计、植物新品种等类型的知识产权关注和了解仍不充分，相关服务还较为简单，亟须进一步开展调研，规划切合用户需求的服务内容。

4. 业务规范和制度建设有待完善

知识产权信息服务在内容上还较为分散，针对知识产权信息服务方面的规范和制度仍不完备。从机构内部看，目前知识产权服务涉及的部门较多，尚未建立起馆内不同部门之间的沟通和协作机制。从公共图书馆界看，目前仍缺乏统一的服务规划与业界标准，各馆在开展服务的范围、形式、流程、质量评估等方面也存在差异，导致服务的规范性和整体性不足，制约了知识产权信息服务的推广与公共服务网络建设。

5. 服务宣传不足，缺乏品牌影响力

在建设思路与服务设置方面，国家图书馆知识产权信息服务与各地知识产权服务中心、咨询机构、高校图书馆等服务主体的定位是有区别的，但在服务宣传与推广方面力度不足，知识产权信息服务是一种新型服务方式，社会公众对图书馆的该项服务了解程度不高，供给与需求未能有效对接。

二、开展知识产权信息服务对国家图书馆的重要意义

国家图书馆是国内最大的综合性研究型图书馆，同时也是公共图书馆的重要代表，经过一百一十多年的发展，特别是近百年的参考咨询服务，国家图书馆积累了丰富的文献信息资源，专业的信息情报服务人员、庞大的读者服务群体和丰富的信息情报服务经验，并与公共图书馆、高校图书馆、科技情报院所等系统建立了协同关系。在国家大力推进知识产权强国战略，特别是建立知识产权信息服务体系的重要时期，国家图书馆应充分发挥自身在知识产权信息服务方面具备的资源、人员、服务经验和规范管理等方面的坚实基础，在国家知识产权强国建设的历史进程中发挥更大的作用。

1. 国家图书馆是我国知识产权信息公共服务网络的重要组成部分

2017 年，国务院在《"十三五"国家知识产权保护和运用规划》中明确指出，要"加强公共图书馆、高校图书馆、科技信息服务机构、行业组织等的知识产权信息服务能力建设"。国家知识产权局于 2019 年和 2020 年先后印发《关于新形势下加快建设知识产权信息公共服务体系的若干意见》和《知识产权信息公共服务工作指引》，明确了图书情报机构是知识产权信息公共服务体系的重要网点和服务终端，公共图书馆应面向社会公众、创新创业主体及特定领域或特定行业提供基础性知识产权信息公共服务，强化知识产权信息公共服务供给。因此，公共图书馆依据政策要求开展知识产权信息服务，既是落实和深化知识产权强国战略顶层设计的重要任务，也是完善我国知识产权信息公共服务网络、推动公共文化事业高质量发展必须承担的职责与使命。

2. 开展知识产权信息服务是国家图书馆创新服务方式的重要体现

2019 年，习近平总书记在给国家图书馆老专家的回信中对图书馆提出了"创新服务方式"的要求，为新时代图书馆事业发展指明了前进方向。根据《中华人民共和国公共图书馆法》的规定，公共图书馆应当按照平等、开放、共享的要求向社会公众提供服务。新时代图书馆事业发展面临新的经济社会环境，能否提供顺应时代需求的优质服务，是评价图书馆实力与价值的重要指标。

国家图书馆开展知识产权信息服务将进一步强化国家文献信息中心功能，促进知识产权信息保藏与利用，丰富信息供给渠道与服务层次，满足社会日益增长的知识产权信息需求，依托公共文化服务平台提升社会知识产权意识和公众信息素养水平，这些既是国家图书馆履行法定义务的切实举措，也是拓展服务深度和广度的有效途径，更是贯彻落实回信精神的重要体现。

3. 知识产权信息服务是国家图书馆彰显社会价值的重要手段

开展知识产权信息服务可以从信息价值、教育价值、文化价值 3 个方面彰显国家图书馆的社会价值。

3.1 信息价值

国家图书馆承担知识产权相关文献信息的收集、整理、保存工作，并以信息阅览、检索、传递、再加工等方式，为用户提供基于知识产权全生命周期的信息服务。国家图书馆也可组织公共图书馆界对知识产权基础信息进行深度加工或集成，提供以二次、三次文献为产品的增值性服务，作为联结公共基础信息与用户更高需求的中介与桥梁，以公共服务为基础、市场发展为补充的原则，实现公共服务与商业化服务协调发展，实现图书馆的信息价值。

3.2 教育价值

国家图书馆是继续教育和终身教育的重要场所，知识产权信息服务要保障公共性，应以公共需求为导向，实现公共利益，依照《中华人民共和国公共图书馆法》的宗旨，收集、整理、保存知识产权文献信息并提供查询、阅览、咨询等服务，保障知识产权信息更充分地公开，应积极开展面向社会公众的知识产权公共素养培训和知识普及活动，通过文献推荐、主题讲座、专业培训等方式提高公众和创新主体对知识产权信息的获取与运用能力，推动知识产权文化传播，促进我国知识产权保护与运用的良好生态环境，实现图书馆的教育价值。

3.3 文化价值

国家图书馆是公共文化中心，知识产权信息服务需注重文化属性，应当立足文化和旅游领域，融合与利用涉及文化和旅游行业的地理标志、商标、作品等相关信息，开展非物质文化遗产、民间文艺、传统技艺等文化领域知识产权相关问题的研究与实践，承担文化和旅游相关部门的课题与项目，注重面向文化和旅游机构的定向服务，助力文化和旅游行业知识产权的保护与运用，推动文化与旅游行业知识产权的保护与利用，提升文化附加值，彰显图书馆的文化价值。

因此，国家图书馆将结合《中华人民共和国公共图书馆法》赋予的法定职责和工作特点，在文化和旅游部与国家知识产权局的领导下，以知识产权信息服务中心为主阵地，以落实国家知识产权信息公共服务网点工作要求为抓手，致力于整合与构建包括专利、商标、著作权、地理标志等多种类型的知识产权数据资源和工具，构建多层级、跨领域的知识产权公共服务体系和主被动结合的知识产权服务模式，面向国家重点科研院所、大中型企业、小微企业和社会大众，承担知识产权知识普及与培训，开展文化和旅游相关知识产权研究，提供多种形式专业化知识产权信息服务，并指导和支持国内其他具备条件的公共图书馆开展知识产权信息服务。

三、国内外知识产权信息服务实践对国家图书馆的启发

所谓他山之石可以攻玉，充分调研国内外知识产权信息服务开展情况，是为了能更好地规划设计并开展国家图书馆知识产权信息服务，同时带动国内众多公共图书馆参与知识产权信息服务建设。国内外知识产权信息服务的研究与实践为国家图书馆知识产权信息服务体系建设提供如下启发。

（一）应充分发挥国家图书馆的作用

国家图书馆承担为其他图书馆提供业务指导和技术支持等职能，在建设本馆知识产权信息服务体系的基础上，可从以下几个方面推动全国公共图书馆界知识产权信息服务系统建设。

1. 建立统筹协调机制

国家图书馆应与文化和旅游部、国家知识产权局、中国图书馆学会共同承担起建立公共图书馆知识产权信息服务统筹协调机制的责任，推动公共图书馆知识产权信息服务的规范化、系统化、体系化，构建公共图书馆知识产权信息服务协作机制，提升公共图书馆界知识产权信息服务整体能力。具体措施包括进一步明确公共图书馆的职责、权利和义务，明确准入资质、服务内容和服务方式，建立适合不同层级公共图书馆的知识产权信息服务规范、标准和评估标准，扶持和引导公共图书馆在资源建设、服务模式、服务供给等方面规范有序发展，积极推动政策落实，助推知识产权信息公共服务快速发展。

2. 充分发挥国家图书馆的作用，积极调动其他公共图书馆的积极性

通过帮助公共图书馆培养服务人才和服务能力，国家图书馆应鼓励并扶持有意愿、有能力的公共图书馆积极培养知识产权信息服务人才，扩大人才队伍。分级分类开展公共图书馆知识产权信息服务能力培训，鼓励支持有条件的公共图书馆开展知识产权信息服务专业化培训，提高公共图书馆界知识产权信息服务能力。

3. 多角度争取各方面支持

在对公共图书馆，特别是中小型公共图书馆的帮扶方面，国家图书馆向知识产权管理部门、知识产权信息服务商等机构积极争取扩大知识产权信息资源和工具的开放范围，促进知识产权信息的共享开放和有效传播利用，不断满足社会公众和创新创业主体日益多样化、差异化的知识产权信息需求。

4. 构建公共图书馆知识产权信息服务立体网络

2015年6月，同济大学图书馆联合清华大学图书馆、北京大学图书馆和上

海交通大学图书馆成立"高校图书馆专利信息服务推进组"。[154]2018年6月，同济大学牵头成立"全国高校知识产权信息服务中心联盟"，并担任首届理事长单位，联盟秘书处设在同济大学图书馆。浙江大学图书馆、武汉大学图书馆、华中科技大学图书馆、吉林大学图书馆、中山大学图书馆等18家单位成为第一届理事会成员。联盟积极与教育部、国家知识产权局等有关部门进行沟通，推进各高校信息服务中心的专业交流与服务规范建设，组织高校知识产权信息服务人才培训，研究高校知识产权信息服务规律，推动知识产权信息服务在高校的运用与发展。截至2021年年底，联盟共有75家成员单位。联盟成立以来，定期开展研讨和培训会，分享和交流管理与服务模式、专利导航、专利布局、专利价值评估、企业和社会服务、高校学科研发全生命周期服务、素养教育知识普及等经验，涵盖了高校知识产权信息服务的各个方面。为推动高校知识产权信息服务发挥了重要作用。国家图书馆作为公共图书馆的领头羊，在公共图书馆界拥有良好的馆际合作基础，可以加强公共图书馆界横向联动合作，共同建设以国家图书馆为龙头、省级图书馆为骨干、基层图书馆为网点的立体化服务网络。

5. 加强与各领域的合作，发挥国家图书馆整合与平台作用

上海交通大学图书馆联合上海市闵行区知识产权保护协会举办"专利学堂"讲座[155]，华南理工大学图书馆协同粤港澳大湾区开展专利信息服务[156]和多种形式的知识产权科普活动[157]。华南理工大学与广州市合作共建广州科技图书馆，开展科技知识产权特色服务，助力高校教学科研工作，为粤港澳大湾区的科技创新提供有力支撑。厦门大学与泉州市情报所开展合作，以项目形式对泉州无线射频产业进行调研与分析，辅助当地政府决策[158]。这些都是高校加强与校外机构合作推进知识产权信息服务有效落地的成功经验。国家图书馆在服务过程中，除了加强与公共图书馆的合作，还需要加强与知识产权主管机关、知识产权研究机构、文化和旅游领域研究机构、知识产权检索分析工具商、情报院所、

---

154 同济大学. 全国高校图书馆馆长聚同济共话"专利信息分析与服务".

155 上海交通大学图书馆知识产权信息服务.

156 范家巧. 面向粤港澳大湾区的图书馆专利信息服务.

157 华南理工大学知识产权信息服务中心.

158 李乐儒，傅文奇. 多元主体协同的我国高校知识产权信息服务的调查与分析.

高校图书馆和行业协会知识产权信息服务机构的合作，发挥国家图书馆国家级平台的优势，汇集各方的优势和能量，为国家图书馆知识产权信息服务用户提供更为优质的服务内容与产品。

（二）做好国家图书馆知识产权信息服务的顶层设计

作为国家级公共图书馆，国家图书馆在知识产权信息服务规划时，应以国家政策为引领，优化顶层设计，研究优化知识产权公共服务体系建设思路，在整合服务资源、强化服务职能、创新服务形式、拓展服务领域、丰富服务内容等方面深挖潜力。

1. 突出文化和旅游行业特色和重点，走差异化发展道路

目前各高校知识产权信息服务中心紧密围绕校内优势专业和学科开展多种多样的服务，服务内容各具特色，基本找到了最适合本单位实际情况的发展路线。国家图书馆作为公共图书馆，在服务对象、服务团队、工作职责方面与包括高校知识产权信息服务中心在内的其他机构不一致，因此在选择服务策略时应根据自身的特点选择合适的服务内容与服务模式，例如，以商标、著作权、地理标志、非物质文化遗产等类型的知识产权信息服务为服务重点，服务设计上更多强化面向社会大众和图书馆界的需求。国家图书馆结合其职能定位和文化传播平台特点及优势，在知识产权信息公共服务中突出文化和旅游领域特色，以著作权研究、非物质文化遗产与民间技艺知识产权问题研究、知识产权文化传播、社会公众知识产权信息素养提高为重点，与国家知识产权信息中心、高校国家知识产权信息服务中心、行业机构等在深度合作的基础上实行差异化发展，开发蕴含知识产权信息在内的特色服务和专业性知识服务产品。

2. 与公共图书馆传统业务深度融合与创新发展

公共图书馆知识产权信息服务是一类特殊的公共图书馆参考咨询服务，涵盖参考咨询服务的各个层级，并具备公共图书馆参考咨询服务的所有特征。此外，知识产权信息服务还与图书馆阅览、社会教育、展览培训等业务紧密相关。因此，开展知识产权信息服务不能脱离国家图书馆现有服务，应充分利用国家图书馆现有业务基础和服务经验，将知识产权信息服务融入日常的文献传递、

社科咨询、科技咨询、舆情监测、信息专报、阅读推广、培训展览等业务中。在与国家图书馆传统业务融合的基础上，利用大数据、人工智能、知识图谱等技术，结合智慧图书馆建设、知识服务拓展专项，推出开放式知识服务平台。同时，申请国家知识产权局、地方知识产权单位的科研项目，争取国家和国家图书馆的政策与资源支持，与国家知识产权局、信息提供商、公共图书馆及其他知识产权信息服务机构构建开放共享的新型开放合作关系，促进知识产权信息服务在文化和旅游领域深度融合发展。

3. 分层分类开展知识产权信息服务

不同类型的知识产权信息服务内容和深度存在较大差异，对人员和资源的要求也各不相同。因此，在开展知识产权信息服务过程中，需要遵循分层分类思想。首先，保障公益性知识产权信息服务，免费提供知识产权公益培训、信息检索、辅助性和指向性信息咨询等基础性服务。其次，提供低成本专业化公共服务，包括知识产权专业检索和分析、专题数据库建设、专利导航、专利查新、商标检索等。最后，根据自身条件和用户需求，深化现有服务，在信息专报、舆情监测、科学评价等服务项目中加入知识产权信息内容，丰富决策咨询的内容。

4. 重视面向企业的知识产权信息服务

企业是一个国家技术创新的主体，同时也是承载技术转移转化、实现国家高质量发展的重要力量。因此，主要西方国家都非常重视面向企业的知识产权信息服务，其服务内容涵盖用户需求的各个方面，这些举措极大地推动了相关企业的知识产权工作，进而促进了企业的发展，提升了企业的竞争力。在规划设计我国知识产权信息服务，特别是公共图书馆知识产权信息服务时，应充分调研企业的需求，以需求为导向，充分发挥国家图书馆的优势和特长，创新服务模式与服务内容，为我国企业的发展壮大提供坚实有效的知识产权信息支撑。

5. 有效开展机构内部资源整合，提升服务能力

北京大学图书馆与北京大学科技开发部、科学研究部和法学院等部门及院系合作，建立工作小组群，联合申请或承担一些知识产权方面的课题，协同开展相关问题的研究，在科研人员申请科研项目或进行科技成果转化时，寻找切入点，开展深层次知识产权信息服务；复旦大学知识产权信息服务中心得到复旦大学科学技术研究院及相关院系的师资力量支持；哈尔滨工业大学知识产权信息服务中心长期与本校科技处和专利中心保持合作关系；北京理工大学高校国家知识产权信息服务中心的知识产权业务开展得到了本校专利代理中心的配合与支持。这些都是高校图书馆有效整合、优化校内知识产权信息服务资源，为本校科技创新与知识产权管理提供更为专业高效服务的实践。国家图书馆内部也有丰富的资源，如社会教育部的培训讲座和继续教育资质、展览部的展览渠道与经验、数字资源部的资源整合经验、信息技术部的数据加工技术与网络服务能力、立法和决策服务部作为文化和旅游部首批试点智库的资质、法律事务处在著作权方面的经验、研究院在文化和旅游领域的研究基础等，这些资源的高度有序整合，必将极大助力国家图书馆知识产权信息服务，拓展服务领域与范畴。

第六章

国家图书馆知识产权信息服务体系建设

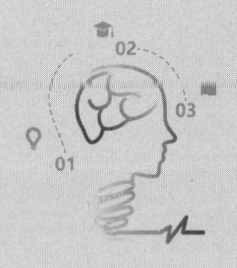

第六章　国家图书馆知识产权信息服务体系建设

一、国家图书馆知识产权信息服务体系目标

基于对国家图书馆知识产权信息服务深入总结、梳理与分析，以第四章提出的知识产权信息服务体系结构为基础，结合国家图书馆定位、业务基础、用户需求和业务的中长期发展规划，从服务需求、服务界面、服务内容、服务保障和服务管理5个方面进行策划，提出国家图书馆知识产权信息服务体系结构。

国家图书馆知识产权信息服务体系结构为国家图书馆规划建设知识产权信息服务提供了建设方向和目标。为更好开展相关工作，国家图书馆逐步推出知识产权信息服务规划。

二、国家图书馆知识产权信息服务体系建设举措

为有效推进落实《关于新形势下加快知识产权强国建设的若干意见》，国家图书馆结合自身实际情况，由参考咨询部牵头，联合业务管理处（研究院）、展览部、数字资源部、社会教育部、北京国图文化发展有限公司等，以国家图书馆知识产权信息服务体系为目标，多措并举开展知识产权信息服务体系建设。

（一）确定重点用户及其服务需求

一般来说，用户（亦称读者）的服务需求是图书馆知识产权信息服务的出发点，以用户的服务需求为导向是图书馆知识产权信息服务的重要特征。不同类型用户的服务需求存在较大差异，因此针对不同的用户的服务需求，需要策

划并提供针对性的服务内容。结合国家图书馆职能定位，借鉴国家图书馆读者服务分层分类体系，兼顾知识产权信息服务特殊性，可将用户细分为决策机构、创新创业主体、图书馆界和社会公众4种类型。同时，需梳理不同类型用户对国家图书馆知识产权信息服务的具体需求。

1. 决策机构

决策机构用户主要指国家知识产权局、文化和旅游部，以及其他部委机关中负责知识产权决策和科技发展决策的机构，其需求包括推动知识产权政策宣传、知识产权文化传播、为政策制定提供支撑、助力全国知识产权信息服务体系建设等。

2. 创新创业主体

创新创业主体主要指在科研机构、高等院校、企业等机构中从事科技创新工作的群体，其对知识产权信息服务需求主要包括知识产权文献与信息的获取、面向知识产权确权与纠纷等工作的信息查证、为机构相关人员进行知识产权领域专业指导与培训、支撑机构知识产权创造与运营的专题性知识产权资源库建设及信息情报检索分析等。

3. 图书馆界

根据《中华人民共和国公共图书馆法》的规定，国家图书馆要承担为其他图书馆提供业务指导和技术支持的职能。[159]因此，国内图书馆界，特别是公共图书馆成为国家图书馆知识产权信息服务的重点服务对象。公共图书馆对国家图书馆在知识产权信息服务领域的需求主要包括协助开展知识产权信息服务专业人才的培养、推动知识产权信息资源的共建共享、在知识产权信息服务开展过程中提供业务指引与专业指导、协同公共图书馆共同参与知识产权信息服务工作项目与学术研究等。

4. 社会公众

庞大的社会公众用户群是国家图书馆开展知识产权信息公共服务的重要优势，同时也是其知识产权信息服务的主要对象。社会公众对国家图书馆知识产

---

159 中华人民共和国公共图书馆法.

权信息服务的需求主要集中在了解知识产权法律、政策和文化；获得知识产权信息领域专业导航；在知识产权信息检索、分析时得到专业指导。

（二）充分挖掘、拓展系统化的服务界面

服务界面是服务抵达用户的重要媒介。服务界面主要包括线下服务界面、线上服务界面和综合性服务界面。其中，线下服务界面包括专题咨询室、专题阅览室、典籍博物馆等，国家图书馆通过这些线下场所提供知识产权信息咨询、培训、讲座、展览、专题文献阅览等服务；线上服务界面包括国家图书馆官方网站、国家图书馆知识产权信息服务平台等专业平台，此外还可以依托国家图书馆公开课、新浪微博、微信公众号、抖音等自媒体平台，开展知识产权文化传播、信息宣传、服务推广等服务。一些服务界面可以同步开展，例如，举办线下讲座的同时将讲座通过新浪微博等平台进行视频直播，实现线下线上服务界面的结合。此外，基于国家图书馆特点，国家图书馆还可以通过各类联盟界面开展服务，如全国图书馆参考咨询协作网、全国图书馆培训协作网、全国图书馆文化创意产品开发联盟、国家知识产权信息公共服务网络等。

（三）分段分层推出多样性的服务与产品

基于国家图书馆用户知识产权信息服务需求，结合国家图书馆服务定位和现有人员、资源与服务经验等情况，规划设计包含公益性服务、专业服务和延伸服务3种类型的知识产权信息服务内容。

1. 公益性服务

公益性服务包括面向社会大众的知识产权资源访问与下载、知识产权政策与文化推广传播、知识产权信息素养与能力培训、创客空间与创新竞赛等专项活动。公益性服务是落实国家知识产权信息公共服务网点职能，推动国家知识产权文化传播与信息保障的重要举措。例如，开展知识产权相关文献的阅读推广、知识产权公益讲座与科普展览、专利商标等知识产权领域相关文献的访问与下载、创新竞赛等，借助国家图书馆线下培训教室、线下展厅、网站平台、

微信公众号、微博、抖音、快手等实现全媒体的知识产权文化传播。

2. 专业服务

专业服务主要针对用户在知识产权创造、确权、运营和管理过程中个性化深度咨询需求，由专业咨询服务团队来完成的服务内容。服务内容包括①各类知识产权文献与信息提供，如知识产权文献传递、专利法律状态查询、商标与地理标志名录、知识产权案例等；②面向知识产权信息服务的信息查证，包括面向专利、商标纠纷与确权的馆藏文献复制证明、专题检索证明、专利查新、专利无效检索等服务；③专题知识产权信息库建设，通过将用户关注的知识产权文献与信息进行收集、汇总、整理、综合，借助数据库技术，生成知识产权专题库，为相关机构的知识产权工作提供信息保障性服务；④针对用户在科研决策、科研、市场化推广、知识产权转移转化等工作提供基于知识产权信息检索、事实查询、情报分析、舆情分析、科学评价等多种形式的专业信息情报支撑服务。专业服务是国家图书馆知识产权信息服务的核心，更是今后业务发展的重点。

3. 延伸服务

延伸服务是指充分发挥国家图书馆的特点和优势开展的与前述公益服务与专业服务在服务内容和服务模式上具有较大差异的服务内容，主要包括①建设具有文化旅游领域特色的知识产权信息服务平台，重点提供民间技艺、非物质文化遗产、著作权等知识产权类型的信息服务平台；②依托国家图书馆作为人力资源和社会保障部"国家级专业技术人员继续教育基地"的职责与优势，开展知识产权信息服务领域专业技术能力教育；③在国家知识产权局、文化和旅游部领导下，推动公共图书馆知识产权信息服务联盟建设，充分发挥公共图书馆的特点和优势，为国家知识产权信息公共服务贡献力量。

（四）构建强有力的服务保障能力

国家图书馆知识产权信息服务的有序开展与可持续发展，离不开各方面条件的支撑和保障。服务保障主要包括服务主体、政策支撑、信息资源、工具资源和学术科研5个方面。

1. 服务主体

服务主体主要指专职与兼职知识产权信息服务机构的设立、专业服务团队的组建（包括专职服务人员、馆内外非专职工作人员、馆外协作专家与外聘专家）、专业化人才的培训培养，以及专业人才队伍协作网络的建设等。

（1）融入国家服务网络，增设专职服务机构。

为贯彻习近平总书记"要形成便民利民的知识产权公共服务体系""要加强知识产权保护宣传教育，增强全社会尊重和保护知识产权的意识"等重要指示精神，有效宣传推广国家图书馆知识产权保护工作与知识产权信息服务，提高社会公众对知识产权工作的认识，引领公共图书馆界广泛参与知识产权信息公共服务。国家图书馆积极申报，并于2021年10月成功备案首批国家知识产权信息公共服务网点。2021年11月，国家图书馆在参考咨询部下增设知识产权信息服务组，专职承担面向党政机关、重点科研教育生产单位、图书馆界及社会公众的知识产权信息服务工作，推动国家知识产权信息公共服务网点建设。知识产权信息服务组与参考咨询部科技咨询组构成国家图书馆知识产权信息服务的主要服务科组。同时，在全馆层面构建包含数字资源部、社会教育部、展览部、法律事务处等部处的知识产权信息服务协同网络，共同推进国家图书馆知识产权信息服务。

2022年4月，在第22个世界知识产权日到来之际，国家图书馆知识产权信息服务中心正式揭牌，面向社会承担知识产权信息服务工作。中心作为国家图书馆开展知识产权信息服务和人才培养的重要阵地，将着力落实国家《图书馆"十四五"发展规划》中"创新开展知识产权信息服务"相关任务，致力于促进知识产权文化传播，满足用户在知识产权领域的信息需求，支持我国文化和旅游产业知识产权创新与保护，推动我国公共图书馆界知识产权信息服务能力建设与发展。

（2）组建专职服务团队，强化服务人员专业培训。

知识产权信息服务组成立后，国家图书馆从馆内征调各领域专业人才，组建知识产权信息服务专题团队。截至2023年年底，国家图书馆知识产权信息服务专职工作人员超40人。通过组织人员外出参会交流、参与知识产权业界调研、参加知识产权专业培训和参与学术科研等方式，国家图书馆推动了服务团队知识产权信息服务业务素养和服务能力的提升，同时，鼓励了相关人员在服务实践中逐步强化自身业务素养与服务能力。经过知识产权信息服务实践，团队积累了稳固的用户群体与丰富的服务经验，部分人员取得了专利代理师、情报分析师、专利查新员、专利信息分析师等业务资质，初步形成一批具备较强服务能力的专业队伍。

2. 政策支撑

作为国家图书馆的一项具体工作，知识产权信息服务工作离不开馆方的支持。在具体工作中，项目团队积极争取馆方在以下 4 个方面提供政策支撑：①业务规划与指引。开展知识产权信息服务，首先需要馆方在政策上给予支持与引导，例如，将知识产权信息服务作为国家图书馆"十四五"知识服务的重要内容，积极申报国家知识产权信息公共服务网点，主动参与公共图书馆知识产权信息服务机构联盟等，保障相关服务项目的有序开展；②制度保障。知识产权信息资源的采购、专业服务机构的设立、专业人才的引进与培养，这些都需要馆方在人事、经费等方面提供制度支持；③基础设施保障。基础的硬件条件与技术支持是开展知识产权信息服务的基本条件，如办公与服务空间、各类办公设施的准备、专题资源库、云存储空间和互联网络保障等；④经费保障。在开展知识产权信息服务工作时，馆方需要提供经费保障，包括服务人员人力成本、基本资源与工具采购，外出培训、学习与交流经费等。

3. 信息资源

信息资源是开展知识产权信息服务的物质基础，主要包括印本资源、商购数据库资源、OA 资源和自建特色资源 4 种类型。信息资源建设的原则是应有尽有，其中，应积极跟踪、梳理 OA 资源，将其作为知识产权信息基础资源，同时有效推进自建特色资源的建设。根据《中华人民共和国公共图书馆法》规定"出版单位应当按照国家有关规定向国家图书馆和所在地省级公共图书馆交存正式出版物。"中文印本资源的资源保障程度较高。此外，受国家图书馆资源建设经费的限制，无法保障所有外文印本资源、商购数据库的全面配置，只能根据服务具体情况，分类、分阶段采购，力求达到类型全覆盖。

4. 工具资源

工具资源是专业化知识产权信息服务开展的重要抓手，是提高服务效率与读者服务体验的重要依靠。工具资源包括服务相关的业务管理系统、用户服务系统、专业的检索分析工具和可视化工具。目前国家图书馆配置的知识产权专业工具资源有 Innography、壹专利、Dialog 国际联机检索和 DDA，后续还将根据经费和服务需求优化补充。

5. 学术科研

图书馆知识产权信息服务是一项不断发展深化的服务工作，需要在服务中及时关注服务对象、资源和工具、业务发展态势、图书馆服务模式创新拓展等方面，并积极开展专门研究。因此，对图书馆知识产权信息服务深入探索、聚焦文化和旅游领域特色问题、参与专业学术交流，是保障国家图书馆知识产权信息服务可持续发展的重要方式。

（五）打造全覆盖的服务界面

1. 线下服务界面

国家图书馆的线下服务界面包括专题阅览室、专业咨询室、国家典籍博物馆和国图讲座。其中专题阅览室是指知识产权专题阅览室，目前国家图书馆尚未设立专门的知识产权文献/信息专题阅览室，相关资源主要整合在其他阅览室供读者阅览，如国际组织与外国政府出版物阅览室中的 WIPO 出版物，法律图书馆阅览室中的知识产权专著文献等。下面介绍专业咨询室、国家典籍博物馆和国图讲座这 3 类线下服务界面。

1.1 专业咨询室

专业咨询室包括科技咨询室、社科咨询室、知识产权信息服务中心、文献提供中心和国家图书馆馆际互借中心，开展的知识产权信息服务包括以下方面。

（1）知识产权专题咨询服务。

国家图书馆根据用户需求，提供科学技术、商业信息等学科领域中与特定主题相关的文献检索服务，在读者指定的年代和文献范围内进行专业检索，提供文摘、书目索引或文献资料汇编；提供相关学科领域最新研究动态或特定主题文献跟踪服务；为读者查询包含在一种或多种文献资料中的具体信息，如某一事件、人物、图片、事物起源、统计数据、化工产品制备方法及合成工艺路线、化学品的物化性能、电子元器件数据、药物数据，或国内外公司名录，及其产品、经营范围、雇员人数、财政状况、销售额、供货商等事实或数据信息。

商标品牌信息查证。国家图书馆根据用户需求，对用户指定的商标、品牌、公司名称、产品、地理标志等在中外文报刊中的报道情况进行检索，根据馆内文献利用相关规定，出具检索证明，为用户收集、整理商标或品牌的相关信息，满足用户知识产权保护等需求。

馆藏文献复制证明。国家图书馆根据用户需求，检索并提取用户指定的馆藏文献，根据馆内文献利用相关规定，出具馆藏文献复制证明，为用户解决知识产权纠纷等提供帮助。

（2）商业经济信息检索。

国家图书馆根据用户需求，提供国内外公司名录，及其产品、经营范围、雇员人数、财政状况、销售额等信息检索服务；提供国内外机械、电子、计算机、农业、林业、化工、石油、建材、轻纺、医疗设备等行业产品及其供货商的信息检索服务；提供市场趋势、经济发展、经济统计、经济预测及国际贸易等经济信息检索服务。

（3）专题资源库建库。

国家图书馆根据用户需求，系统收集用户关注技术领域国内外相关专著、期刊论文、学位论文、专利、标准等文献信息，提供二次文献或包含全文的专题资源库。

（4）文献综述分析。

国家图书馆根据用户需求，依托丰富的文献资源和资深的专业咨询馆员，在全面检索文献的基础上，对文献进行科学组织、分类、摘录和分析，撰写文献综述和分析报告。

（5）专利检索。

专利检索包括专利文献查询、专利相关信息查询、专利无效检索、可专利性检索等。其中可专利性检索指针对用户提出的技术方案，对该技术方案的新颖性、创造性进行文献检索分析，提出该技术方案的可专利性评价。专利无效检索，主要针对用户在处理专利侵权、专利无效等专利纠纷服务场景时，对目标专利技术方案和专利权项内容进行新颖性检索，并提供相关文献材料作为专利纠纷材料。

（6）专利分析。

国家图书馆针对用户关注的主题，从宏观、中观和微观等角度对相关专利文献进行分析，并出具专利检索分析报告。

（7）知识产权信息平台建设。

公共图书馆需要充分搜集、整理、组织和揭示符合用户需求的知识产权信息，通过建设独立的信息平台或嵌入其他信息平台，依托网络将相关的知识产权信息向广大目标用户群体进行传播、推广。例如，国家图书馆可以将本馆收藏的从清朝末年到改革开放前，以商标为主题的图书、商标公告等资源进行整理，同时联合国内存藏商标主题信息的机构，共同建设全国公共图书馆商标信息服务平台，为广大研究或关注我国商标的用户提供全面系统的商标主题文献信息服务。

1.2 国家典籍博物馆

2012 年 7 月，国家典籍博物馆由中央机构编制委员会办公室批准正式挂牌成立，是国内首家典籍博物馆，也是世界同类博物馆中面积较大、藏品较丰富、代表性展品较多的博物馆。国家典籍博物馆是依托于国家图书馆宏富馆藏，以展示中国典籍、弘扬中华文化为宗旨的国家级博物馆，是国家图书馆社会教育职能的新拓展。国家典籍博物馆是集典籍收藏、典籍展示、典籍研究、典籍保护、公共教育、文化传承、文化休闲于一体的综合性博物馆，是中华典籍文物的收藏中心、中华典籍文化的展示中心和研究中心、世界典籍文化的交流中心、文化教育基地和公众文化休闲中心，未来可实现博物馆、图书馆服务的全面聚合，建设成为重要的青少年教育基地和传统文化传播基地。

1.3 国图讲座

国图讲座是国家图书馆面向社会，面向大众推出的双休日学术文化系列讲座。保存我国优秀古代文化典籍，培养中华文化传人，使文明薪火代代相传，发挥继续教育和社会教育的功能，是国家图书馆神圣而重要的使命。早在 20 世纪 50 年代，在文津街七号，一流学者的公益性学术讲座启迪了众多年轻学子，使他们走上学术研究道路。今天，身处全球信息化时代，中华民族古老文明作为现代文明的源头越来越受到重视，也吸引了更多的人从中寻找现代文明发展的动力。以国家图书馆宏富的馆藏为基础，加之学术界的广泛支持，主讲人或为德高望重、岳峙渊清的学界前辈，或为风华正茂、学术精到的学术中坚，国内外著名专家学者莅馆开讲，深入浅出地讲授他们毕生研究的菁华。作为中华民族优秀文化典籍的收藏单位，国家图书馆面向公众推出精选的讲座视频资源，期望让更多的优秀文化为大众所共享。

2. 线上服务界面

国家图书馆线上服务界面包括国家图书馆官网、国家图书馆手机门户、微信公众号、抖音、新浪微博等[160]。其中，国家图书馆官网于 1998 年 6 月推出，月均点击量达到 7790.8 万次，国家图书馆手机门户于 2008 年 6 月推出，月均点击量 889 次。

2.1 "三微一端一抖"

"三微一端一抖"，即国家图书馆官方新浪微博、国家图书馆官方微信订阅号、国家图书馆官方微信服务号、国家数字图书馆移动端 App、国家图书馆官方抖音。

其中，国家图书馆官方新浪微博于 2013 年 5 月开通，截至 2023 年 2 月 1 日，粉丝量已超过 83.6 万人，月均阅读量 5659990 人次。

国家图书馆微信订阅号于 2014 年 4 月正式开通，截至 2021 年 8 月，粉丝量已达 821202 人，月均阅读量 148709 次。该订阅号提供资讯、资源和服务 3 个板块，其中，资讯板块主要提供馆区服务信息内容；资源板块提供当代图书、文津经典诵读、馆藏品鉴、移动阅读和国图公开课等内容；服务板块提供在借图书、OPAC 检索、手机门户和应用荟萃等服务内容。国家图书馆微信服务号于 2019 年 1 月上线，截至 2021 年 8 月，粉丝量超过 429731 人，月均阅读量 29238 次。服务号设置最新资讯、阅读资源和读者服务 3 个板块，其中，最新资讯板块包括新闻公告、国图海报、客户端下载和联系我们等服务内容；阅读资源板块包括手机门户、文津经典诵读、移动阅读、新年读经典和当代图书等服务内容；读者服务板块提供预约入馆、借阅记录查询、书目查询、账号绑定/解绑和二维码读者卡等服务内容。

国家数字图书馆移动端 App 于 2011 年上线服务。国家图书馆官方抖音账号于 2019 年 4 月 16 日开通，目前粉丝量已超过 14 万人，月均阅读量超过

---

160 李楠. 图书馆新媒体宣传发展策略研究——以国家图书馆为例.

6万次。[160,161]

新浪微博、微信、抖音和移动端App，构成了新媒体时代国家图书馆重要的宣传与服务平台，同时，还有大量基于特定业务内容的微信公众号，如国家古籍保护中心（微信订阅号）、国图艺术中心（微信订阅号）、国家图书馆少年儿童馆（微信订阅号），以及专注于参考咨询服务的"国图参考"（微信服务号）等。

2.2 国图公开课

国图公开课依托国家图书馆宏富的馆藏资源，以服务国家战略、传播中华优秀传统文化、提高公众文化生活品质为主线。国家图书馆一方面整合多种文献资源，结合公开课自身的特点进行改造，以"互联网+"的形式重新展现给读者；另一方面，结合最新热点和读者需求，为读者提供O2O（Online to Offine）的体验方式和全流程的学习方式。国图公开课有效整合了国家图书馆在长期实践中积累的数字资源，以精品视频课程为内容、以开放互动为形式，为用户提供在线视频学习服务。

视频教学体系是国图公开课的核心功能，具有以知识为中心的教学特色。用户在参加视频学习时，网页播放器会弹出对应的知识点资料，用户可通过知识卡片、关联课程、拓展学习栏目等延伸知识外延；用户也可通过字幕检索视频内容并在播放器中精准定位；同时，用户可将学习时的所思、所想、所学记录在学习心得中。以上所有学习行为轨迹将记录在学习中心，方便用户随时查阅。国图公开课实现了全终端、全平台、全媒体视频资源播放。用户不仅可通过计算机播放教学视频，也可通过手机、平板电脑等移动端观看学习。计算机端提供超清、高清、标清三种清晰度的教学视频资源供用户根据网络状况进行选择；移动端提供高清、超清两种清晰度供用户选择。国图公开课还推出了视频位置记忆功能，用户打开视频时会自动定位到上次退出的位置。国图公开课根据国家图书馆的服务需求，推出了在线报名、在线考试、积分与勋章功能。用户可通过网站首页的线下活动找到在线报名，预约线下国图公开课，现场与老师面对面交流学习；用户可参加在线考试，检验自己对所学知识的掌握程度；此外，系统会根据用户使用情况给予一定数量的积分，后期将开展积分兑换的活动。

---

161 国家图书馆抖音号界面.

3. 业界协作网络

3.1 国家知识产权信息公共服务网络

作为首批 88 家国家知识产权信息公共服务网点之一，国家图书馆加入了国家知识产权信息公共服务网络，并成为其中重要的服务网点。未来，国家图书馆将在公共图书馆界知识产权信息服务引领推进方面不断探索、研究和实践。

3.2 数字图书馆推广工程——全国图书馆参考咨询协作网

全国图书馆参考咨询协作网是面向全国公共图书馆的参考咨询馆员的服务联盟，它以数字图书馆推广计划为平台，以全国从事参考咨询业务的公共图书馆馆员和业务管理人员为对象，根据各公共图书馆开展参考咨询业务的层次和发展规划，结合不同地域的具体特点和要求，为各公共图书馆开展参考咨询业务提供交流平台、业务培训和服务支撑，旨在强化全国公共图书馆参考咨询馆员业务能力，推进全国公共图书馆开展参考咨询服务的规范化和标准化，倡导业界参考咨询服务的协作和联合，交流和推广公共图书馆开展参考咨询业务的经验，促进我国公共图书馆信息服务的意识和能力的提升。

全国图书馆参考咨询协作网旨在为全国公共图书馆参考咨询馆员提供一个能够有效传递业界信息、分享服务经验、加强人员培训和协调开展服务的业务交流平台。借助全国图书馆参考咨询协作网，国家图书馆将在服务政策制定与协调；文献资源及人力资源的协调与相互支撑；服务策略、模式探讨与服务协作；应用系统推广 4 个层面与全国公共图书馆进行业务协作。

全国图书馆参考咨询协作网以网站形式作为全国公共图书馆日常业务联系和交流的平台。网站以实名制方式为全国公共图书馆参考咨询馆员提供服务，网站用户根据授权享受相应服务和权益并与其他系统平台（如全国省级公共图书馆决策咨询服务协作平台等）共享服务和权益。网站内容由参与网站活动的各公共图书馆及馆员以自发或有组织的方式共同建设，国家图书馆参考咨询部负责网站内容的日常管理维护。目前网站建设正在按计划进行中。

3.3 全国公共图书馆讲座联盟

2010 年 12 月，在国家图书馆举办的全国图书馆创新服务工作座谈会上，全国公共图书馆讲座联盟宣告成立，同时讲座联盟网站正式开通。

国家图书馆将以讲座联盟为载体，实现全国公共图书馆讲座业务的共同发展。具体措施包括搭建全国公共图书馆讲座资源共建共享平台；推广有地区影响力的讲座，打造有行业代表性的文化品牌；注重讲座成果整理和衍生品开发，扩大讲座的社会影响等。包括国家图书馆、省级图书馆及其他各级图书馆在内的 60 余家公共图书馆成为联盟成员。

3.4 国家图书馆"国家级专业技术人员继续教育基地"

2018 年 8 月，经文化和旅游部推荐，人力资源社会保障部评议，国家图书馆成功获批为第 8 批"国家级专业技术人员继续教育基地"，这标志着国家图书馆能够承办国家级专业技术人员继续教育基地重大专项工程项目，举办政府部门、行业协会、企事业单位委托的培训班、研修班或进修班，协助开展专业技术人员公需科目或专业科目的培训、考核和管理，开展继续教育理论研究，开发有针对性和实效性的培训项目与培训课程，举办继续教育交流服务活动等。国家图书馆是全国图书馆界首家正式获批的单位，也是文化和旅游部系统内唯一一家获批单位。

国家图书馆严格按照《专业技术人才知识更新工程实施方案》和《国家级专业技术人员继续教育基地管理办法》的要求，充分发挥自身资源、场地等综合优势，积极开展图书馆行业高层次、急需紧缺和骨干专业技术人才的培养工作，充分发挥基地的示范效应和骨干作用。

国家级专业技术人员继续教育基地是国家培养高层次、急需紧缺和骨干专业技术人才的服务平台，承担着国家专业技术人才知识更新工程培训项目、专家师资、教材资源、数据库开发、在线学习平台建设、课题研究等任务，对于实现专业技术人员知识技能增新、补充、拓展、提高具有重要意义。

（六）服务管理

有效的服务管理是知识产权信息服务顺利、高效开展的重要手段。在国家图书馆知识产权信息服务体系建设中，服务管理包括管理制度与业务标准规范的制定与遵循、服务评估和服务宣传营销推广。

1. 国家图书馆知识产权信息服务标准规范体系建设

经过数十年的服务实践，国家图书馆知识产权信息服务在服务形式与服务内容上呈现多样化特点，特别是 2021 年入选首批国家知识产权信息公共服务网点，2022 年成立国家图书馆知识产权信息服务中心以后，国家图书馆知识产权信息服务进入快速发展期。为规范国家图书馆知识产权信息服务业务，国家图书馆以《关于知识产权服务标准体系建设的指导意见》提出的标准框架为指导，结合国家图书馆知识产权信息服务实践与要求，将国家图书馆知识产权信息服务标准规范体系分为元规范、业务技术规范和业务管理规范 3 类，详见图 6-1。

1.1 元规范

元规范是指国家图书馆制定知识产权信息服务相关业务技术规范和业务管理规范的规范，即管理业务规范的规范，它对国家图书馆进行知识产权信息服务相关业务规范时的技术性管理（如范围、形式）、制定（包括草创、测试、修改、审核、批准、发布等）、实施（包括培训、考核、执行、检查、评估等）等内容进行规范性描述与要求，是指导国家图书馆业务规范制定的基础。

1.2 业务技术规范

业务技术规范是针对特定的业务活动制定的技术性规范，包括国家图书馆当下开展的服务和近期计划开展的服务内容。这部分业务规范是国家图书馆知识产权信息服务业务规范的重点。业务技术规范根据服务性质又细分为：讲座展览培训类业务规范、鉴证类业务规范、专题咨询类业务规范和知识产权信息服务平台服务规范四大类，每一个类别又有具体细分。当然，在制定具体规范文件时，会根据实际情况对细分服务内容进行整合。

（1）社会教育类业务技术规范。

国家图书馆开展的社会教育类知识产权信息服务主要包括面向社会广大读者的知识产权文化宣传、知识产权信息素养培养、公共图书馆知识产权信息服务工作人员业务培训与指导等。目前，国家图书馆社会教育类服务主要由社会教育部和展览部牵头落实，国家图书馆原业务管理处处长毛雅君主编的《国家图书馆业务规范》中，在"读者服务工作"类目下设立"社会教育拓展"章节，对读者参观服务、读者培训服务、公益讲座服务、展览等业务，从工作内容和质量规范两个方面进行描述，详见附录 F。[162]

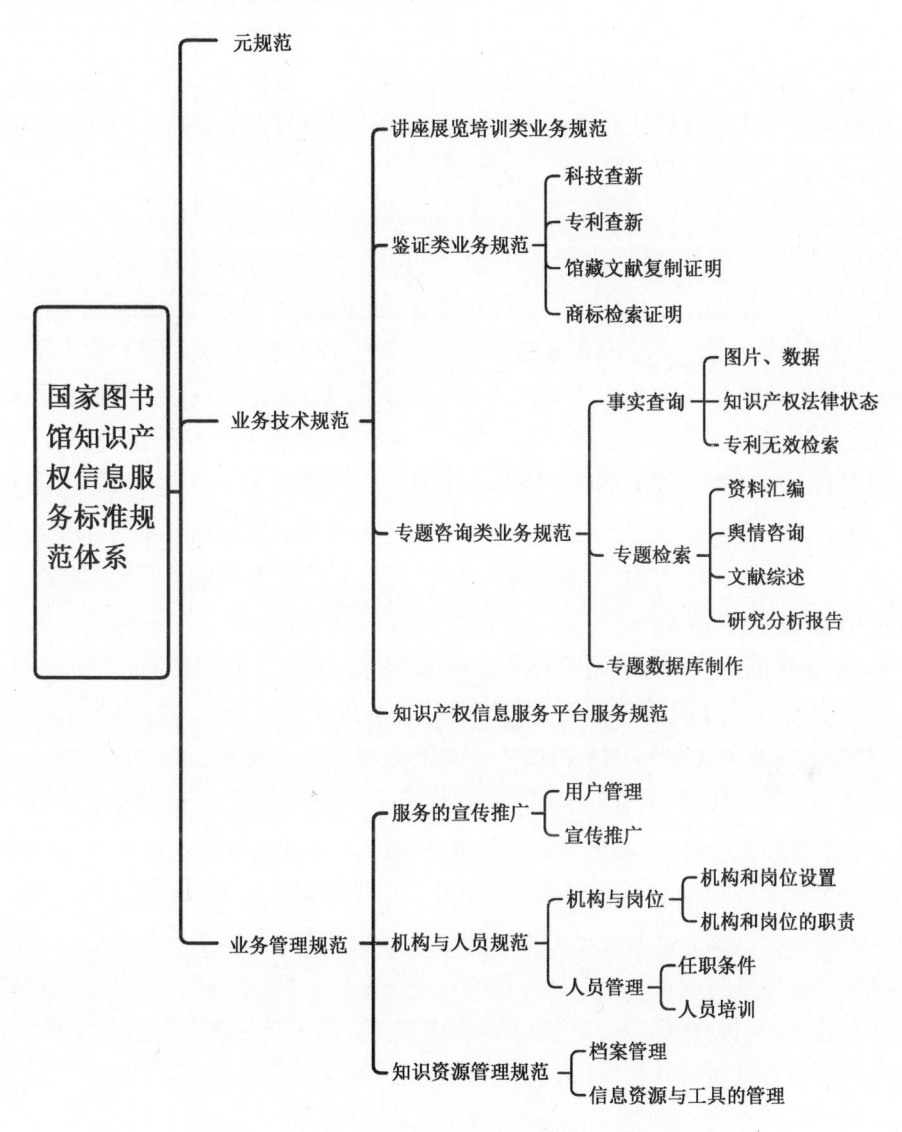

图 6-1 国家图书馆知识产权信息服务标准规范体系

---

162 毛雅君. 国家图书馆业务规范.

（2）参考咨询类业务技术规范。

参考咨询类知识产权信息服务是国家图书馆知识产权信息服务的重要形式，也是国家图书馆作为专业性信息情报服务机构的重要体现。目前开展的信息服务，根据服务性质可以分为包括科技查新（含可专利性检索）、馆藏文献查证、商标检索证明等的鉴证类服务，包含事实查询、专题检索和专题数据库建设等的专题咨询类服务，以及知识产权信息服务平台类服务这三大类。

在国家图书馆已开展或拟开展的参考咨询类知识产权信息服务中，目前，地理标志产品品牌价值检索、专利导航、知识产权分析评议服务已经有对应的国家标准可以遵循，只是在具体应用时还需要针对国家图书馆业务实际情况进行一定的细化，使之更适应业务的需要。知识产权咨询、专利信息检索、专利价值评价、高价值专利培育、知识产权信息公共服务等，可以参照国内相关省市制定的地方标准，并结合国家图书馆业务实际情况进行优化调整。此外，在专利查新、馆藏文献复制证明、商标品牌影响力检索查证、专利分析等服务方面，没有可供遵循和参照的标准规范，只能在参考借鉴其他领域相关标准规范基础上，结合国家图书馆的业务需求、业务特点、操作实际和规范管理等情况，拟定相应的技术规范。

① 直接遵循或参照应用的业务技术规范。

目前可供直接遵循或参照应用的业务技术规范包括上位类技术规范，如《公共图书馆服务规范》《图书馆参考咨询服务规范》，以及相应的知识产权信息服务技术规范，如《知识产权分析评议服务——服务规范》《区域品牌价值评价——地理标志产品》《知识产权咨询服务规范》《知识产权评议技术导则》《专利信息检索服务规范》。在具体落实过程中，应结合国家图书馆业务实际，对不符合上述标准规范和没有考虑到国家图书馆工作特殊情况的实施细则进行调整，使这些国家标准与规范更贴合国家图书馆业务实际。例如，国家图书馆针对本机构科技查新服务特点，在《科技查新技术规范》的基础上进行补充，形成《国家图书馆科技查新业务规范》，用于指导规范国家图书馆科技查新，包括专利查新服务。

② 需要单独制定的业务规范。

结合国家图书馆知识产权信息服务工作的定位与业务规划，需要对其他类型的知识产权信息服务内容进行相应技术服务规范的制定与完善。针对国家图书馆当下开展的知识产权查证类服务，课题组与相关业务科组沟通，已经制定了《国家图书馆馆藏文献复制证明业务规范》（详见附录 G）《国家图书馆商标或品牌信息查证业务规范》（详见附录 H）并在服务中应用，后续还将根据业务发展情况对相关规范进行修订。非物质文化遗产、著作权等类型的知识产权信息服务暂时纳入现有专题类咨询规范进行统一管理。

基于国家图书馆参考咨询业务科组情况，专利类信息服务主要由科技咨询组承接，考虑到专利文献属于科技文献范畴，因此，暂时未针对专利类信息服务制定专门的业务规范，而是将其整合在科技专题类咨询中，纳入《国家图书馆科技类专题咨询业务规范》进行统一管理；针对具体细分业务，如专利分析评议类服务，参照《知识产权分析评议服务——服务规范》进行规范管理。此外，针对正在筹建中的国家图书馆知识产权信息服务平台，由于相关服务尚未推出，需要等到服务推出时再结合服务实际情况制定专门的服务规范，或在现有服务规范中增加具体的内容。

当然，现有的业务规范会随着业务发展变化而变得不再适用，同时，随着业务发展会出现新的业务内容和服务模式，因此，需要及时对现有业务规范进行修订。针对新出现的业务，需要在深入研究的基础上拟定新的规范内容。

1.3　业务管理规范

知识产权信息服务是由服务机构组织机构人员，针对主要服务对象的服务需求，按照一定的流程，开展切合自身业务特点服务内容的过程。为保证相关业务的顺利开展，需要对该业务过程涉及的机构、人员、业务流程、服务宣传推广等管理工作进行相应的规定，这就是业务管理规范的内容。由于业务管理规范与每个服务机构情况密切相关，这类规范需要由机构自行制定，并在机构内实施。

针对国家图书馆自身业务特点及知识产权信息服务规范化管理需求，拟定《国家图书馆知识产权信息服务管理办法（试行）》（详见附录 I）。针对社会教育性质的服务，国家图书馆制定了较为成熟的操作规范和服务标准，如《国家图书馆举办会议、展览、培训、讲座相关活动规定》（详见附录 J）《国家典籍博物馆展览暂行管理办法》（详见附录 L），这是国家图书馆社会教育类知识产权信息服务的重要遵循。同时，由于知识产权信息服务具有特殊性，具体承办部门可以根据业务实际进一步细化业务管理规范，从而为服务的开展提供更具操作性的规范遵循。

2. 开展知识产权信息服务宣传与交流

2.1 开展服务宣传，提升品牌影响力

2022年世界读书日、世界知识产权日期间，国家图书馆举办了知识产权系列主题活动：2022年4月23日，在国家知识产权局公共服务司指导下，国家图书馆举办"图书馆的使命：保护知识产权，引领知识共享"知识产权主题展览，并邀请国家知识产权局、文化和旅游部与国家图书馆领导共同为国家图书馆知识产权信息服务中心揭牌，围绕公共图书馆知识产权信息服务工作进行座谈交流。该系列活动得到中央电视台及《北京日报》《中国文化报》《中国知识产权报》等媒体报道，起到了良好的宣传效果。

国家图书馆作为国家知识产权信息公共服务网点，向国家知识产权局公共服务司提供知识产权信息服务案例素材，参考咨询部联合北京国图文化发展有限责任公司服务南通经济技术开发区的服务工作被选为2022年首批全国知识产权信息服务优秀案例，被《中国知识产权报》报道。同年，国家图书馆还接受《中国知识产权报》的采访，以"'中国馆藏'的创新力量"为题对国家图书馆"依托优势资源 提升基层能力"的服务工作进行专题报道。

2.2 走出图书馆，进行业务交流

为不断提升国家图书馆的知识产权信息服务能力，增加与其他知识产权信息服务机构的相互了解，国家图书馆还积极开展对外的业务交流工作。2022年6月，国家图书馆派员参与国家知识产权局举办的TISC专题培训班授课，主讲《国家图书馆商标、地标信息检索服务》。

2022年7月至8月，国家图书馆知识产权信息服务中心组织开展京内知识产权信息服务机构调研工作，先后赴中国农业大学知识产权信息服务中心、中国石油大学（北京）知识产权信息服务中心、知识产权出版社有限责任公司、中国科学院文献情报中心、中华商标协会走访调研，深入了解业界知识产权信息服务体系建设情况，交流工作经验，探讨机构间开展业务合作的可能性。

三、服务体系建设指导下的知识产权信息服务

（一）促进知识产权文化传播

国家图书馆以落实国家知识产权信息公共服务网点工作职责为抓手，积极响应全国知识产权宣传周，发挥国家图书馆平台优势，通过举办讲座展览和知识产权专题图书解读等方式，促进我国知识产权文化传播。

1. 举办知识产权专题展览

在 2022 年世界知识产权日期间，国家图书馆联合国家知识产权局举办"图书馆的使命：保护知识产权，引领知识共享"知识产权主题展览。该展览包括"知识产权基础知识""国家知识产权成就及战略规划""国家图书馆知识产权工作与信息服务"3 个单元，通过文字、数据、图表、照片等多种形式，介绍知识产权基本概念、特征和主要类型，通过挖掘馆藏文献内容，梳理文献记载的我国知识产权制度发展历程，向公众普及知识产权知识；多方面展示近年来我国知识产权事业取得的巨大成就，深入解读知识产权强国建设战略规划；系统梳理并展示国家图书馆在知识产权领域开展的工作与服务，以图书馆的视角，面向社会普及知识产权知识，提升全社会保护知识产权的意识，传播"尊重知识、崇尚创新、诚信守法、公平竞争"的知识产权文化理念。展览于 2022 年 4 月 23 日在国家典籍博物馆开展，向社会公众免费开放。同时，为进一步扩大展览的受众面，国家图书馆授权该展览在苏州工业园区图书馆异地设展，面向苏州当地高校、科研院所和企业进行知识产权知识宣传，取得了良好的宣传效果。

2. 知识产权专题图书推荐

2023 年国家知识产权宣传周期间，国家图书馆结合世界读书日主题，依托宏富的馆藏资源，以书籍为媒介，通过馆员审读、专家评审，为读者遴选出知识产权领域的优秀著作 100 本，并撰写了书目提要，从中精选 19 本专著，以《读书启"知"促创新》为题，在国家图书馆微信公众号发布推文。该活动吸引了图书馆界和知识产权界人士的关注。

3. 举办知识产权专题讲座

2023年4月26日，国家图书馆邀请北京大学法学院张平教授在国家图书馆文津堂举办了名为《以案说法——知识产权的保护实践及市场竞争机制》的讲座。讲座中，张平教授从社会公众关注的视角出发，选取几个现实生活中发生过的案例，为大众讲解专利权、商标权、著作权、商业秘密的保护原理及实践中会产生的问题，帮助读者理解知识产权法律制度的运行规则，以及与科技创新、国际贸易、市场竞争的关系，并站在国内外知识产权强保护的背景下引导大家认识知识产权保护的重要意义。张平教授的讲解深入浅出，经典案例的分析让读者简单明了地理解了知识产权相关理念思想，现场读者踊跃向张平教授提问，张平教授对问题进行了认真的分析并给予了精彩的解答。该讲座还在国家图书馆微信公众号与新浪微博平台进行了同步直播，高峰期直播间观众达18万人。

（二）开展多种形式的知识产权信息咨询服务

国家图书馆以用户需求为导向，通过对馆藏文献资源及其他信息资源进行检索、分类、分析、归纳，为用户提供多种形式的专业化、深层次知识产权信息咨询服务。据统计，2021年，国家图书馆为企业、科研人员和知识产权代理机构提供指定商标、品牌、公司名称和产品在馆藏中外文报刊中报道情况的检索证明咨询服务1324次，为中国贸促会、集佳、金杜、万慧达等知识产权服务机构和中石油、阿里巴巴、伊利等企业收集、整理、提供知识产权信息，出具证明材料，助力其知识权利保护与运用；为用户收集、整理商标、品牌相关信息；为知识产权保护提供准确、权威的信息支持；为用户专利诉讼与产业布局决策提供专利无效检索服务6件、专利信息分析报告2份；与中国图书馆学会共同参与中国科协"科创中国"项目，将知识产权信息服务融入面向特定区域的产业发展咨询服务，完成《人工合成蓝宝石行业发展分析报告》等信息产品，服务宁夏银川地方政府产业发展决策、科研机构科学研究，以及企业产品研发、生产和市场布局，获得中国科协、地方科协及相关企业的高度认可。2021—2023年国家图书馆知识产权信息专题服务数据见表6-1。

表 6-1　2021—2023 年国家图书馆知识产权信息专题服务数据

年份	科技查新（次）	专题检索证明（份）	馆藏复制证明（份）	专题咨询（次）
2021	237	1324	930	8
2022	310	1233	899	6
2023	171	1183	761	15

（三）推动公共图书馆知识产权信息服务能力提升

国家图书馆承担为其他图书馆提供业务指导和技术支持等职能，引领公共图书馆广泛参与知识产权信息公共服务体系建设，助力公共图书馆界知识产权信息服务能力提升，主要包括以下几方面。

1. 组织公共图书馆知识产权信息服务工作交流

国家图书馆依托全国图书馆参考咨询协作网，向公共图书馆界转发年度国家知识产权信息公共服务网点备案工作的通知，并在工作群中解答部分图书馆的咨询。2022 年 6 月 10 日，国家图书馆面向全国省级、副省级市图书馆，以线上交流会的形式，邀请国家知识产权局与国家图书馆的专家老师，开展国家知识产权信息公共服务网点备案政策解读与经验分享。该线上交流会共计参会人数 91 人，来自 35 家图书馆及相关图书情报机构，其中涵盖 17 个省级图书馆、9 个副省级市图书馆。6 月 23 日，国家图书馆参考咨询部、知识产权信息服务中心的负责人与业务骨干同苏州工业园区图书馆（国家知识产权信息公共服务网点）的主管领导、业务骨干召开线上交流会，深入探讨各馆在知识产权信息服务方面的经验与规划。

2. 赋能基层图书馆，面向园区开展知识产权信息服务

2021 年 3 月以来，国家图书馆与南通经济技术开发区图书馆开展深度合作，为开发区管委会提供涵盖知识产权信息的国内其他经济技术开发区动态监测报告；通过专利信息服务助力园区企业寻找技术解决方案，帮助企业在申报科技创新项目时规避知识产权侵权风险；通过收集专利无效文献证据助力企业拓展国际市场；派驻专家指导开发区图书馆信息服务体系建设，通过讲座、互动交流、一对一辅导等方式培养知识产权信息服务人才，协助其举办 5 场讲座，听众达 670 人次，立体推进开发区图书馆知识产权信息素养提升和知识产权信

服务工作，探索赋能基层服务机构的模式与方法，推动我国基层图书馆知识产权信息服务能力建设。

2022年9月9—11日，国家图书馆向苏州工业园区图书馆授权使用"图书馆的使命：保护知识产权，引领知识共享"展览素材，面向当地高校师生、产业园和重点企业工作人员、社区居民等开展同名知识产权主题展览，以微展形式随高校开学季活动在高教区3个学生生活广场共举办3场次，师生在活动现场扫描二维码即可线上观看本展览内容，并参与知识产权基础知识有奖问答，共计约1200人次参与。

四、国家图书馆知识产权信息服务体系建设总结

（一）体系建设整体效果

国家图书馆知识产权信息服务体系建设，经过一段时间的执行，取得了一定的成效。通过服务体系建设与服务开展，全馆能准确把握国家图书馆在国家知识产权信息服务体系中的定位，顺应国家图书馆主要用户群体对本馆知识产权信息服务的需求，设立专职服务机构、组建知识产权信息服务专业团队，为国家图书馆有效推进服务提供了坚实的组织机构和人才队伍保障，结合图书馆实际情况提出的服务保障建设，既考虑业务长远发展的需求，又适应了国家图书馆当前实际情况，可操作性较强。服务内容与服务界面设计有效指导了国家图书馆对既往业务的整合与拓展，特别是提出将知识产权信息服务融入国家图书馆现有业务，在融合中创新发展，为顺利完成相关业务整合、蓄力并创新发展提供理论指导。引领并支持公共图书馆界参与国家知识产权信息公共服务体系的设想，经过实践证明能有效满足知识产权主管部门、公共图书馆界和社会公众的需求，对提高公共图书馆知识产权信息服务意识与能力、提升公共图书馆界知识产权信息服务影响力、有效履行国家图书馆法定职能都具有非常重要的作用。整体而言，该方案深入研究了国家图书馆在国家知识产权信息服务体系中的定位与责任，基于国家图书馆业务实践提出的服务体系建设思路有效指导了服务实践。

（二）知识产权信息服务体系建设中存在的问题

对比用户对国家图书馆知识产权信息服务的客观需求及国家图书馆对该项业务的发展规划目标，国家图书馆知识产权信息服务工作实践虽然取得了一定的成绩，但是还存在以下困难与不足。

1. 知识产权专业能力不足

国家图书馆现有工作人员主要来源于参考咨询部门，积累了较为丰富的文献信息情报服务工作经验，能够胜任一般性知识产权信息服务工作。但由于缺乏专利、商标、著作权及地理标志等知识产权专业知识的学科背景与系统学习，面对专业性要求更高的服务需求，现有服务人员的知识和技能储备、服务经验还有待加强。

2. 资源与工具配置不足

国家图书馆藏纸本文献资源丰富，但知识产权基础数据资源、专业数据库、专业信息分析工具配置不足，这在一定程度上限制了服务能力的提升。例如，国家图书馆目前只购买了 Innography 和壹专利检索分析工具，只能为专利分析服务提供基本保障，很多时候，一些专精深的专利分析业务需求只能依赖其他机构的支持。同时，服务团队对著作权、商标、地理标志、非物质文化遗产等其他类型知识产权信息了解较少，对可利用的资源和工具掌握不清晰，因此也就无法提出更为有效的建设目标。

3. 知识产权信息服务的系统性不够，在广度和深度上均有待加强

目前，国家图书馆围绕专利、商标等领域开展的知识产权信息服务还较为简单，同时，在地理标志、著作权、非物质文化遗产等领域的知识产权信息服务还有待进一步拓展。同时，面对用户专业化需求，知识产权信息服务的广度和深度还有待进一步提升。

4. 业务规范和制度建设有待完善

目前，国家和相关部委对知识产权信息服务相关的标准规范建设还在逐步推进，虽然发布了一些相关的标准，但是还有很多方面的服务规范和标准尚不完备，这也导致国家图书馆在开展相关服务时没有统一的标准可以遵循或参照。

国家图书馆针对部分业务制定了机构内的业务规范，但是有些新的服务内容相应的业务规范还未制定。同时，业务管理相关的制度目前主要还是以原有的图书馆相关业务规范为依托，后续需要随着业务发展不断完善。此外，还应着眼公共图书馆层面，通过加强与公共图书馆界沟通交流，协同研制公共图书馆知识产权信息服务的业务规范与管理制度，促进有关服务科学有序发展。

（三）未来的建设与发展方向

针对知识产权信息服务体系建设过程中出现的问题和不足，国家图书馆将依托知识产权信息服务中心，认真落实知识产权信息公共服务网点工作任务，以 TISC 机构筹建为契机，充分发挥在用户基础和业界影响力等方面的优势，整合馆内外相关资源，逐步建立与专家学者、业界同行、资源与工具提供商的多方合作关系，并联合国内其他公共图书馆，面向各类用户开展多层次、多形式的知识产权信息服务。

1. 在组织基础与资源保障方面

依托国家图书馆知识产权信息服务中心，在落实国家知识产权信息公共服务网点建设要求基础上，充分利用筹建 TISC 的契机，全面推进国家图书馆知识产权信息服务建设，保障知识产权相关文献资源和专业检索分析工具的有效配置，在政策、场地、资金等方面持续予以支持。

2. 在人才队伍建设方面

制订并落实知识产权信息服务人才发展计划，持续提升知识产权信息服务团队的专业水平，培养核心业务骨干与师资力量，并通过学术研究、业务交流与培训、人才引进等方式，不断强化知识产权信息服务团队的专业知识技能与服务能力。

3. 在重点服务方向方面

国家图书馆将着重在商标、著作权、地理标志等知识产权类型方向开展服务，并针对文化和旅游领域相关知识产权问题开展系统研究，重点服务方向包括以下几类。

(1)强化知识产权宣传普及。

国家图书馆通过举办讲座、培训、专题宣传等活动,增强公众尊重、保护、运用知识产权的意识和能力,如结合世界读书日、世界知识产权日举办主题文化活动,开展面向社会公众的知识产权专题讲座。开展知识产权信息收集、整理、揭示和传播,遴选特定主题进行知识产权信息收集、整理与挖掘。建立知识产权信息专题资源,开展知识产权资源导航,方便公众使用知识产权信息,提升知识产权信息服务便利性和可及性。

(2)推动知识产权信息发现与获取。

国家图书馆开展专利、商标、著作权、地理标志等领域的信息检索、信息提供和信息证明服务;开展商标驰名度检索、商标注册检索、专利文献检索等服务。

(3)开展知识产权信息深度分析与利用。

国家图书馆落实知识产权舆情监测,通过对互联网和馆藏报刊资源海量信息抓取、分类聚类、主题检测、专题聚焦,实现知识产权信息的网络舆情监测和新闻专题追踪,形成简报、报告等分析结果,为公众做出正确舆论引导,为管理者和管理部门提供分析、决策依据。开展商标分析服务,对目标商标进行系统专业化检索与深度分析。

(4)开展公共图书馆知识产权信息服务研究。

针对公共图书馆知识产权信息服务体系建设、公共图书馆知识产权信息服务协同网络建设与服务、文化和旅游领域知识产权,在管理、保护、利用和服务等方向进行深入研究,整合研究成果与实践经验,为其他公共图书馆知识产权信息服务高质量发展提供指导。

附录 A

知识产权信息公共服务主干网络节点

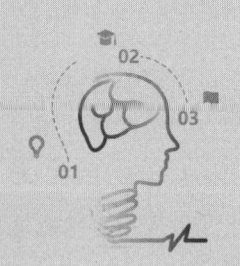

附录A 知识产权信息公共服务主干网络节点

序号	机构名称	地区
1	中关村知识产权促进中心	北京
2	天津市知识产权服务中心	天津
3	河北省专利信息服务中心	河北
4	太原理工大学高校信息服务中心	山西
5	山西省知识产权技术服务中心	山西
6	内蒙古知识产权服务中心	内蒙古
7	内蒙古自治区知识产权公共服务中心（内蒙古自治区知识产权研究会）	内蒙古
8	中国（沈阳）知识产权保护中心（沈阳市知识产权信息中心）	辽宁
9	大连市专利信息服务中心（隶属于大连市市场监管事务服务中心）	辽宁
10	中国（长春）知识产权维权援助中心	吉林
11	吉林省专利信息服务中心	吉林
12	国家知识产权局长春市专利信息服务中心（长春市科技信息研究所）	吉林
13	黑龙江省专利信息服务中心	黑龙江
14	中国（哈尔滨）知识产权维权援助中心（哈尔滨市知识产权服务中心）	黑龙江
15	上海市知识产权服务中心	上海
16	上海市知识产权发展研究中心	上海
17	江苏省专利信息服务中心	江苏
18	中国（南京）知识产权保护中心（南京市知识产权维权援助中心）	江苏
19	杭州市知识产权服务中心	浙江
20	中国杭州（制笔）知识产权快速维权援助中心	浙江
21	中国（杭州）知识产权维权援助中心	浙江
22	中国（浙江）知识产权保护中心	浙江
23	中国（浙江）知识产权维权援助中心	浙江
24	浙江省专利信息服务中心（浙江省知识产权研究与服务中心）	浙江
25	中国（宁波）知识产权保护中心	浙江
26	中国（温州）知识产权维权援助中心	浙江
27	中国温州（服饰）知识产权快速维权中心	浙江
28	中国义乌（小商品）知识产权快速维权中心	浙江
29	安徽省专利信息服务中心	安徽
30	福建省知识产权发展保护中心	福建
31	厦门市知识产权信息公共服务中心	福建
32	江西省陶瓷知识产权信息中心（国家知识产权局江西省专利信息服务中心）	江西
33	山东省专利信息服务中心	山东
34	中国（济南）知识产权保护中心	山东

续表

序号	机构名称	地区
35	青岛市专利代办处（青岛市知识产权事务中心）	山东
36	河南省知识产权事务中心	河南
37	武汉知识产权保护中心	湖北
38	湖北省知识产权发展中心	湖北
39	湖南省知识产权信息服务中心	湖南
40	中国（广东）知识产权保护中心、广州商标审查协作中心（广东省知识产权保护中心）	广东
41	广州知识产权保护中心（广州市知识产权信息中心、广州市知识产权维权援助中心）	广东
42	中国（深圳）知识产权保护中心（深圳国家知识产权局专利代办处）	广东
43	广西壮族自治区专利信息服务中心	广西
44	重庆市专利信息服务中心	重庆
45	成都市知识产权保护中心	四川
46	四川省专利信息服务中心	四川
47	四川省知识产权服务中心	四川
48	贵州省知识产权维权援助中心	贵州
49	贵州省专利信息服务中心	贵州
50	云南省专利信息服务中心	云南
51	陕西省知识产权服务中心	陕西
52	中国（西安）知识产权保护中心（西安市知识产权保护中心）	陕西
53	陕西省知识产权保护中心	陕西
54	甘肃省知识产权保护中心（甘肃省专利信息服务中心）	甘肃
55	青海省专利信息服务中心	青海
56	宁夏回族自治区知识产权服务中心	宁夏
57	新疆维吾尔自治区知识产权服务促进中心	新疆
58	新疆生产建设兵团知识产权信息中心	新疆

附录 B

高校国家知识产权信息服务中心名单

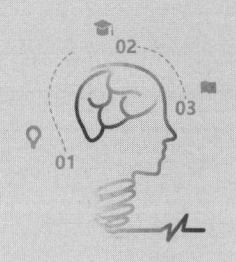

序号	机构名称	地区
1	安徽工业大学	安徽
2	合肥工业大学	安徽
3	北京大学	北京
4	北京工业大学	北京
5	北京化工大学	北京
6	北京交通大学	北京
7	北京科技大学	北京
8	北京理工大学	北京
9	北京中医药大学	北京
10	华北电力大学	北京
11	清华大学	北京
12	中国矿业大学	北京
13	中国农业大学	北京
14	中国石油大学（北京）	北京
15	北京师范大学	北京
16	北京航空航天大学	北京
17	北方工业大学	北京
18	福建农林大学	福建
19	福州大学	福建
20	华南理工大学	广东
21	华南农业大学	广东
22	暨南大学	广东
23	深圳大学	广东
24	中山大学	广东
25	华南师范大学	广东
26	广西大学	广西
27	桂林电子科技大学	广西
28	贵州医科大学	贵州
29	贵州大学	贵州
30	海南大学	海南
31	燕山大学	河北
32	邯郸职业技术学院	河北
33	山西农业大学	河北
34	河南大学	河南

附录 B 高校国家知识产权信息服务中心名单

续表

序号	机构名称	地区
35	郑州大学	河南
36	东北林业大学	黑龙江
37	东北石油大学	黑龙江
38	哈尔滨工业大学	黑龙江
39	华中科技大学	湖北
40	华中农业大学	湖北
41	武汉大学	湖北
42	武汉理工大学	湖北
43	中国地质大学（武汉）	湖北
44	湖南大学	湖南
45	湘潭大学	湖南
46	长沙理工大学	湖南
47	中南大学	湖南
48	湖南师范大学	湖南
49	东北师范大学	吉林
50	东南大学	江苏
51	河海大学	江苏
52	江南大学	江苏
53	江苏科技大学	江苏
54	南京大学	江苏
55	南京工业大学	江苏
56	南京航空航天大学	江苏
57	南京农业大学	江苏
58	扬州大学	江苏
59	南通大学	江苏
60	南昌大学	江西
61	井冈山大学	江西
62	大连理工大学	辽宁
63	东北大学	辽宁
64	内蒙古农业大学	内蒙古
65	内蒙古科技大学	内蒙古
66	青岛大学	山东
67	山东大学	山东
68	山东科技大学	山东

续表

序号	机构名称	地区
69	山东师范大学	山东
70	中国海洋大学	山东
71	中国石油大学（华东）	山东
72	山东理工大学	山东
73	山西大学	山西
74	太原理工大学高校信息服务中心	山西
75	西安交通大学	陕西
76	西北农林科技大学	陕西
77	西安电子科技大学	陕西
78	西北工业大学	陕西
79	复旦大学	上海
80	华东理工大学	上海
81	上海交通大学	上海
82	同济大学	上海
83	东华大学	上海
84	华东师范大学	上海
85	上海大学	上海
86	成都理工大学	四川
87	电子科技大学	四川
88	四川大学	四川
89	西南交通大学	四川
90	西南石油大学	四川
91	河北工业大学	天津
92	南开大学	天津
93	天津科技大学	天津
94	天津工业大学	天津
95	石河子大学	新疆
96	云南大学	云南
97	昆明理工大学	云南
98	宁波大学	浙江
99	浙江大学	浙江
100	浙江理工大学	浙江
101	浙江师范大学	浙江
102	西南大学	重庆
103	重庆大学	重庆

附录 C

2021—2023 年度国家知识产权信息公共服务网点备案单位名单

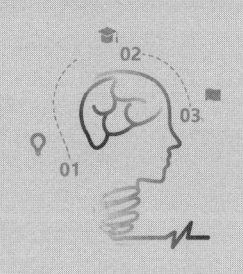

1. 2021年度国家知识产权信息公共服务网点备案单位名单（88家）

序号	网点名称	推荐部门
1	安庆师范大学	安徽省知识产权局
2	宝鸡市知识产权服务中心	陕西省知识产权局
3	北京邮电大学	教育部
4	长春理工大学	吉林省知识产权局
5	成都中医药大学	四川省知识产权服务促进中心
6	重庆江北知识产权运营有限公司	重庆市知识产权局
7	重庆科技发展战略研究院有限责任公司	重庆市知识产权局
8	重庆科技服务大市场有限公司	重庆市知识产权局
9	大连国际知识产权保护战略研究中心	辽宁省知识产权局
10	东北大学秦皇岛分校	河北省知识产权局
11	佛山市顺德区顺企知识产权保护服务中心	广东省知识产权局
12	福建省电子信息应用技术研究院有限公司	福建省知识产权局
13	阜阳师范大学	安徽省知识产权局
14	共享智能铸造产业创新中心有限公司	宁夏回族自治区知识产权局
15	广东省科技图书馆（广东省科学院信息研究所）	广东省知识产权局
16	广州恒成智道信息科技有限公司	广东省知识产权局
17	贵州省标准化院	贵州省知识产权局
18	国家工业信息安全发展研究中心	工业和信息化部
19	国家图书馆	文化和旅游部
20	国知云（辽宁）大数据科技有限公司	辽宁省知识产权局
21	国知中意知识产权服务（北京）有限公司	直接申请
22	邯郸职业技术学院	河北省知识产权局
23	杭州电子科技大学	浙江省知识产权局
24	河北科技工程职业技术大学	河北省知识产权局
25	河南省知识产权保护协会	河南省知识产权局
26	贺州学院	广西壮族自治区市场监督管理局
27	黑河学院	黑龙江省知识产权局
28	黑龙江工业学院	黑龙江省知识产权局
29	湖南文理学院	湖南省知识产权局
30	吉林大学第一医院专利信息服务中心	吉林省知识产权局
31	吉林省科学技术信息研究所	吉林省知识产权局
32	机械工业信息研究院	工业和信息化部
33	江苏经纬知识产权运营有限公司	江苏省知识产权局

附录C 2021—2023年度国家知识产权信息公共服务网点备案单位名单

续表

序号	网点名称	推荐部门
34	江苏省发明协会	江苏省知识产权局
35	江苏省科学技术情报研究所	江苏省知识产权局
36	江西理工大学	江西省知识产权局
37	江西省科学院科技战略研究所	江西省知识产权局
38	昆明理工大学	云南省知识产权局
39	兰州科技大市场管理有限责任公司	甘肃省知识产权局
40	六盘水师范学院	贵州省知识产权局
41	内蒙古科技大学	内蒙古自治区知识产权局
42	内蒙古商标品牌协会	内蒙古自治区知识产权局
43	平潭大闽孵化器管理有限公司	福建省知识产权局
44	黔东南州市场监管投诉举报中心	贵州省知识产权局
45	黔南州市场监督管理局行政许可服务中心	贵州省知识产权局
46	三明学院	福建省知识产权局
47	三亚崖州湾科技城管理局	海南省知识产权局
48	山东理工大学	山东省知识产权局
49	汕头大学	广东省知识产权局
50	山西同方知网数字出版产业园知识产权服务中心	山西省知识产权局
51	上海航天信息研究所	上海市知识产权局
52	上海浦东智产科技服务中心	上海市知识产权局
53	上海市纺织科学院有限公司	上海市知识产权局
54	生物岛实验室	广东省知识产权局
55	丝绸之路国际知识产权港有限责任公司	甘肃省知识产权局
56	苏州大学苏州知识产权研究院	江苏省知识产权局
57	苏州工业园区图书馆	江苏省知识产权局
58	天津海高融创科技发展有限公司	天津市知识产权局
59	天津医科大学	天津市知识产权局
60	天津中医药大学	天津市知识产权局
61	渭南市食品药品和知识产权服务中心	陕西省知识产权局
62	西安电子科技大学	教育部
63	西安市碑林环大学创新产业带管理委员会	陕西省知识产权局
64	西南石油大学	四川省知识产权服务促进中心
65	西藏自治区标准化研究所	西藏自治区知识产权局
66	宣城市生产力促进中心	安徽省知识产权局
67	烟台大学	山东省知识产权局

续表

序号	网点名称	推荐部门
68	浙江省知识产权保护中心	浙江省知识产权局
69	浙江师范大学	浙江省知识产权局
70	中国地质大学（武汉）	教育部
71	中国电子信息产业发展研究院	工业和信息化部
72	中国航天科工集团六院情报信息研究中心	内蒙古自治区知识产权局
73	中国（湖南）自由贸易试验区知识产权服务中心	湖南省知识产权局
74	中国计量大学	浙江省知识产权局
75	中国科学技术信息研究所	科学技术部
76	中国科学院长春光学精密机械与物理研究所	中国科学院
77	中国科学院广州能源研究所	中国科学院
78	中国科学院天津工业生物技术研究所	中国科学院
79	中国科学院新疆生态与地理研究所	中国科学院
80	中国（宁波）知识产权保护中心	浙江省知识产权局
81	中国轻工业信息中心	直接申请
82	中国石油和化学工业联合会	直接申请
83	中国信息通信研究院	工业和信息化部
84	中国药科大学	教育部
85	中国有色金属工业协会	直接申请
86	中国中医科学院中医药信息研究所知识产权信息服务中心	直接申请
87	中华商标协会	直接申请
88	中汽知识产权投资运营中心（北京）有限公司	北京市知识产权局

2. 2022年度国家知识产权信息公共服务网点备案单位名单（68家）

序号	网点名称	推荐单位
1	安徽师范大学	安徽省知识产权局
2	包头稀土高新区知识产权管理服务中心	内蒙古自治区知识产权局
3	北京林业大学	教育部
4	船舶信息研究中心（中国船舶集团有限公司第七一四研究所）	北京市知识产权局
5	重庆邮电大学	重庆市知识产权局
6	长寿经济技术开发区创新服务中心	重庆市知识产权局
7	长春市科技信息研究所	吉林省知识产权局
8	成都双新孵化器管理有限公司	四川省知识产权服务促进中心
9	东莞理工学院	广东省知识产权局

附录 C 2021—2023年度国家知识产权信息公共服务网点备案单位名单

续表

序号	网点名称	推荐单位
10	华东交通大学	江西省知识产权局
11	福建工程学院	福建省知识产权局
12	甘肃省生产力促进中心	甘肃省知识产权局
13	贵州省知识产权研究会	贵州省知识产权局
14	合肥市知识产权保护中心	安徽省知识产权局
15	华侨大学	福建省知识产权局
16	海南软件职业技术学院	海南省知识产权局
17	河北民族师范学院	河北省知识产权局
18	河北省产品质量监督检验研究院	河北省知识产权局
19	河南《创新科技》杂志社	河南省知识产权局
20	哈尔滨医科大学	黑龙江省知识产权局
21	湖北省图书馆	湖北省知识产权局
22	湖北省科技信息研究院	湖北省知识产权局
23	湖南图书馆	湖南省知识产权局
24	湖州学院	浙江省知识产权局
25	杭州师范大学	浙江省知识产权局
26	湖南省科学技术咨询中心	中国科学技术协会
27	九江学院	江西省知识产权局
28	江苏省科协企业创新服务中心	中国科学技术协会
29	柳州职业技术学院	广西壮族自治区市场监督管理局
30	六盘水市科技发展中心	贵州省知识产权局
31	辽宁大学	辽宁省知识产权局
32	辽宁省农业科学院	辽宁省知识产权局
33	南宁职业技术学院	广西壮族自治区市场监督管理局
34	南京市产品质量监督检验院（南京市质量发展与先进技术应用研究院）	江苏省知识产权局
35	南京信息工程大学	江苏省知识产权局
36	内蒙古大学	内蒙古自治区知识产权局
37	宁夏回族自治区生产力促进中心	宁夏回族自治区知识产权局
38	南京理工大学北方研究院	天津市知识产权局
39	濮阳市科学技术情报研究所	河南省知识产权局
40	青海大学	青海省知识产权局
41	深圳大学城图书馆	广东省知识产权局
42	三亚学院	海南省知识产权局

续表

序号	网点名称	推荐单位
43	绥化学院	黑龙江省知识产权局
44	四川川大科技园发展有限公司	四川省知识产权服务促进中心
45	山东农业大学	山东省知识产权局
46	陕西科技大学	陕西省知识产权局
47	西安市发明协会	陕西省知识产权局
48	上海市卫生和健康发展研究中心（上海市医学科学技术情报研究所）	上海市知识产权局
49	上海机电学院	上海市知识产权局
50	上海漕河泾新兴技术开发区科技创业中心有限公司	上海市知识产权局
51	山东省科学技术协会学会服务中心	中国科学技术协会
52	山西省科技创新服务中心	中国科学技术协会
53	苏州慧谷知识产权服务有限公司	直接申请
54	铜仁市检验检测院	贵州省知识产权局
55	武汉科技大学	湖北省知识产权局
56	温州眼视光国际创新中心	浙江省知识产权局
57	西北师范大学	甘肃省知识产权局
58	新疆医科大学	新疆维吾尔自治区知识产权局
59	新疆科技发展战略研究院	新疆维吾尔自治区知识产权局
60	延边大学	吉林省知识产权局
61	盐城工学院	江苏省知识产权局
62	云南师范大学	云南省知识产权局
63	玉溪市知识产权援助中心	云南省知识产权局
64	枣庄市科技信息研究所	山东省知识产权局
65	中国船舶集团有限公司综合技术经济研究院	北京市知识产权局
66	中国国际贸易促进委员会天津市分会商事法律咨询和投诉中心	天津市知识产权局
67	中国科学院空天信息创新研究院	中国科学院
68	中南林业科技大学	湖南省知识产权局

3. 2023年度国家知识产权信息公共服务网点备案单位名单（41家）

编号	网点名称	推荐部门
1	安阳高新技术开发区生产力促进中心	河南省知识产权局
2	巴彦淖尔市产品质量计量检测中心	内蒙古自治区知识产权局
3	亳州学院	安徽省知识产权局
4	重庆图书馆	文化和旅游部
5	达华节水科技股份有限公司	甘肃省知识产权局

附录 C 2021—2023 年度国家知识产权信息公共服务网点备案单位名单

续表

编号	网点名称	推荐部门
6	大理大学	云南省知识产权局
7	东华理工大学	江西省知识产权局
8	广西知识产权协会	广西壮族自治区知识产权局
9	广州国家实验室	广东省知识产权局
10	海南医学院	海南省知识产权局
11	河北省知识产权研究会	河北省知识产权局
12	河源市农业知识产权运营服务中心	广东省知识产权局
13	黑龙江省技术市场协会	黑龙江省知识产权局
14	湖北汽车工业学院	湖北省知识产权局
15	湖南农业大学	湖南省知识产权局
16	华中师范大学	教育部
17	淮阴师范学院	江苏省知识产权局
18	济南专利应用研究会	中国科学技术协会
19	克拉玛依市知识产权保护中心	新疆维吾尔自治区知识产权局
20	辽宁省图书馆	文化和旅游部
21	茅台学院	贵州省知识产权局
22	南京邮电大学	江苏省知识产权局
23	山西工学院	山西省知识产权局
24	陕西师范大学	教育部
25	上海临港知识产权交流促进中心	上海市知识产权局
26	上海人工智能创新中心	上海市知识产权局
27	四川天府新区知识产权协会	四川省知识产权局
28	塔里木大学	新疆生产建设兵团知识产权局
29	天津图书馆	文化和旅游部
30	厦门理工学院	福建省知识产权局
31	酉阳土家族苗族自治县知识产权信息中心	重庆市知识产权局
32	枣庄市政务服务中心	山东省知识产权局
33	浙江中医药大学	浙江省知识产权局
34	中国兵器装备研究院	直接申请
35	中国地质大学（北京）	教育部
36	中国国家博物馆	文化和旅游部
37	中国科学院长春应用化学研究所	吉林省知识产权局
38	中国科学院上海药物研究所	中国科学院
39	中国医学科学院医学信息研究所	直接申请
40	中国移动通信集团设计院有限公司	北京市知识产权局
41	中石化（大连）石油化工研究院有限公司	辽宁省知识产权局

附录 D

在华技术与创新支持中心（TISC）

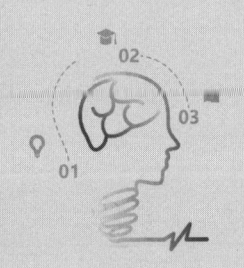

1. 第一期 TISC 机构名单

序号	机构名称	地区
1	中国科学院文献情报中心	北京
2	中关村科技园区丰台园	北京
3	北京国知专利预警咨询有限公司	北京
4	中国标准化研究院	北京
5	中关村知识产权促进中心	北京
6	首都知识产权服务业协会	北京
7	国家知识产权局专利检索咨询中心	北京
8	北京知识产权运营管理有限公司	北京
9	北京东方灵盾科技有限公司	北京
10	中国专利信息中心	北京
11	中国专利技术开发公司	北京
12	知识产权出版社有限责任公司	北京
13	天津市科学技术信息研究所	天津
14	天津大学	天津
15	中国汽车技术研究中心有限公司	天津
16	天津市知识产权保护中心	天津
17	河北省知识产权保护与发展协会	河北
18	石家庄众志华清知识产权事务所	河北
19	河北省科学技术情报研究院	河北
20	山西省知识产权技术服务中心	山西
21	内蒙古医科大学	内蒙古
22	内蒙古自治区知识产权研究会	内蒙古
23	内蒙古知识产权服务中心	内蒙古
24	辽宁省信息中心	辽宁
25	中国科学院大连化学物理研究所	辽宁
26	吉林省知识产权保护中心	吉林
27	吉林大学	吉林
28	吉林省图书馆（吉林省少年儿童图书馆）	吉林
29	哈尔滨工程大学	黑龙江
30	东北林业大学	黑龙江
31	上海图书馆（上海科学技术情报研究所）	上海
32	上海海事大学	上海
33	中国科学院上海营养与健康研究所	上海

续表

序号	机构名称	地区
34	上海市知识产权服务中心	上海
35	上海专利商标事务所	上海
36	上海交通大学图书馆	上海
37	南京理工大学	江苏
38	江苏省专利信息服务中心	江苏
39	江苏佰腾科技有限公司	江苏
40	智慧芽信息科技（苏州）有限公司	江苏
41	江苏大学	江苏
42	浙江工业大学	浙江
43	浙江省科技信息研究院	浙江
44	浙江省知识产权研究与服务中心	浙江
45	温州市知识产权服务园	浙江
46	中国科学技术大学	安徽
47	合肥汇众知识产权管理有限公司	安徽
48	安徽信息工程学院	安徽
49	福建省科学技术信息研究所	福建
50	福建省知识产权发展保护中心	福建
51	厦门大学	福建
52	江西省专利事务所	江西
53	江西省陶瓷知识产权信息中心（国家知识产权局江西省专利信服务中心）	江西
54	山东省知识产权事业发展中心	山东
55	山东专利工程总公司	山东
56	齐鲁工业大学（山东省科学院）	山东
57	青岛市专利代办处（青岛市知识产权事务中心）	山东
58	东营市知识产权保护中心	山东
59	中国（烟台）知识产权保护中心	山东
60	河南省知识产权事务中心	河南
61	郑州市金水区国家知识产权创意产业试点园区	河南
62	武汉光谷知识产权联盟管理有限责任公司	湖北
63	中国科学院武汉文献情报中心	湖北
64	湖北省知识产权发展中心	湖北
65	中部知光技术转移有限公司	湖北
66	湖南省知识产权信息服务中心	湖南
67	湘潭市生产力促进中心有限公司	湖南
68	广州奥凯信息咨询有限公司	广东

续表

序号	机构名称	地区
69	广东省知识产权保护中心［中国（广东）知识产权保护中心、广州商标审查协作中心］	广东
70	广州中新知识产权服务有限公司	广东
71	中国（深圳）知识产权保护中心	广东
72	横琴国际知识产权交易中心有限公司（国家知识产权运营公共服务平台金融创新（横琴）试点平台	广东
73	佛山科学技术学院	广东
74	广西壮族自治区知识产权发展研究中心	广西
75	桂林电器科学研究院有限公司	广西
76	海南师范大学国家大学科技园	海南
77	重庆大学	重庆
78	中新（重庆）知识产权研究院有限公司	重庆
79	重庆摩托车（汽车）知识产权信息中心	重庆
80	中国科学院成都文献情报中心	四川
81	行之知识产权服务集团有限公司	四川
82	电子科技大学知识产权信息服务中心	四川
83	四川省知识产权服务中心	四川
84	西南科技大学	四川
85	贵州省科学技术情报研究所	贵州
86	贵州派腾科技服务有限公司	贵州
87	云南省科学技术情报研究院	云南
88	西藏大学	西藏
89	陕西融盛知识产权平台有限公司	陕西
90	陕西省知识产权服务中心	陕西
91	陕西省知识产权保护中心	陕西
92	中国科学院西北生态环境资源研究院	甘肃
93	甘肃省科学技术情报研究所	甘肃
94	兰州大学	甘肃
95	甘肃省知识产权保护中心	甘肃
96	中国石油天然气股份有限公司兰州化工研究中心	甘肃
97	青海之也科技咨询服务有限公司	青海
98	青海省专利信息服务中心	青海
99	银川市生产力促进中心	宁夏
100	宁夏回族自治区知识产权服务中心	宁夏
101	新疆大学	新疆

2. 第二期第一批筹建机构名单（2024年2月5日发布）

序号	机构名称
1	北京亦庄科技创新有限公司
2	华智众创（北京）投资管理有限责任公司
3	北京梦知网科技有限公司
4	天津市滨海新区知识产权保护中心
5	华北电力大学（保定）
6	河北省知识产权保护中心
7	雄安新区知识产权保护中心（市场监管服务保障中心）
8	山西同方知网数字出版技术有限公司
9	内蒙古自治区知识产权保护中心
10	沈阳市知识产权保护中心（沈阳市知识产权服务促进中心）
11	大连市知识产权保护中心
12	大连高新技术产业园区
13	吉林农业大学
14	上海应用技术大学
15	环球互通品牌服务有限公司
16	江苏省科学技术情报研究所
17	西交利物浦大学
18	浙江省知识产权保护中心
19	宁波知识产权保护中心
20	浙江万里学院（宁波知识产权学院）
21	安徽大学
22	安徽省科学技术情报研究所（省科学技术档案馆）
23	合肥市知识产权保护中心
24	福建理工大学
25	泉州市知识产权保护中心
26	南昌市知识产权保护中心
27	济南市知识产权保护中心
28	烟台大学
29	新乡市知识产权维权保护中心
30	武汉科技大学
31	长沙知识产权保护中心
32	株洲市知识产权协会
33	佛山市知识产权保护中心

续表

序号	机构名称
34	广东省科技图书馆（广东省科学院信息研究所）
35	汕头大学
36	贺州学院
37	海南大学三亚研究院
38	海口国家高新区孵化器运营管理有限公司
39	重庆江北知识产权运营有限公司
40	成都市知识产权保护中心
41	成都知识产权交易中心有限公司
42	贵阳市知识产权保护中心
43	玉溪市知识产权援助中心
44	陕西省图书馆
45	丝绸之路国际知识产权港有限责任公司
46	中国科学院青海盐湖研究所
47	宁夏科技发展战略和信息研究所
48	新疆医科大学
49	国家图书馆
50	苏州慧谷知识产权服务有限公司

附录 E

知识产权中介机构调查问卷

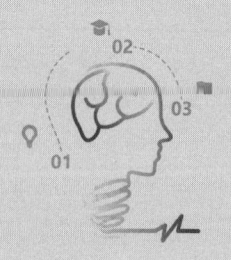

用户信息需求问卷调查

本调查旨在了解您及您所在机构在知识产权类案件中的信息需求，特别是在知识产权类案件处理中与文献相关的信息需求类型，信息需求相关的文献种类、格式、语种分布情况，信息任务实施与完成过程中遇到的困难等，为我们有针对性地提高信息查证类服务深度与服务体验提供依据。

1. 您的性别。

    A. 男　　　　　　B. 女

2. 您的年龄。

    A. 18～25 岁　　　B. 26～35 岁

    C. 36～50 岁　　　D. 51 岁及以上

3. 您的学历。

    A. 中学至大专　　B. 大学本科

    C. 硕士　　　　　D. 博士及以上

4. 您的职业。

    A. 律师　　　　　B. 律师助理

    C. 高校学生　　　D. 其他

5. 您在获取案件相关信息资源的过程中遇到过哪些困难？（可多选）

    A. 不知道去哪里查询信息

    B. 不知道如何查询信息

    C. 不知道如何筛选信息

    D. 不知道如何获取所需信息

6. 您通常如何获取所需的信息资源？（可多选）

    A. 百度等互联网资源下载

    B. 标准化研究院、专利局等下载或购买

    C. 图书馆的馆藏资源和数据库资源中查询、复制和下载

    D. 委托第三方协助获取

7. 您所需的文献格式主要包括以下哪几种？请按优先顺序列出选项。（可多选）

    A. 纸质文献　　　B. 电子版文献　　　C. 缩微胶卷

8. 您需要的文献类型主要包括以下哪几种？请按重要性程度排序。（可多选）

    A. 图书　B. 期刊　C. 报纸　D. 标准　E. 专利　F. 其他

9. 您需要的文献语种主要包括以下哪几种？（可多选）

   A. 中文　　　　B. 英文　　　　C. 其他

10. 您是否需要使用图书馆的信息服务？

    A. 从不需要　　　　　　　B. 偶尔需要

    C. 一般　　　　　　　　　D. 需要

    E. 经常需要

11. 请问您从何途径获取到国家图书馆的信息服务资讯？

    A. 同行推荐　　　　　　　B. 法院要求

    C. 搜索引擎搜索　　　　　D. 其他

12. 您主要在哪一种情况下需要国家图书馆的信息服务？（可多选）

    A. 商标知名度查询　　　　B. 专利无效取证

    C. 商标侵权取证　　　　　D. 相关法条法案查询

    E. 其他

13. 请问您使用过国家图书馆的哪一类信息服务？请按照以下服务的重要性进行排序。

    A. 馆藏复制证明　　　　　B. 专题检索证明

    C. 文献传递　　　　　　　D. 论文收引

    E. 专利查询　　　　　　　F. 其他

14. 您倾向于使用哪一种搜索策略获取信息资源？（可多选）

    A. 获取所有相关文献　　　B. 获取部分最相关文献

    C. 获取某一篇文献　　　　D. 获取文献中的某一片段

15. 您一般会使用几个关键词查询案件相关的信息资源？（可多选）

    A. 1个　　　B. 2~3个　　　C. 3个及以上

16. 您通常使用哪几种检索字段检索所需文献？（可多选）

    A. 主题　　B. 标题　　C. 全文　　D. 摘要

17. 国家图书馆提供的文献信息服务检索报告，您希望是何种形式？

    A. 电子版签章报告　　　B. 打印版签章报告

    C. 无所谓

18. 请问国家图书馆现有的信息服务是否可以满足您的需求？

    A. 完全可以满足　　　　B. 部分满足

    C. 部分不满足　　　　　D. 完全不能满足

19. 您还希望国家图书馆提供什么类型的文献信息服务？

20. 您对国家图书馆的信息服务有哪些改进意见？

再次感谢您的配合与支持！

附录 F

国家图书馆读者服务规范——社会教育拓展

国家图书馆读者服务规范——社会教育拓展

1. 读者参观服务

［工作内容］

协调、组织、接待到馆参观、完成相关工作统计等。

［质量规范］

（1）严格遵守《国家图书馆员工文明行为规范》《国家图书馆业务工作监督考核办法》的相关规定。

（2）做好各界访客参观的协调、组织、接待工作。

（3）少年儿童馆接待有组织的中小学生集体参观与家长陪同下的少年儿童参观。

（4）参观讲解应力求准确、全面。

（5）及时了解国家图书馆业务发展和新推出的服务项目，及时更新讲解内容。

（6）注意掌握讲解技巧，尽量不影响正常的阅览服务和业务工作。

（7）统计工作按照《国家图书馆业务统计规范》执行，各统计项目填报齐全，统计数据真实、准确，适时进行有关业务统计分析。

2. 读者培训服务

［工作内容］

组织、策划组织读者培训，培训宣传、培训现场服务，培训现有资料和信息的整合，完成相关工作统计等。

［质量规范］

（1）严格遵守《国家图书馆员工文明行为规范》《国家图书馆业务工作监督考核办法》的相关规定。

（2）根据国家图书馆业务发展和服务项目的推出，组织、策划组织读者培训。读者培训应有系统性。

（3）积极主动做好宣传工作，根据实际情况，选取适宜的宣传形式，扩大培训的影响。

（4）做好确立培训内容和培训目标，确定培训教师、培训时间、培训地点和收费标准等工作。

（5）培训现场服务：保证培训所需设备到位；做好读者报名、交费、办证等工作；协调各方，保证培训录音、录像、照片资料的收集；保证培训现场正常的培训秩序；做好培训场地的安全保卫、卫生工作。

（6）培训现有资料和信息的整合，建立科学合理的培训信息管理体系。包括及时整理培训的文字资料及相关资料；根据培训教师授权协议书和实际情况，保留重要培训的音像资料，适当时将其重复播放或通过网络提供给读者；建立培训档案，保存培训的计划安排、培训教师的介绍材料、培训内容的文字资料和重要培训的音像资料。

（7）履行信息发布程序，不得随意更改已公布的培训安排。

（8）对文字资料的上网及出版严格把关。

（9）认真整理、保存讲座有关的各种档案，不丢失，不错乱，做好存档和归档工作。

（10）培训工作与国家图书馆业务工作要紧密结合。

（11）定期收集各方面反馈意见，及时调整培训的相关项目，并提出应对方案保障培训效果。

（12）统计工作按照《国家图书馆业务统计规范》执行，各统计项目填报齐全，统计数据真实、准确，适时进行有关业务统计分析。

3. 公益讲座服务

［工作内容］

组织、策划公益讲座、讲座宣传、讲座现场服务、讲座现有资料和信息的整合、相关工作统计等。

［质量规范］

（1）严格遵守《国家图书馆员工文明行为规范》《国家图书馆业务工作监督考核办法》的相关规定。

（2）制订讲座的整体计划，组织、策划组织各类型的公益讲座，应结合各类讲座的特点组织策划，尽量成系列。公益讲座的策划应有年度或半年的总体策划。

（3）积极主动做好宣传工作，根据实际情况，选取适宜的宣传形式，扩大讲座的影响。

（4）确定讲座教师、讲座时间、讲座地点。包括初步联系讲座教师，确认讲座时间，就讲座题目进行协商；与讲座教师沟通有关讲座事宜，涉及文稿、照片以及讲座所需幻灯片的设计、制作事宜应进行明确；为讲座教师提供咨询，并根据需要提供相关资料。

（5）做好确立讲座内容和讲座目标，确定讲座教师、讲座时间、讲座地点等工作。

（6）做好讲座现有资料和信息的整合，建立科学合理的讲座资料信息管理体系。包括及时整理讲座的文字资料和讲座授权书等相关资料，组织落实相关资源的编辑出版工作；根据实际情况，保留重要讲座的音像资料，适当时将其重复播放或通过网络提供给读者；建立讲座档案，保存讲座的计划安排、讲座教师的介绍材料、讲座内容的文字资料和讲座的音像资料和讲座授权书等资料。

（7）统筹并按时上报月度讲座计划，履行信息发布程序，不得随意更改已发布的讲座安排。

（8）文字资料对外发布及出版之前，进行报审。

（9）整理、保存讲座有关的各种档案，不丢失，不错乱。

（10）定期收集各方面反馈意见，及时调整讲座的相关项目，并提出应对方案、保障讲座效果。

（11）统计工作按照《国家图书馆业务统计规范》执行，各统计项目填报齐全，统计数据真实、准确，适时进行有关业务统计分析。

4．音像资料摄像编辑

［工作内容］

接受并完成读者的摄像编辑委托，完成馆内各重大活动的摄像编辑工作。收集、保管摄像编辑资料，摄像编辑设备的保养，完成相关工作统计等。

［质量要求］

（1）严格遵守《国家图书馆员工文明行为规范》《国家图书馆业务工作监督考核办法》的相关规定。

（2）加强学习，提高业务水平，满足社会和馆内摄像编辑工作的需要。

（3）了解摄像编辑工作的程序和特点，按要求完成摄像编辑。

（4）熟练掌握摄像设备的机械性能、操作技术，定期进行保养、检修。

（5）摄像编辑工作完成后，应做好记录，整理并保管资料，按要求进行存档和归档。

（6）统计工作按照《国家图书馆业务统计规范》执行，各统计项目填报齐全，统计数据真实、准确，适时进行有关业务统计分析。

注：目前摄像编辑工作暂不接受读者委托。

5. 展览

［工作内容］

策划、组织展览项目；展览内容相关的文字撰写、编辑；美术设计与制作、展览素材的拍摄收集与绘制、设计展览小样的报批及存档等工作；完成相关工作统计。

［质量要求］

（1）制定展览年度计划，结合馆藏特色组织、策划各类展览。

（2）做好展览业务的协调、宣传和对外联络工作。

（3）展览成品应具有较高的思想性与艺术性。

（4）遵守合同，以用户满意为准则。

（5）整理、保存展览有关的档案资料，不丢失，不错乱，按要求进行存档和归档。

（6）统计工作按照《国家图书馆业务统计规范》执行，统计数据真实、准确，适时进行有关业务统计分析。

附录 G

国家图书馆馆藏文献复制证明业务规范

国家图书馆馆藏文献复制证明业务规范

一、业务流程

1. 处理申请

（1）到馆咨询：需求明确的咨询由委托人填写纸本申请单或由咨询馆员根据读者口述在系统上自建申请单；需求不明确的咨询，引导读者查看服务介绍页面，并指导读者明确需求后提交申请。

（2）电话咨询：指引到主页上的服务介绍页面，指导读者如何在需求明确后提交申请。

（3）邮件咨询：应当在接到咨询的当天下班前回复邮件，以确认收到邮件申请，回复邮件中应当注明咨询馆员的姓名和联系电话。

（4）参考咨询管理系统中的申请单：值班人员应在当天下班前认领并通过邮件或电话回复读者，确认收到申请。申请不属于本科组业务的，通知科组长或业务辅导员转发给相关科组并通知读者相关科组的联络人和联络方式。无效申请或者重复申请的，认领后可作中止结题处理。

2. 确认委托

咨询馆员应当通过邮件、电话或当场通知用户是否接受委托。确认接受委托的，应当告知承办人姓名和联系方式；无法接受用户委托的，应当向用户说明原因。委托项目较大，历时时间较长，或者委托内容复杂，双方的责权需要明确的，应当另外签订委托合同。委托合同双方签字盖章后原件由科组统一保管。

3. 课题分析及检索

（1）咨询馆员应当分析用户委托复制的清单，判断清单是否清楚明确。如果清单缺少题目、作者、出处等详细信息影响复制，应当让用户补充。

（2）复印清单中的文献应在本馆馆藏目录检索系统（OPAC）中进行检索，确定是否有纸本馆藏及能否提供复印。无纸本馆藏或无法提供复印的，应及时联系用户说明原因，可以向用户提供备选方案，如馆藏数据库相应文献下载打印。

（3）打印文献清单可以根据文献类型判断使用的馆藏数据库，不确定的可以在相应数据库中进行试检。

4. 复制

（1）复印：在OPAC中检索以确定文献的馆藏地，如馆藏有多个副本，复印文献提取顺序依次为阅览室、基藏库、保存本；提取文献后标明复印内容，交由复印工作人员制作复印件。

（2）数据库文献下载打印：根据用户提供的文献清单选定数据库下载原文并打印，按照数据库格式导出相应的文献目录清单。

5. 完成文献复制证明报告

完成文献复制后，根据复制情况选择相应模板制作文献复制证明报告。

6. 咨询审核

检索报告完成后，应当提交具有审核资质的咨询馆员审核。

审核员应当检查委托单或工作单必填内容是否完整，委托项目名称是否写明文献类型和复制方式。

审核员对检索报告做形式审查，确保报告编号、检索人、完成日期无误，证明内容、说明项目、附件前后一致，无遗漏及互相矛盾之处。重点审核证明内容和说明项是否一致，附件清单是否按要求出具。

审核结果应当向承办人反馈。

7. 交付证明报告

审核后的证明报告电子版应当发给委托人确认，确保委托单位无误。同时将费用清单和付款方式一并告知委托人。

经委托人确认后的证明报告连同附件和复制结果打印盖章，报告正文落款处、附件起始处单独盖章，报告正文和所有附件盖连缝章，确保每页纸上均有红章的一部分。

委托人付款后，将盖章后的证明报告连同所有附件交付给委托人。

当面交付的，应当及时开具收据，交由取件人，并告知开发票地点。

快递交付的，应当开具收据后按用户的要求开具发票，确保发票抬头、发票项目、金额无误后连同报告材料一同快递给委托人。并发邮件提醒注意查收，同时告知快递单号。

8. 结题归档

报告交付给用户后应当及时结题归档。

参考咨询管理系统中的结题要求，应当完整填写咨询处理阶段的内容，如实填写费用情况、付款方式、交付方式，上传检索报告终稿，确认无误后结题。

给号登记表应当填写结题日期、金额、费用情况、付款方式，有合并付款等特殊情况应当备注。

最后，将填写完整的申请单或从系统导出的咨询档案打印后存档。

二、质量规范

1. 委托单

必填项 1：委托单位（或委托人）、地址、联系人、电话、电子邮件地址，以便及时联系用户。

必填项 2：委托方承诺与保证，用户需要签字盖章并填写委托时间。

必填项 3：复制文献信息（或另附的文献清单），应当包括需要复制的文献题名、作者名、详细出处等重要信息，以便准确找到所需内容。

必填项 4：应当填写复制方式、复制内容及提交报告的份数。

必填项 5：咨询结题部分，包括委托时间、完成时间、接办人、承办人、收费情况、支付方式和提交方式。

必填项 1~4，由委托人填写，也可在委托人在场的情况下由咨询馆员代为填写。用户可直接填写电子版委托单，用户要求对书籍进行整本复印的，则必须要求用户手工填写《国家图书馆馆藏文献复制证明委托单》，并签字确认。

必填项 5 由咨询馆员填写。

通过参考咨询管理系统提交委托的，咨询馆员需要检查委托人填写的委托信息情况，委托项目名称必须包含文献类型和复制方式，修改规范后保存。

如用户拒绝填写委托单中的必填项，不能接受委托。

2. 复制制作要求

复印：馆藏纸质文献复印只能提供本馆 OPAC 中可以检索到的文献，OPAC 检索不到的文献不能提供复印。

报纸文献复印要求：应当复印报头和用户需要的相应页面，用户需要的内容为下半版的，应当同时复印上半版的内容。必须保证报头信息、统一刊号和版次信息完整。

期刊和专著文献复印要求：应当复印封面、版权页、目录页、用户需要的页面。

数据库下载打印：不能在多种文献整合的检索平台上检索并下载打印原文。根据用户提供的清单，核对篇名、作者、出处无误后下载原文，原文应当保存在档案服务器中。如果相应数据库不提供下载原文的（如龙源期刊网），则需在数据库文章打开页面直接打印。如果常用数据库中没有检索到用户所需文献的情况下，应当确保已经检索过馆藏其他各种相关数据库。

3. 证明报告

证明报告应当按照报告模板出具，每项内容必须据实填写，不能按读者要求随意修改咨询报告模板或内容，更不能在用户起草的材料上直接盖章。读者有特殊要求，承办人及项目负责人无法处理的，交由科组长和业务辅导员决定。

报告编号：由四位数字年份+NLC+GCZM+四位数字报告流水号组成，每一个报告号对应一份证明报告，不能出现同一个报告号有两份以上不同的证明报告的情况。

证明内容：证明附件中资料为国家图书馆馆藏文献复制件，读者可在国家图书馆阅览该文献。

委托单位：应当和用户提供的委托单一致。

检索报告人：参与该份报告的咨询馆员，两个以上的咨询馆员合作完成的，按完成工作的主次列明。

说明：共三项，根据模板按照实际情况进行填写。

（1）完成该份报告的机构简介。

（2）应当写明复制方式，并核实复制件内容与原件相同。复制方式应当根据实际情况写明复印或扫描打印；复制件对应写明复印件或扫描打印件。

（3）复制文献资料的统计信息，应当注明合计篇数和页数，页数应当按复制件纸张类型分别列明。

报告日期：报告日期为完成检索报告的时间，不能按用户要求随意修改。

附件：包括复制清单和文章原文。复制清单应当写明是复印件或打印件。

复印文献清单要求如下。

报纸文献清单：必须包括详细出处（报纸名称、年、月、日，以及版次信息），国内统一刊号，索书号（或条码号），馆藏子库，复印内容。

期刊文献清单：必须包括详细出处（期刊名称、年、卷、期），ISSN 号，索取号（或条码号），馆藏子库，复印内容。

专著文献清单：必须包括题名、著者、出版项、ISBN 号、索取号（或条码号），馆藏子库，复印内容。

打印文献清单要求：应包含来源数据库名称及通过数据库下载文献清单。

文章原文的顺序应当和目录清单的顺序完全一致。作为附件的原文必须由本馆工作人员复印或下载打印，不能使用户提供的复印件或电子版原文制作证明报告。

三、注意事项

1. 用户沟通：咨询馆员在咨询处理的各个阶段应当及时与用户沟通，切忌主观臆断，根据自己的判断替用户做决定。特殊要求和沟通结果需邮件确认。尤其是咨询费用的产生，应当尽到提醒义务，并得到用户的认可后再进行操作。

2. 咨询进度：咨询馆员要注意咨询进度的控制，按照与用户约定的交付时间完成咨询，合理控制检索、准备附件、完成检索报告的过程。一项咨询由多人共同完成的，项目负责人要控制咨询进度，及时结题。

3. 复印件：作为证明报告附件的复印件必须由本馆工作人员复印完成，不能在用户自行复印或自行从复制处取出的复印件上盖章出具证明。

4. 否定性报告：不能给用户出具无检索结果的否定性报告。遇到与现有业务不同的咨询需求，交由科组长、业务辅导员、高级参考咨询岗共同讨论决定。

5. 纸质报告和复制件应经用户确认之后再盖章。

6. 收费：应当严格按收费标准收费。用户要求折扣或讨价还价，承办人及项目负责人无法处理的，交由科组长和业务辅导员决定。

无论用户是否需要，收费后必须向用户开具收据，用户不要或者无法给用户提供的，将开具的收据交由科组长保管。

7. 涉密文献问题：咨询馆员遇到读者要求复制涉密文献的需谨慎处理，如咨询馆员不能确定是否能提供复制服务，应报请科组长和业务辅导员研究决定。

8. 咨询中止：若用户中止委托，根据不同情况处理。

在复制开始之前中止委托的，可作中止处理，直接中止结题，咨询费用为0，并在备注项注明中止原因。

在复制开始之后终止委托的，应当按照实际完成情况收取复制费，再做结题处理。

在完成检索报告打印盖章后中止委托的，应当收取证明费、附件费、复印（打印）费后中止委托并做结题处理。

9. 保密问题：咨询馆员有义务为用户保守秘密，不能向委托人以外的单位或个人提供用户的委托内容、检索报告等材料。其他单位或个人声明已得到该用户许可的，需要出具原委托人签字盖章的知情同意书。

10. 咨询档案：咨询档案的存档要求详见档案整理规范。

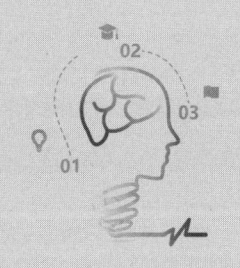

附录 H
国家图书馆商标或品牌信息查证业务规范

国家图书馆商标或品牌信息查证业务规范

一、业务流程

1. 处理委托

到馆咨询：针对需求明确的咨询，用户登录"国家图书馆咨询提交平台"后直接提交委托；针对需求不明确的咨询，引导用户查看服务介绍页面，并指导用户明确需求后提交委托。

电话咨询：指引用户查看主页上的服务介绍页面，指导用户如何在需求明确后提交委托。

邮件咨询：应当在接到咨询的当天下班前回复邮件，以确认收到邮件委托，回复邮件中应当注明咨询馆员的姓名和联系电话。

参考咨询管理系统中的委托单：值班人员应在当天下班前认领并通过邮件或电话回复用户，确认收到委托。委托不属于本科组业务的，通知科组长或业务辅导员转发给相关科组并通知用户相关科组的联络人和联络方式。无效申请或重复申请的，认领后可做中止结题处理。

2. 确认委托

咨询馆员应当通过邮件、电话或当场通知用户是否接受委托。确认接受委托的，应当告知委托人姓名和联系方式；无法接受用户委托的，应当向用户说明原因。委托项目较大，历时时间较长，或者委托内容复杂，双方的责权需要明确的，应当另外签订委托合同。双方签字盖章后的委托合同原件由科组统一保管。

3. 课题分析

咨询馆员应当对委托项目进行分析，了解委托项目所涉商标、品牌的背景资料，理清用户提供的关键词之间的逻辑关系并得到用户确认，制定相应的检索策略（包括检索字段，检索词）等，选定检索数据库。

4. 试检

根据制定的检索策略，在选定的数据库中进行试检，根据试检结果调整检索策略（包括检索字段，检索词等），调整后的检索策略需要得到用户的确认；或者将试检结果及时反馈给用户，请用户调整检索要求（包括检索词、时间段、检索字段等）。

5. 提交检索目录

用户需要初查目录的,按照数据库提供的题录格式下载后提供给用户。每个数据库的初查目录作为单独一个文件保存。

初查目录前应注明数据库名称,检索年限和检索策略(包括检索字段和检索词)。

当检索结果不符合用户预期,或用户改变检索要求时,需要重复第4、第5阶段的工作。

6. 获取原文,出具检索报告

如果咨询馆员提供初查目录供用户选择,根据用户选择结果获取原文;如果用户委托咨询馆员选择,按照用户的要求下载获取原文(如篇数控制,年限控制,排除负面报道等);如果用户的挑选要求复杂,必须仔细阅读全文才能判断,建议用户到馆选择,将选中的题录发给咨询馆员。

完成原文下载后,按照专题检索证明报告模板完成检索报告。

7. 咨询审核

检索报告完成后,应当提交具有审核资质的咨询馆员审核。

审核员应当检查工作单内容是否完整,重点检查委托项目名称是否按要求填写。

审核员对报告做形式审查,确保报告编号、检索人、完成日期无误,委托项目、检索工具、检索结果、免责声明、附件前后一致,无遗漏及互相矛盾之处。重点审核检索结果是否清晰,检索策略是否合理,表述是否严谨。

审核结果应当向承办人反馈,以免反复出现类似疏漏。

8. 交付检索报告

审核后的报告应当发给委托人确认,确保报告中的"委托人"一项信息无误。同时将费用清单和付款方式一并告知委托人。

经委托人确认后的检索报告连同附件和下载的原文电子签章后打印,报告正文落款处、免责声明落款处、附件处签"国家图书馆科技查新中心"章,报告正文和所有附件签"国家图书馆文献查证"骑缝章。

委托人付款后,将盖章后的检索报告连同所有附件交付给委托人。

当面交付的,应当及时开具收据,交给取件人,并告知发票开具地点。

快递交付的,应当开具收据后按用户的要求换发票,确保发票抬头、发票项目、金额无误后连同报告材料一同快递给委托人(发票单独装信封中或与报告首页夹好，以防丢失），并发邮件告知快递单号，提醒注意查收。

9. 结题归档

报告交付给用户后应当及时结题归档。

参考咨询管理系统中结题，应当完整填写咨询处理阶段的内容，如实填写费用情况、付款方式、交付方式，上传检索报告终稿，确认无误后结题。

给号登记表应当填写结题日期、咨询费用、付款方式，有合并付款等特殊情况应当备注。结题日期一般为交付咨询报告的日期；后付费的委托项目，应当在交付检索报告的时候注明金额及待付款的情况，付款后再按实际情况填写付款方式；合并付款的，应当分别注明被合并的金额，在备注项注明合并付款的总金额。

最后，将填写完整的申请单和从系统导出的咨询档案放入对应的文件夹中。

二、质量规范

1. 委托单

必填项1：委托单位（或委托人）、地址、联系人、电话、电子邮件地址，以便及时联系用户。

必填项2：检索要求，包括检索年限、文献范围、地域范围、检索主题（或关键词），以便确定检索范围和检索策略。可要求用户提供简要背景材料，以便理解检索要求。

必填项3：用户须知后的用户签字和日期。

必填项4：咨询结题部分，包括委托时间、完成时间、接办人、承办人、收费情况、支付方式和提交方式。

必填项1~3，由委托人填写；必填项1~2可以根据用户口述由咨询馆员代为填写；必填项4由咨询馆员填写；用户可直接填写电子版委托单。

通过参考咨询管理系统提交委托的，咨询馆员需要检查委托人填写的委托信息情况，委托项目名称必须包含被检索主题（或关键词），修改规范后保存。

用户拒绝填写委托单中的必填项的，不能接受委托。

2. 检索要求

检索词：检索词应当由用户提供或经咨询馆员建议后得到用户确认。同一份检索报告的检索词应当有内在的逻辑关系，不能将毫不相关的几组检索词出具在一份检索报告中。

检索策略：检索策略应当尽量简洁明晰。确定检索策略，应当用确定的检索词在不同的检索字段中进行试检，并根据试检结果调整检索字段，以便与用户的需求相契合。同一份报告中不同数据库的检索策略应当一致。

数据库：在多种文献整合的检索平台上应当选择单一的数据库检索并出具报告。当必查数据库检索结果很少，或没有检索到用户所需资料的情况下，应当试检其他相关数据库。

3. 检索报告

检索报告应当按照报告模板出具，每项内容必须据实填写，不能按读者要求随意修改咨询报告模板或内容，更不能在用户起草的材料上直接盖章。读者有特殊要求，承办人及项目负责人无法处理的，交由科组长和业务辅导员决定。

检索报告的具体要求如下。

报告编号：由四位数字年份+NLC+JSZM+四位数字报告流水号组成，每一个报告号对应一份检索报告，同一个报告编号不能有两份以上内容不同的检索报告。

报告日期：报告日期为完成检索报告的时间，不能按用户要求随意修改。

委托项目：检索报告应总结该项委托的核心检索词，并说明语种及文献类型。例如，"FEDEX"在中文报纸期刊中的相关报道。

检索工具：检索报告应注明该份报告所使用的数据库，两个以上数据库用阿拉伯数字标明序号，数据库名称后注明起始年限。

检索年限：检索报告应注明检索文献的时间范围，如果用户不限时间，应当写明检索日期。

检索日期：检索报告应注明咨询馆员从事该份报告检索工作的日期，检索工作在2日以上的，应当写明时间段。检索工作包括初查目录检索和原文检索下载。

检索人：检索人指参与该份报告的咨询馆员。如果报告由两个以上的咨询馆员合作完成，应按完成工作的主次列明。

检索结果：检索报告的核心部分，需要写明所用的检索策略（包括检索词、检索式、检索字段等），在数据库检出的文献数量，根据客户要求挑选并打印的文献数量。检出的文献数量或挑选打印的文献数量根据客户的不同要求保留一项或两项。

多个数据库的检索结果根据检索工具所列顺序依次说明。

免责声明：表明附件中所有文章的来源数据库，并且对文章内容的真实性、可靠性及数据库商在数据编制过程中的错误免责。免责声明中的来源数据库应当和检索工具所列数据库一致。

附件：包括目录清单和文章原文。目录清单应当写明是打印件或复印件。清单应当按检索工具的顺序列明数据库名称，文章清单应当包含标题和详细出处。文章原文的顺序应当和目录清单的顺序完全一致。作为附件的原文必须由本馆工作人员下载打印或复印，不能使用用户提供的电子版原文或复印件制作检索报告。

三、注意事项

1. 用户沟通：咨询馆员在咨询处理的各个阶段应当及时与用户沟通，切忌主观臆断，根据自己的判断替用户做决定。尤其是咨询费用的产生，应当尽到提醒义务，涉及费用问题尽量用邮件与客户沟通，在得到用户的认可后再进行操作，必要时要求读者提前支付部分费用。

2. 咨询进度：咨询馆员要注意咨询进度的控制，按照与用户约定的交付时间完成咨询，合理控制检索、准备附件、完成检索报告的过程。一项咨询由多人共同完成的，项目负责人要控制咨询进度，及时结题。建议咨询馆员提前告知用户完成时限，一般情况下，从用户选择目录到完成报告，大概需要 7 个工作日。

3. 收费：应当按收费标准严格收费。用户要求折扣或讨价还价，承办人及项目负责人无法处理的，交由科组长和业务辅导员决定。

无论用户是否需要，收费后必须向用户开具收据，用户不要或者无法给用户提供的，将开具的收据交由科组长保管。

4. 原文下载：无论是受用户委托帮助用户选择原文，还是按照用户选择的目录下载原文，如果发现与检索内容不符的文章要予以剔除，并将该情况及时反馈给用户。作为报告附件的原文，必须由咨询馆员下载打印，不能使用用户提供的原文。

5. 专题检索证明必须由咨询馆员按一定的检索策略检索到原文，如由用户提供文献目录清单，且不能用统一的检索策略检索到原文的，不能出具专题检索证明。

6. 否定性结论：不能给用户出具无检索结果的否定性报告。遇到与现有业务不同的咨询需求，由科组长、业务辅导员、高级参考咨询岗共同讨论决定。

7. 咨询中止：用户中止委托的，根据不同情况处理。

在提交检索目录之前中止委托的，可作中止处理，待一个月后未激活委托的，直接结题，咨询费用为0，并在备注项注明中止原因。

在提交检索目录之后，获取原文并出具检索报告之前中止委托的，应向用户收取目录检索费后，再做结题处理。

在完成检索报告并发给用户确认之后中止委托的，应向用户收取检索费、条目费后，再做结题处理。

在完成检索报告打印盖章后中止委托的，应向用户收取证明费、检索费、条目费、打印费后中止委托。

8. 保密问题：咨询馆员有义务为用户保守秘密，不能向委托人以外的单位或个人提供该委托人的委托内容、检索报告等材料。其他单位或个人声明已得到该用户许可的，需要出具原委托人签字盖章的知情同意书。

9. 咨询档案：咨询档案的存档要求详见档案整理规范。

附录 I

国家图书馆知识产权信息服务管理办法(试行)

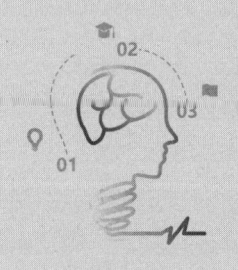

国家图书馆知识产权信息服务管理办法（试行）

第一章　总则

第一条　为深入实施国家创新驱动发展战略，贯彻落实《关于新形势下加快建设知识产权信息公共服务体系的若干意见》《知识产权信息公共服务工作指引》《国家知识产权信息公共服务网点备案实施办法》《知识产权强国建设纲要（2021－2035年）》等文件要求，有效推进《国家图书馆十四·五规划》对知识产权信息服务工作部署，推进国家图书馆知识产权信息服务中心的建设，规范国家图书馆知识产权信息服务业务的各项工作，制定本办法。

第二条　国家图书馆严格遵照《中华人民共和国民法典》《中华人民共和国专利法》《中华人民共和国商标法》《中华人民共和国著作权法》《中华人民共和国非物质文化遗产法》《中华人民共和国公共图书馆法》等法律法规，立足社会需求，面向中央和国家领导机关、重点科研单位、教育与生产单位、图书馆界和社会公众开展知识产权信息服务工作。

第三条　本办法规定了国家图书馆知识产权信息服务工作开展所遵循的法律法规、工作原则、业务类型、组织实施、人员管理、运行管理、档案管理等内容。本办法适用于国家图书馆知识产权信息服务的管理、实施与评价。

第二章　机构与人员

第四条　成立国家图书馆知识产权信息服务中心（以下简称"中心"），挂靠国家图书馆参考咨询部。参考咨询部是中心的建设单位，负责建立健全中心内部管理，配备专职人员，制定日常管理办法，协调相关基础设施建设及条件保障。中心对内称参考咨询部知识产权信息服务组，与社会教育部、展览部、法律事务处等部门共同负责国家图书馆知识产权信息服务工作。

第五条　中心工作职责包括：

（1）为国家图书馆知识产权的创造、保护、管理、运用和转化等提供支持。

（2）推动国家知识产权文化传播，推动读者知识产权信息素养提高，开展图书馆知识产权信息服务专题培训。

（3）强化知识产权信息资源建设，创新服务方法与模式，拓展服务内容，培育重点服务对象，开展知识产权信息资源保障、检索、分析、数据库/信息系统建设等多种形式知识产权信息服务。

（4）开展知识产权信息服务相关理论、方法、技术、工具与应用研究，有效推进专利、商标、著作权、地理标志、传统知识、民间文艺、非物质文化遗产、民间技艺等知识产权文献信息调研与整理，建成国家图书馆知识产权信息服务平台并提供服务。

（5）指导和支持国内具备条件的公共图书馆开展知识产权信息服务。

（6）承担国家知识产权信息公共服务网点（国家图书馆）办公室工作。

（7）承担国家知识产权局、文化和旅游部委托的知识产权服务相关工作。

第六条　中心组建知识产权信息服务工作团队，结合本馆实际开展知识产权信息服务工作。团队人员包含业务管理人员、高级服务专员、一般服务人员和助理。

第七条　工作人员基本任职条件：

（1）具有良好的职业道德。

（2）具备大学本科（含）以上学历或取得中级或以上专业技术职称任职资格。

（3）具备相关专业背景，良好的信息检索和分析能力。

（4）具有一定的外语和计算机水平。

第八条　高级服务专员任职条件：

在满足通用任职条件基础上，还应具备以下条件：

（1）熟悉本专业领域业务工作，具有较高理论水平、扎实的专业知识和丰富的实践经验。

（2）具备中级及以上专业技术职称任职资格。

（3）熟悉主要知识产权法律法规，具有较高的知识产权信息服务理论、扎实的专业知识和丰富的实践经验。

（4）接受过国家有关知识产权信息服务的正规培训。获得科技部、教育部或知识产权管理部门颁发或认证的相关资质证书，包括科技查新员、科技查新审核员、全国专利信息实务人才、高校专利信息分析实务研修班结业证书等。

第九条　工作人员在工作中须严格遵守以下要求：

（1）在开展知识产权信息服务时应当履行委托书规定的业务，按时、保质、保量完成。

（2）自觉维护知识产权信息服务项目所有者的权益，不占有、提供、转让他人的科技成果和资料。

（3）对委托知识产权信息服务的项目所做出的知识产权信息服务结论必须要有文献依据，不能虚构或臆撰。

（4）除规定的知识产权信息服务费用以外不得以任何理由和方式收取知识产权信息服务对象提供的额外费用和有价物品。

（5）所有业务收入必须按照国家图书馆财务相关要求及时交付，并且开具发票。

第十条　人员培训。

（1）定期为工作人员提供专业技能、服务技能方面的培训、研修与交流活动。

（2）支持工作人员参加知识产权相关业务培训、研讨会。

（3）建立完善的培训资料库，供工作人员自修。

（4）鼓励本工作人员开展业务研究，申请各级科研项目并撰写学术论文。

第三章　工作原则

第十一条　客观原则。

依据国家相关法律法规，客观、公正地为委托方提供知识产权信息服务。不受委托方其他要求的干涉，包括委托方为了己方的利益需求向中心提出的希望获得具有明显目标导向性检索分析结论的要求。知识产权信息服务必须建立在客观事实的基础上，提供可信的信息服务结论，最大限度地保证出具的报告客观、公正。

第十二条　保密原则。

根据服务协议的约定对委托方提供的信息承担保密义务，签署服务协议，明确双方有关保密事项的权利义务。服务过程中委托方提交的相关信息属于秘密信息，部分信息属于《中华人民共和国保守国家秘密法》列举的秘密事项，例如与国家重大决策事务相关的检索委托、军工科研院所或军队委托的与国防建设相关的检索委托等。除委托方或委托方明确指定的人或机构、法律法规允许的第三方、有权的司法行政机关外，中心及其工作人员承诺不向任何人泄露服务中的保密信息。

第十三条　回避原则。

在知识产权信息服务工作中应保持独立，中心及其工作人员必须是与委托方没有利害关系的第三方，中心与委托方进行业务接洽时，应对委托方进行利益冲突核查。当委托方需要委托的业务与中心已经完成或者正在进行的专利文献信息服务业务存在利益冲突时，中心不再受理此委托。例如，当以专利侵权为分析目的时，中心不再同时受理专利权人和被诉侵权人的委托。

第四章　业务管理

第十四条　中心接受国家知识产权局、文化和旅游部在资源建设、人才培训、业务规范制定、交流平台搭建等方面的业务指导和支持。

第十五条　业务保障。国家图书馆为中心的业务发展提供制度、人员和经费保障。为中心配备与知识产权信息服务工作所需要的各类基础设施，包括相关国内外文献资源、数据库、信息分析工具等数字资源和软硬件设施。中心同时通过各种方式实现与合作/协作单位的资源与工具共享。

第十六条　制度规范。中心负责制定并完善各项组织管理机制，建立健全内部管理规章制度与服务规范。建立印章专人管理及使用登记制度。

第十七条　专题咨询业务流程：

（1）委托方按要求向国家图书馆提交服务委托申请及相关材料。

（2）工作人员与委托方进行沟通，明确需求，初步确定服务委托是否属于本机构业务范围、服务要求能否实现，确定是否受理。不论接受或拒绝接受该委托，均应通过相应方式通知委托方。

（3）工作人员根据具体业务需求，选择相应文献信息资源与工具，开展检索、文献获取、分析、编制、撰写等工作，形成文献、报告等可交付服务成果。

（4）服务成果须经审核人员审核后并由委托方确认后方可正式提交，工作人员可根据审核人员或委托方反馈意见进行调整后再次提请审核。

（5）交付服务成果，结算费用，完成服务结题。

（6）工作人员整理服务档案，按照相应的方式完成归档。

（7）服务回访（必要时）。

第十八条　服务评估。

参考咨询部定期（一年或半年）对中心的服务管理、服务流程、服务质量进行评估，评估内容包括：

（1）绩效评估：对照国家图书馆知识产权信息服务工作目标与绩效标准，评估服务管理、服务流程及服务质量的履行程度及完成情况。

（2）成效评估：以知识产权信息服务用户为中心，将用户的服务预期与实际获得的服务效果进行比较分析。

（3）将绩效评估和成效评估结果相结合，不断调整和优化知识产权信息服务的目标、流程与标准，提升用户满意度，全面推动图书馆资源建设、服务与管理。

（4）根据要求定期向馆方及相关主管部门提交业务评估报告。

第十九条　业务宣传推广。

中心负责本馆知识产权信息服务宣传推广工作。充分利用国家图书馆的多种宣传途径和工具进行宣传、推广。

第五章 档案管理

第二十条 中心负责制定并完善工作档案和业务档案管理机制，做好档案的存档归档工作，并设专人管理。

第二十一条 档案内容。

工作档案包括：中心业务规划、规章制度、工作总结、活动方案、活动记录、人员培训等，形式包括但不限于文件、图片、手写件、音频、视频。

业务档案包括：咨询委托书、委托方提供的相关技术资料、服务成果、工作记录、知识产权服务项目档案等。

第二十二条 档案保存。

纸质档案存放在专用档案柜中，电子档案存放于专用服务器，并定期备份，服务档案不对外开放。

第二十三条 档案使用。

知识产权信息服务业务档案只供国家图书馆内部人员查阅，其他人员如有特殊需要查阅存档资料，须办理档案查阅手续后方可查阅。

第二十四条 档案销毁。

档案管理人员和其他有关人员必须严格遵守国家图书馆档案保管制度和国家有关知识产权保护相关法律规定，如出现档案遗失、泄密、损毁将追究当事人相应责任。

档案销毁必须按照国家图书馆档案管理有关规定和程序执行。

第六章 考核和监督

第二十五条 中心定期开展检查监督，确保知识产权信息服务工作的有效性。根据检查、监督的结果，制定和落实改进措施。

第二十六条 中心接受国家知识产权局、文化和旅游部主管部门对中心工作情况的监督和考核，每年12月中旬前，将当前年度工作总结和下一年工作计划整理完毕，并报送国家知识产权局、文化和旅游部主管部门审核、备案。

第七章 附则

第二十七条 本办法的执行遵照国家法律法规或政策规章，若有未提及之处以国家的有关规定为准。

第二十八条 本办法自公布之日起生效，由国家图书馆负责解释。

附录 J
国家图书馆举办会议、展览、培训、讲座相关活动规定

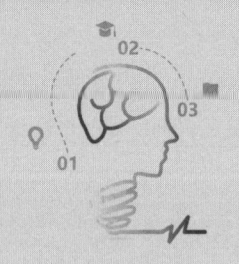

国家图书馆举办会议、展览、培训、讲座相关活动规定

为进一步规范和加强以国家图书馆名义或以国家图书馆部处名义主办、合办或承办的各类会议、展览、培训、讲座活动，特制定本规定。

一、以国家图书馆名义主办、合办或承办的各类活动分为重大活动和一般活动。

（一）重大活动是指由馆里统一组织实施的、综合性的、列入年度重点项目的各类会议、展览、培训、讲座活动。

（二）一般活动是指由各部处组织实施的、各类业务性的会议、展览、培训、讲座活动。

二、制定并严格执行"国家图书馆年度举办活动计划"。

（一）凡计划以国家图书馆名义举办的会议、展览、培训、讲座活动，活动牵头部门须在编制年度预算时，将下一年度活动一并申报。申报内容主要包括：活动名称、主办及承办方、主题、规模、出席人员、举办时间和地点、经费预算及经费来源、活动类型等。

（二）财务处会同办公室、业务管理处对各部门申报的活动计划进行审核，并报馆务会研究，批准后形成"国家图书馆年度举办活动计划"。

（三）列入"国家图书馆年度举办活动计划"的活动在经费、场地等方面优先给予保障。

三、"国家图书馆年度举办活动计划"一经发布，活动牵头部门须结合计划制定详细的实施方案。

（一）会议活动的详细实施方案包括时间、地点、主题、内容、形式、规模、出席人员、是否进行宣传报道、预算及经费来源、相关材料（包括议程、主持词、讲话稿）等。

（二）展览活动的详细实施方案包括时间、地点、主题、内容、形式、规模、是否举行开幕式、开幕式邀请的领导嘉宾名单、是否进行宣传报道、预算及经费来源、相关材料（包括展览介绍、开幕式议程、主持词、讲话稿）等。

（三）培训活动的详细实施方案包括时间、地点、主题、内容、形式、规模、参加人员、是否进行宣传报道、预算及经费来源、主讲人简介等相关材料。

（四）讲座活动的详细实施方案包括时间、地点、主题、内容、形式、规模、参加人员、是否进行宣传报道、预算及经费来源、主讲人简介等相关材料。

四、举办活动的审批和备案程序。

（一）凡列入"国家图书馆年度举办活动计划"的重大活动，活动牵头部门须至少提前30天正式行文报批，并附活动的详细实施方案，经由业务管理处、财务处及办公室会签后，报主管馆领导、常务副馆长审批，必要时报馆长审批。批准后，方可组织实施。

（二）凡列入"国家图书馆年度举办活动计划"的一般活动，活动牵头部门须至少提前20天正式行文报批，并附活动的详细实施方案，经由业务管理处及财务处会签后，报主管馆领导审批，必要时报常务副馆长审批。批准后，方可组织实施。

（三）凡列入年度任务书的常规性的培训、讲座活动，原则上可按年度任务书的要求执行，按月度提前报办公室备案，不再正式行文报批。但活动若涉及敏感内容，或有重要领导、来宾参加的，须参照重大或一般活动审批程序正式行文。批准后，方可组织实施。

（四）未列入"国家图书馆年度举办活动计划"的活动，原则上不允许举办。确有必要增加的，活动牵头部门须参照重大或一般活动审批程序正式行文。批准后，方可组织实施。

（五）以国家图书馆部处名义主办、合办或承办的各类活动由承办部处负责制定详细实施方案并正式行文报批，经由办公室或业务管理处及财务处会签后，报主管馆领导审批。批准后，方可组织实施。

五、举办活动的经费管理。

（一）本着"量入为出、保证重点"的原则，统筹安排好年度举办活动的经费预算。

（二）凡举办活动，须严格按照"国家图书馆年度举办活动计划"批复的经费预算执行，原则上不再追加预算，预算超出部分由活动主办部门自行承担。

（三）若活动根据实际情况确需超出预算的，须在正式行文报批时阐明理由，经批准后方可追加预算。

（四）凡活动预算内容涉及招标的，须严格按照我馆有关招标的管理规定执行。

六、举办活动的信息发布。

（一）活动一经批准，活动牵头部门应及时将活动信息告知参考咨询部总咨询台、数字资源部、信息网络部及社会教育部。

（二）数字资源部负责于 2 个工作日内将活动信息在国图网站及数字电视中予以发布；信息网络部负责于 2 个工作日内将活动信息在手机门户网站中予以发布；社会教育部负责于 2 个工作日内将活动信息在馆内公告栏中予以发布。

（三）活动因故变更，活动牵头部门应及时通知参考咨询部总咨询台、数字资源部、信息网络部、社会教育部进行相应调整。

七、举办活动的宣传报道。

（一）办公室归口管理举办各类活动的宣传报道工作。

（二）活动一经批准，活动牵头部门应及时将新闻通稿及活动相关材料报办公室。

（三）办公室根据活动实际情况，负责统一安排新闻媒体的邀请、采访、宣传及相关后续报道工作。

八、举办活动的后勤保障和安全管理。

（一）活动批准后，牵头部门可根据活动情况，及时在保卫处、行政管理处和后勤服务部备案。保卫处、行政管理处和后勤服务部应积极配合做好环境卫生、绿化美化、车辆停放、设施设备、安全保卫等相关活动保障工作。

（二）活动期间，牵头部门须严格按照《国家图书馆对外举办活动安全管理暂行规定》《国家图书馆举办展览安全管理规定》要求，做好活动的安全管理工作。

九、活动牵头部门在活动结束后，须按照《国家图书馆档案管理办法》将活动资料及时归档并移交档案室。

十、未经批准或备案，擅自开展会议、展览、培训、讲座活动，一经发现，给予主办部门和主办部门负责人通报批评；对造成不良影响的，将视情况给予主办部门和主办部门负责人行政处分和经济处罚。

十一、本规定自 2012 年第 5 次馆务会讨论通过，自发布之日起实施。原《国家图书馆对外举办讲座、培训、展览、会议以及出版工作的规定》同时废止。

十二、本规定的解释权在国家图书馆办公室。

附录 K
国家图书馆举办会议、展览、培训、讲座相关活动备案表

附录K　国家图书馆举办会议、展览、培训、讲座相关活动备案表

国家图书馆举办会议、展览、培训、讲座相关活动备案表

活 动 名 称		
活 动 时 间		
活 动 地 点		
牵 头 部 处	活动负责人及联系电话	活动协调人及联系电话
参 加 对 象		
参 加 人 数		
重 要 来 宾		
是否举行 开 幕 式		
车 辆 情 况	贵 宾：　　　辆	嘉 宾：　　　辆
牵头部处意见及 签 章		
相 关 部 门 负责人意见	办 公 室	
	保 卫 处	
	行政管理处	
	后勤服务部	

备注：请活动牵头部门认真填写备案表，并附活动详细实施方案报送相关部门备案。

附录 L
国家典籍博物馆展览暂行管理办法

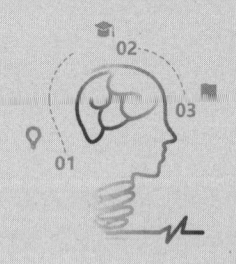

国家典籍博物馆展览暂行管理办法

第一条 为加强国家典籍博物馆展览工作的规范化、科学化管理，不断提高展览服务水平，促进博物馆和图书馆服务的深度融合，根据《中华人民共和国文物保护法实施条例》《博物馆条例》《博物馆管理办法》《文物出境展览管理规定》等相关法律法规的要求，特制定本暂行管理办法。

第二条 本暂行管理办法适用于在国家典籍博物馆举办的所有展览。

第三条 举办展览需做到主题内容与国家图书馆（国家典籍博物馆）职能定位相匹配，形式设计与馆区整体氛围相协调。需充分挖掘展览资源，丰富服务形式与内容，积极开发文创衍生品，满足观众的文化消费需求，确保安全、环保。

第四条 展览部作为在国家典籍博物馆范围内举办各项展览的统筹部门和承办部门，办公室、业务管理处作为展览监管部门。

第五条 各部处在编制年度预算时，须将下一年度拟在国家典籍博物馆举办展览项目的计划及经费预算统一提交展览部。展览部负责汇总编制"国家典籍博物馆年度展览计划"，经办公室、业务管理处、财务处会签后报馆务会审批立项（有开幕式、研讨会等重大活动的展览经保卫处，涉外项目经国际交流处审批），必要时报文化和旅游部审批。

第六条 未纳入年度展览计划临时性展览项目原则上不再批准，特殊展览项目如展期合适，实行一事一报。展览方案由相关部处提供，展览部统一申报，经相关部处会签，办公室、业务管理处、财务处、保卫处审核后报主管馆领导、典籍博物馆常务副馆长、馆长审批立项；引进国（境）外展览项目由展览部上报方案，国际交流处负责资格审定；重大展览项目须报馆务会、文化和旅游部审批。

第七条 各项展览获准立项后须承办单位制定详细实施方案参照立项流程上报实施，审批通过项目无特殊情况不得变动。展览项目详细实施方案应包括：项目负责人、展览名称、展览大纲、效果图、展出地点、展出时间、展室装修、展柜增设改造、照明增设调整、辅助展览、复仿品制作、文创衍生产品制作、配合展览的出版物、电教宣传、学术研讨、外文翻译、交通运输、相应的展览经费预算，以及是否符合国家消防、安防等方面要求的说明。涉及重大布局改动需经保卫处、后勤服务管理中心审核。

第八条 展览中凡涉及国家图书馆馆内藏品的提取、布展、撤展、展品调换等工作，须严格按照《中华人民共和国文物保护法实施条例》《国家图书馆文献利用条例》、《国家图书馆馆藏文献库房管理条例》进行。展品提取、整理入库由展品存藏部门负责；布展、展品日常管理与调换以及撤展由展览部负责。展品布撤、调换须经展览部及展品存藏部门的主管馆领导审批。

第九条 展览中凡涉及馆外（含境内外）藏品的提取、运输、布展、撤展、展品调换等工作，由展览部与藏品保管单位或部门严格按照《中华人民共和国文物保护法实施条例》《文物运输包装规范》《博物馆藏品管理办法》等进行。

第十条 展览涉及的信息发布、宣传报道、后勤保障和安全管理，按照《国家图书馆举办会议、展览、培训、讲座相关活动规定》、《国家图书馆举办展览安全管理规定》相关内容执行。贯彻落实《国家图书馆突发事件应急预案》，遇紧急情况闭馆须经馆长批准。

第十一条 国家典籍博物馆展览实施过程中形成的固定资产和无形资产均属于国有资产，应严格按照《国家图书馆国有资产管理暂行办法》相关规定执行管理。

第十二条 展览中如产生附带征集、捐赠应按照《博物馆条例》《国家图书馆捐赠文献接受管理办法》执行。

第十三条 展览专项经费按照《典籍博物馆展览专项经费管理暂行办法》严格管理执行。

第十四条 本暂行管理办法由业务管理处负责解释。

第十五条 本暂行管理办法已经 2016 年第 37 次馆务会通过，自发布之日起执行。